國家社會科學基金重大項目（21&ZD271）
全國高等院校古籍整理研究工作委員會科研項目
「十四五」國家重點圖書出版規劃項目
2021—2035年國家古籍工作規劃重點出版項目
國家出版基金資助項目

本書獲
南開大學文科發展基金首批重點項目
内蒙古大學内蒙古元代文學與文化研究基地
資金支持

国家出版基金项目
NATIONAL PUBLICATION FOUNDATION

查洪德 主编

全遼金元筆記

羅海燕 編校

第一輯 六

中原出版傳媒集團
中原傳媒股份公司
大象出版社
·鄭州·

圖書在版編目(CIP)數據

全遼金元筆記. 第一輯. 六 / 查洪德主編; 羅海燕編校.— 鄭州 : 大象出版社, 2022. 12
ISBN 978-7-5711-1642-2

Ⅰ. ①全… Ⅱ. ①查… ②羅… Ⅲ. ①筆記-中國-遼金時代②筆記-中國-元代 Ⅳ. ①K240. 66

中國版本圖書館 CIP 數據核字(2022)第209436號

全遼金元筆記　第一輯　六

出版人　汪林中
項目策劃　張前進
項目統籌　李光潔　吴韶明
責任編輯　董塈華
責任校對　安德華　張紹納
整體設計　王晶晶　杜曉燕
責任印製　郭　鋒
出版發行　大象出版社
鄭州市鄭東新區祥盛街27號　郵編450016
製　　版　河南新華印刷集團有限公司
印　　刷　北京匯林印務有限公司
版　　次　2022年12月第1版　2022年12月第1次印刷
開　　本　640 mm×960 mm　1/16　28.25印張
字　　數　362千字
定　　價　112.00元

目録

敬齋古今黈

◉李　治撰

點校説明

《敬齋古今黈》十二卷、逸文二卷，李治撰。李治（一一九二——一二七九），字仁卿，號敬齋，真定欒城（今屬河北石家莊）人。金正大七年（一二三〇）進士，後調高陵簿未上，又權知均州事，頗著政績。壬辰（一二三二）正月，金都汴京城破，遂微服北渡，流落忻、崞間。晚年居元氏封龍山，授徒講學，從學者衆。忽必烈居潛邸，聞其名召之，奏對稱旨，欲授以職，不受。後以翰林院學士召，旋以老病辭。蘇天爵贊其「才大而雅，識遠而明」。與元好問過從甚密，并稱「元李」，又與楊雲翼、趙秉文并稱「中州四賢」。李治著述宏富，除本書外，尚有《敬齋文集》四十卷、《測圓海鏡》十二卷、《泛説》四十卷、《壁書叢删》十二卷、《益古演段》三卷等。《元史》《新元史》有傳。蘇天爵《元名臣事略》《元史》等將其名訛作「李冶」，黄虞稷《千頃堂書目》等又將「古今黈」誤爲「古今難」。前人已據王惲、元好問記載訂正，今從之。

關於書名含義，《四庫全書總目》以爲：「其以『黈』名者，案《漢書·東方朔傳》『黈纊充耳，所以塞聰』，顔師古注曰：『示不外聽。』治殆以專精覃思，穿穴古今，以成是書，故有取於不外聽之義歟？」今人顔慶餘以爲此説有誤，另作新説，以「黈」爲增益之義，引《六臣注文選》卷十八馬融《長笛賦》：「六器者，猶以二皇聖哲黈益。」張銑注曰：「黈，猶增益也。」故

「李治書名，應取增益的意思，書中條辨古今載籍疑義，不無增益之處，書名應是此義」。（《〈敬齋古今黈〉札記》，收《讀集叢考》，鳳凰出版社二〇一七年版）

此書爲讀書札記，多證前人之誤，博涉經、史、子、集，論及天文、地理、醫藥、音樂、農桑等，極爲博洽。《四庫全書總目》予以極高評價，以爲「其書皆訂正舊文，以考證佐其議論，詞鋒駿利，博辨不窮」，且言「有元一代之説部，固未有過之者」。四庫本卷首《御製題敬齋古今黈》序評此書「辨析疑義，折中釐正，尤極精審。洵散篇（按指《永樂大典》）分解散置之書）中之最佳者」。其體例，先列所讀書名，次列前人注釋解説，而後以「李子曰」「治謂」「黈曰」等著己之辨析。所辨多精審，然亦時有疏誤。另，撰者所引之書，有今日已不見之别本，故此書除學術價值外，又有重要文獻與校勘價值。

是書於《元史》本傳及蘇天爵《元朝名臣事略》均著録作四十卷，近人認爲當爲十四卷之誤。元刻本未見留存。今存有兩個版本系統：一爲四庫館臣從《永樂大典》輯出之八卷本，收入《四庫全書》，又刊入《武英殿聚珍版叢書》。二爲明萬曆二十八年（一六〇〇）武林書室蔣德盛刊本之十二卷舊鈔本。兩本均非全本，然可互補。陸心源據鈔本輯得四庫本未見條目，爲《拾遺》五卷，於清光緒二十五年（一八九九）由廣雅書局刊行。繆荃孫將鈔本刊入《藕香零拾叢書》，又自四庫本輯得鈔本卷十一後殘缺條目六十九條，録爲《逸文》，成正文十二卷、逸文二卷、附録一卷本，於光緒壬寅年（一九〇二）刊行。其他尚有清道光咸豐間番禺潘氏刻本、《海山仙館叢書》本、《畿輔叢書》本，清光緒中定州王氏刻本，清同治七年（一八六八）

福建刻本，清同治十三年（一八七四）江西書局刻本，民國十五年（一九一六）藁城魏氏養心齋刻本、《叢書集成初編》本等，均源自武英殿聚珍版活字本。當代學者劉德權以繆荃孫刻本爲底本，斷句整理，中華書局一九九五年出版。

本次點校以繆荃孫《藕香零拾叢書》本爲底本，以武英殿聚珍版活字本（簡稱聚珍本）爲校本，以其他版本參校，并檢視所引原書校正。書中所引古籍，有鈔録者、有摘編者。本次點校，凡鈔録者，或大致照録文字稍有出入者，即加引號。摘編但與原文差别較大者，不加引號。與原文不同處，凡可通者，不做校改。文意有礙者，據原出處校改。李治辨説部分，偶見明顯錯字，如卷二《史記·尉佗傳》條「此説義亦未宏」，「宏」當爲「安」之誤，但因無據不能徑改。故全書凡此類皆仍舊貫。

目録

《四庫全書》提要
《四庫全書總目》提要
周中孚《鄭堂讀書記》提要
李慈銘《越縵堂讀書記》提要
胡玉縉《續四庫提要三種·敬齋古今黈》提要
乾隆題《敬齋古今黈》有序

卷一

《晉書・天文志・儀象》云：「《洛書甄曜度》《春秋考異郵》皆言：『周天一百七萬一千里。』陸績云【一】：『天東南西北徑三十五萬七千里。』此言周三徑一也。考之徑一不啻周三，率周百四十二而徑四十五，則天徑三十二萬九千四百一里一百二十二步二尺二寸一分七十一分分之十。」又引《周禮》地中之説，以土圭句股法入之，得天徑十六萬二千七百八十八里六十一步四尺七寸二分，以減于《甄曜度》《考異郵》之數，餘一十六萬六千六百一十三里有奇。或以問李子曰：「以土圭法校之《甄曜度》《考異郵》，其數曾不及半。是何二説相懸如是之賒邪？」曰：此蓋《甄曜度》《考異郵》之數，自天之極際言之。土圭之數，自黄道言之。天包地外，地處天中。日月又居天地兩間，故其數當半天徑也。而猶有不合者，不容不合，特算家大率言之。《易》曰：「日月麗乎天，百穀草木麗乎土。」説者謂麗爲附。然日月之麗乎天，非若百穀草木之麗乎土也。亦本乎天者親上云耳。故邵康節解「離麗」之「麗」不取舊説，但謂「文彩著見」之義。

又《晉書・天文志》云：「傳説一星，在尾後，主章祝巫官。」傳，從人從專，音直攣

校勘記

【一】陸績云　「績」原作「續」，據《晉書》改。

反。説，讀如字。而《莊子》云：「傅説得之，以騎箕尾。」則傅，從人從尃。説，讀如説音。是爲殷相之名，而不取傳説之義。然《晉志》言此星在尾後，則實當箕、尾之間，而復云主章祝巫官，何也？豈莊周之言，與此各自爲説，不相本耶？博聞君子，當有以辨之。

《吕氏春秋》：「荆有佽飛，得寶劍於于越。」高誘注云：「吴邑也。」《荀子·勸學篇》：「于越、夷貊之子，生而同聲，長而異俗，教使之然也。」楊倞注云：「于越猶言吴越。」且引高誘爲據。予按《春秋·定公五年》：「於越入吴。」杜預曰：「於，發聲也。」孔穎達以爲：「越是南夷，夷言有此發聲。史官或正其名，或從其俗。史異辭，無義例。」《公羊傳》則曰：「於越者，未能以其名通也。越者，能以其名通也。」何休注曰：「越人自名於越，君子名之曰越。赤狄以赤進者，狄於北方總名，赤者其别，與越異也。」吴新憂，中國士卒罷敝而入之，疾罪重，故謂之於越。」范寧曰：「舊説於越，夷言也。《春秋》即其所以自稱者書之，見其不能慕中國，故以本俗名自通。」考數家之説，雖有小異，然皆以「於越」與「越」同爲一國。吕氏及荀卿子所言「于越」，正指「於越」耳。「于」「於」二字，音聲小别，義理無殊，自不得以于爲一國、越爲一國也。今高誘乃以「于越」爲吴邑，楊倞又以「于越」爲兩國，何陋如之？誘誤走者也，若倞者，真類夫隨人誤走，而又呼他人使隨己而東西也。大抵「于越」與「句吴」本皆夷語，即漸就簡而入于華耳。此亦豈有難曉之理哉？「于越」之説，錯謬已如此，市本《荀子》書又以「于」字作「干」，魚魯虛虎之舛，晚生後進，何所適從？《前漢・西域傳》云：玉門、陽關出西域，有兩道。從鄯善傍南山北波河西行至莎車，爲南道。自車師前王庭隨北山波河西行至疏勒，爲北道。師古曰：「波河，循河也，音彼義反。」黈曰：此義是而音非。波止當如字讀之。波之爲言，自有循順之意。今人言循河而行者，皆謂之邊河。「波河」之語，與「邊河」政同。又云：出陽關，自近者始，曰婼羌。去長安六千三百里，辟在西南，不當孔道。師古曰：「孔道者，穿山險而爲道，猶今言穴徑耳。」此又誤矣。孔道止謂大道也。前言辟在西南，故後言不當大道。若言不當穴徑，是何説之怪耶？故其下又言西北至鄯善，則知鄯善正當大道耳。

古《詩》三百五篇，皆可聲之琴瑟，口詠其辭，而以琴瑟和之，所謂弦歌也。古人讀詩者皆然，使今學者能仿佛於古人，則人心近正，庶幾詩樂之猶可復也。鄉聞東平一士人家蓄琴譜一編，「四詩」悉備。兵燼以來，不知存否。愚嘗有意試擬補一二編，顧不深解音律，故又不敢妄爲之。晦庵有言：「古人言必引《詩》，蓋取於嗟嘆詠歌、優游厭飫，有以感發人之善心，非徒取彼之文證此之義而已。」又曰：「反覆詠歌之間，意味深長，義理通暢，使人心融神會，有不知手舞而足蹈者，是則引《詩》之助與爲多焉。」晦庵言引《詩》者猶當嗟嘆詠歌之，况讀之者乎？

《石林過庭録・經史辨疑》云：「『人而不爲《周南》《召南》，其猶正墻面而立也與！』墻所以扞外，『正墻面而立』，謂其背治内之道，反而面乎外也。」治曰：此説非是。墻面衹謂無所見耳，又何限乎内外之間哉？

晉郗超之「郗」，則讀如絺音，郄詵之「郄」，則讀如綌音。今人不復别白，皆從綺逆反。大謬也。予兒時讀李翰《蒙求》，先生傳授，皆讀郗作郤，長大來始悟其錯。俗又讀郗作客，可笑。

《莊子・齊物論》：「夫隨其成心而師之，誰獨且無師乎？奚必知代而心自取者有之？愚者與有焉。」治曰：知，讀從智。代，交也。而，汝也。謂人人各自有師，何必智交于汝心，然後自取而始有之？故雖愚蒙之人，亦有成心，可隨而師之也。成心者，吕惠卿所謂「吾所受于天而無所虧者也」。

李益《鸛雀樓》詩：「事去千年猶恨速，愁來一日即知長。」魯直《初至葉縣》詩云：「千年往事如飛鳥，一日傾愁對夕陽。」全用李句，然其意不逮李遠矣。

東坡謂梁昭明不取淵明《閑情賦》，以爲「小兒强解事」。《閑情》一賦，雖可以見淵明所寓，然昭明不取，亦未足以損淵明之高致。東坡以昭明爲强解事，予以東坡爲强生事。

楊誠齋詩，句句入理。予尤愛其送子一聯云：「好官難得忙不得，好人難做須著力。」著力處政是聖賢階級。若夫淺丈夫少有異于人，必責十百之效于外。一不我應，悻悻然以舉世爲不知己。方扼腕之不暇，顧肯著力于仁矣乎？故終身不能爲好人。

世俗有「孤負」之語。「孤」謂無以酬對，「負」謂有所虧欠。而俚俗變「孤」爲「辜」。「辜」自訓罪，乃以同「孤負」之「孤」，大無義理。

郭璞《客傲》云：「不塵不冥，不驪不騂。」「驪」當作「犂」。然《莊子》有「牝馬驪牛三」之語，則「驪」字亦通。又左芬《離思賦》「親、辰、尋、因」同押。古文雖不拘於聲病，然上平之「親」，下平之「侵」，未有協用者。「尋」當作「循」。

《左傳·莊公七年》：「夜，恒星不見。夜中，星隕如雨。」杜氏解「如」爲「而」。《晉書·禮志》載成帝納皇后杜氏，舉晏桓子語「夫婦所生若如人」，然左氏實作「若而人」，因知「而」「如」二字古語相通。俗謂「如今」，又謂「而今」，亦當本古語云然。

五福六極，皆指人事言之。《晉·五行志》説凶、短、折，則謂人殤曰凶，禽獸曰短，草木曰折。推原箕子之意，寧復有此？若福極之事，兼飛走草木而言之，則夫五福之中，若富與攸好德，六極之中，若憂與貧，豈飛走草木，亦有是耶？

東坡有《老饕賦》，前後皆説飲食。按《左傳·文十八年》云：「縉雲氏有不才子，貪于飲食，冒于貨賄。天下之民謂之饕餮。」説者皆曰貪財爲饕，貪食爲餮。然則東坡此賦當云老餮，不當云老饕。

劉歆説《三統曆術》，配合《易》與《春秋》。此所謂言及于數。吾無取焉。夫

《易》載天地萬物之變，以明著吉凶悔吝之象。《春秋》褒善貶惡，代天子賞罰，以垂法于後世。至于章蔀發斂之術，則羲和氏實掌之，而歆乃一一相偶，是亦好異者矣。且《易》有卦、有爻，其二篇之策，當期之日，猶得以强論之。夫所謂《春秋》者，屬辭比事之書，與數學了不相干，而亦胡爲妄取曆算，一一而偶之哉！班固不明此理，不敢削去。千古而下，又無爲辨之者，深可恨也。

后稷、摯、堯、契四人，同爲帝嚳高辛氏之子。契則十三葉而得湯，稷則十四葉而得文王，然夏之世歷四五百年，而商之世又歷五六百年，計千餘年而文王始生。若以代數較之，文王之于湯，但不及一葉耳。是則殷之先一何夭，周之先一何壽乎？此爲甚可疑者。前志必有脱誤。

鍾言撞，鼓亦得言撞。見《前漢·西域傳》：龜兹王絳賓，樂漢制度，歸其國，出入傳呼，撞鍾鼓。

五經中《詩》最難讀，以音釋參糅故也。教讀者，當專從毛，不得已當從鄭。何者？師傳以來皆曰《毛詩》，不曰《鄭詩》，蓋康成本用毛説，毛義有不安者，以己見改易。或毛氏不爲傳，則以箋明之。今之人，一不從毛，一不從鄭，但視陸德明《釋文》易曉者雜讀之，所以前後鉏鋙，無所統紀，而義益暗。惟舍一而取一，則無是患矣。予之爲此説也，不謂毛氏純是而鄭氏純非也。要知兩家之説，必從其一焉耳。

唐邢璹注王弼《周易略例》，其自序云：「孔丘三絶，未臻區奥。劉安九師，尚迷宗旨。」以劉安而齒孔子，邢子可謂不知類矣。

沈田子殺王鎮惡，而王脩執田子，數以專戮，斬之。《通鑑》小浙本載之義熙十三年，而大字本作十四年，此本爲正。

「爽」之一字，既爲明又爲昏，所以精爽爲魂魄之主。「介」之一字，既爲大又爲小，所以「儐介成賓主之歡」「貴介公子」，則「介」爲大；「憂悔吝者存乎介」，則「介」爲小。「亂臣十人」，則「亂」爲治；「亂邦不居」，則「亂」爲危。「飲酒温克」，則「克」爲良；「克伐怨欲」，則「克」爲狠。「擾兆民」，則「擾」爲安；「庸人擾之」，則「擾」爲煩。「必有忍，其乃有濟」，則「忍」爲恕；「忍人」「殘忍」，則「忍」爲暴。「媚兹一人」，則「媚」爲忠；「取媚于上」，則「媚」爲佞。「父母昆弟」，則「昆」爲長；「垂裕後昆」，則「昆」爲後。「皇極」，則「極」爲大中至正之道；「六極」，則「極」爲貧病夭惡之稱。

鮑照有「井」謎，世傳東坡有「賀」「資」謎，又黄庭堅有「粥」謎、「象棊」謎。近者伶官劉子才，蓄《才人隱語》數十卷。謎固小技倆，然其諷詠比興，固與詩人同義，而在士大夫事中，亦談笑一助也。嘗聞「用」字謎，既久，止記一二句，今爲足成之云：「三山自三山，山山皆倒懸。一月復一月，月月還相連。左右排雙羽，縱横列二川。闔家都六口，兩口不團圓。」嘗擬作「井」謎云：「四十零八個頭，一頭還對一脚。中間全無肚腸，外面許多棱角。」此末聯亦借前人語也。又聞「墨斗」謎云：「我有一張琴，琴弦藏在腹。莫笑墨如鴉，正盡人間曲。」「染物瑕頭」謎云：「在染何曾染，無生得獨生。有人來解結，見姓自分明。」

僕射職主僕御弓矢之事，故稱僕射。射舊音夜。楊倞注《荀子》云：「射干，藥名。」且引陶弘景注《本草》云：「射干，花白莖長，如射人之執干。」倞既引陶説如此，而音射干之射，復從夜音。據射人之射，自當音麝。而射干復從夜音者，當是射御之射。或音麝，或音夜，兩俱得通。但今世俗流傳止從麝音耳。若僕射與射干，猶是從舊俗，呼之爲夜音也。

李義山詩「古木含風久」，凡兩用「摇落」，對云「疏螢怯露深」。《戲贈張書記》對云「平蕪盡日閑」，其優劣大不相侔。覽者自當見之。詠槿花云：「月裏寧無姊，雲中亦有君。」又詠李花云：「月裏誰無姊，雲中亦有君。」月姊、雲君用之於槿花，雖新奇，固不若用之於李花之爲高潔也。然「誰無姊」語太徑庭，「誰」字止宜作「寧」。

《王直方詩話》云：「酴醾，本酒名也。花新開以顔色似之，故取名。」蚪曰：花之色類酴醾者甚多，皆不以爲名，獨取此花，理不應爾。蓋兼以風韻芳馨名之，不專取色而已。

「根非生下土，葉不墜秋風。」「因尋樵子徑【二】，誤到葛洪家。」自不害爲佳句，而後人論詩者，以爲此皆假對。意謂「下土」與「秋風」，「樵子」與「葛洪」，不相偶屬，故借「下」爲「春夏」之「夏」，「子」爲「朱紫」之「紫」。塵俗哉！

六一翁《茶歌》云：「手持心愛不欲碾，有類弄印幾成窊。」謂印刓則可，謂印窊則不可。

《素問·上古天真論》：岐伯曰，上古之人，食飲有節，起居有常。不妄作勞，故能形與神俱，而盡終其天年，度百歲乃去。今時之人不然也。今時之人以酒爲漿，以妄爲常，醉以入房，以欲竭其精，以耗散其真。不知持滿，不時御神。務快其心，逆于生藥，起居無節，故半百而衰也。啓玄子王砅之注，取數固多，然其所不合者，亦不少也。岐伯此言，以爲今人逐末喪本、塞華，遺失天理之大全，則是以妄爲常。今砅以爲寡於誠信，失其旨遠矣。醉以入房，以欲竭其精，以耗散其真，止言情欲之伐其生。今注云「輕用曰耗」，意雖相近，質以文理，耗散二字，實相連屬耳。逆於生藥，謂迎逆平生之樂。注謂逆養生之樂，亦未可憑也。

又《素問·四氣調神大論》云：春爲發陳，夜臥早起，廣步於庭；夏爲蕃秀，夜臥早起，無厭於日；秋爲容平，早臥早起，與鷄俱興；冬爲閉藏，早臥晚起，必待日光【三】。黈曰：人稟陰陽之氣以生，而陽則爲德，陰則爲刑。刑則主殺，德則主生。故其情性常喜

【二】因尋樵子徑　「徑」字原缺，據聚珍本補。

【三】必待日光　「待」原作「行」，據《黃帝內經·素問》改。

陽而惡陰。冬爲閉藏之時，早卧晚起者，所以逃陰氣於慘酷之夜也。夏爲蕃秀之時，夜卧早起者，所以順陽氣於未明之晝也。是固宜其然矣。然其春三月，發陳之時，自當早卧早起，以順陽氣於開煦之旦。而今稱夜卧早起，與夏三月無别，則真誤矣。夫陰陽寒暑，均布四時，若今春夏同科耶？秋冬亦當一體，則何以爲四時也哉？故春之早起不必置論，但其「夜卧」二字，必「早卧」之舛也。又其秋三月容平之時，自當晚卧晚起，以謝陰氣於肅殺之曉。而今稱早卧早起，是又誤之甚者，不可不辨也。夫秋氣之嚴，莫嚴於霜降之辰。萬物凋落，攝養之家，最爲深懼，而使人早起，與鷄俱興，則是作意犯冒，與霜亢也。無乃乖全生之理乎？王砅求其説而不得，乃云懼中寒露故早卧，欲使安寧故早起。以常情度之，人亦豈有畏寒露之霑裳衣，而不畏肅霜之戛肌骨乎？此妄説也。惟早晚之文一政，則其下錯繆。「與鷄俱興」之類，皆可得而正之矣。蓋《素問》一書，脱誤贅複，如是者居十七。遇不可通者，不可强爲之辭。政當以意會之耳。

韓退之自謂窺陳編以盜竊。柳子厚自謂好剽取古人文句以自娱樂。歐陽永叔亦自謂好取古人文字，考尋前世以來聖君子之所爲，時亦穿蠹盜取，飾爲文辭以自欣喜。三先生自謂之「盜」者，所謂「齊之國氏」也。不過點注前言往行，以爲我用耳。而世之不善爲文者，莫不「手目所及」，輒自探討，其身爲穿窬之子，而寧死莫肯承服。强自揜蓋，强自粉澤，將以欺天下，而卒不能以欺一人。是所謂「宋之向氏」也歟！

世以秘監爲奎府，御書爲奎畫，謂奎宿主文章也。故宋有奎文閣、寶奎樓之稱。又薛奎字伯藝，吴奎字長文，悉以文藝配奎爲言。予考之《晉書·天文志》則云：「奎十六星在西方，天之武庫也，一曰天豕，亦曰封豕，主以兵禁暴，又主溝瀆。」其象與圖書、文章等，全不相干。而東壁二星在北方，實主文章，蓋爲天下圖書之秘府。其「星明，王者興，道術行，國多君子。其星失色，大小不同，王者好武，經士不用，圖書隱【四】」。是則圖書、文章，皆當取象東壁，於義爲愜。然世之言文章者，不取東壁而獨取奎者，豈奎宿森羅錯綜，有象於文，而東壁無之耶？或前人誤用，而後人承之邪？抑別有所出，而吾未之見也。

《古詩》：「迢迢牽牛星，皎皎河漢女。纖纖擢素手，札札弄機杼。終日不成章，涕泣泪如雨。河漢清且淺，相去復幾許。盈盈一水間，脉脉不得語。」吕延濟曰：牽牛、織女星，夫婦道也。常阻河漢，不得相親，此以夫喻君、婦喻臣。言臣有才能，不得事君，而爲讒邪所隔，故後人用牛女事及詠七夕等，皆以爲牽牛、織女。案織女三星，在天紀東端。織女，天女孫也。天紀九星，乃在貫索東，距牽牛甚遠。然則「牛女」之「女」，非織女，乃須女也。須女四星，天之少府也。須，賤妾之稱，婦職之卑者也。牽牛亦賤役也。故須女與牽牛相媲，又同列于二十八宿之中，密相附麗，但隔天漢。詩人以是有「盈盈」「脉脉」之語。若以爲織女，則天女、牛郎，非其偶也。或者引《大東》之詩云：「維天有

【四】圖書隱　「隱」字原缺，據《晉書·天文志》補。

漢，監亦有光。跂彼織女，終日七襄。雖則七襄，不成報章。睆彼牽牛，不以服箱。」此自以牽牛、織女爲類。延濟之注，於何繆戾！曰《大東》義取有名無實而已。吕説義取伉儷，難以彼此相證也。

《詩·無羊》：「三十維物，爾牲則具。」毛傳云：「異毛色者三十也。」而疏家乃謂每色之物皆有三十。誤矣。詩意本主所牧之多，謂毛色有三十等，亦大率言之。今云每色各有三十，則計其所牧，能有幾何，而當時之人詠之詩邪？若又以爲每色色别三十種，則爲色大繁，反更難通。毛言「異毛色者三十」，政謂總括諸色，至有三十等耳。其義甚爲明白，不勞異説。

乾，陽物也，稚于七而老于九。坤，陰物也，反是，稚于八而老於六。聞之北方人相馬之老稚，不於其齒，而於其目。人與目對視己之身，自首見腰，則二三歲之交。自首見腹，則五六歲之交。自首見胞，則七八歲之交。止見其首，則此馬十歲矣。過是以往，又加以溟涬焉，則不可得而年矣。

古人文字有極致之辭，若以不敢爲敢，以敢爲不敢，以不顯爲顯，以無念爲念，以無寧爲寧，皆極致之辭也。世俗以可愛爲可憎，以無賴爲賴，以病差爲愈，亦極致之辭。

《通鑑·唐高宗顯慶元年》：來濟引《管子》齊國老人語曰：「君不奪農時，則一國之人皆有餘食矣。不奪蠶要，則一國之人皆有餘衣矣。」注曰：「蠶要者，以蠶事爲要。」

非也。上農時，則蠶要者亦謂切要之時也。故濟又云「人君之養人，在省其征役而已」。石勒救洛陽，詭道兼行，出於鞏、訾之間。詭，不正也。詭道猶言邪徑也。此蓋猶捷徑而往，或言此二字乃兵法所謂兵行詭道。大段不識文勢。

夫子與夷齊而不與衛君，公羊子與輒而不與蒯聵。質此一事，足明《公羊》全書之妄。君子不可以一事妄全書。以一事而妄全書，甚之也。甚之奈何？甚此一事之妄也。

石曼卿詩贈孫可久云：「閉户斷蛛網，折花移鳥聲。」或云「閉」字不若作「開」。予以爲不然。户開而有蛛網，閉則斷之，見其無人往來也。若云開户斷蛛網，則是閉門時有蛛網，而開則斷之。又何足以盡幽閑之趣？

草可以爲木。《荀子》曰：「西方有木焉，名曰射干，莖長四寸。」射干，草也。獸可以爲禽。《易・屯》之六三，象曰「即鹿無虞，以從禽也」，鹿自獸耳。酒可以爲饌。《論語》：「有酒食先生饌」，饌，食也。佛可以爲仙，故其書稱「忍辱仙人」，及「金仙」。

《莊子・徐無鬼》：「心之于殉也，殆。凡能其于府也，殆。殆之成也不給改，禍之長也兹萃。」不給改者，不疾改也。疾改則禍不至矣。惟其不速改，是以其禍滋多，故其下文云：「其反也緣功，其果也待久。而人以爲己寶，不亦悲乎？」「其反也緣功」，謂一與道相戾，緣以危殆爲功能。「其果也待久」，謂果于迷繆，其所由來非一日，而人以此爲己寶，爲可悲也。此皆覆説「殆之成」「禍之萃」也。吕解「不給改」，以爲「不暇給」，則其「禍之長也兹萃」一句贅矣。兹、滋，古字通。

《天下篇》：「以禁攻寢兵爲外，以情欲寡淺爲内。其小大精粗，其行適至是而止。」此數句，郭解以下屬彭蒙、田駢、慎到，吕解以上屬宋鈃、尹文。郭説爲失，吕説爲得。

鐔字，尋、淫二音，《廣韻》以爲劍鼻。《莊子注》爲劍口。吕吉甫曰：「鐔者，劍之所以爲本也。」又曰：「所植者也。」又鋏音頰，《莊子注》云：「把也。」吕曰：「附鐔者也。」蓋所持而行之者也。鋏既爲把，則鐔乃俗所謂隔手者也。又姓音蟫。

「文出升平世，禾生大有年。四克今日月，六合古山川。反樸次三五，古文丁一千。王功因各定，代作不相沿。主化布于下，人心孚自天。上方求士切，公亦立仁先。才行苟并至，位名尤兩全。末由弓冶手，安比父兄肩。幸及布衣仕，宜希守令先。尺刀元并用，丹白具同研。去吏多甘老，休兵坐力田。干戈包已久，永卜本支延。」歐陽永叔戲爲也。小兒初作字，點畫稍多，即難措筆，必簡易則易爲力，故《小學》有「上士由山水，中人坐竹林」之語。歐公此詩，當亦爲兒輩設也。

柳子論四維爲二維，以爲廉與耻皆義之小節也，不得與義抗而爲維。究而觀之，柳子之辨，凡數百言，秖是是解釋《孟子》「羞惡之心，義之端也」八字。

東坡詩云：「口業向詩猶小小，眼花因酒尚紛紛。」又云：「口業不停詩有債，眼花亂墜酒生風。」若眼花則或然或否，若口業則信有之。

《晉書·段匹磾》贊曰：「匹磾勁烈，隕身全節。默實凶殘【五】，自貽罪戾。」戾字協韻，讀從入聲。

又《荀崧傳》：崧鎮宛，爲賊杜曾所圍。石覽時爲襄城太守，崧使其小女灌求救於覽。而其《列女傳》載：崧爲襄城太守，爲杜曾所圍，食盡，欲求救於故吏平陽將軍石覽，計無從出。崧小女灌，時年十三，突圍夜出，自詣覽乞師。先謂覽爲襄城守，後謂崧爲襄城守。二説不同，必有一誤。

《法帖》載梁侍中蕭子雲所書《列子》之説：「宋之向氏遂踰垣鑿室，手目所及，亡不探也。」「目」字作「自」，意謂自手所及。又「三年大穰」，「穰」字作「壤」，古字或通用。

小説中載宫人詩云：「朝來自覺承恩最，笑倩傍人認繡毬。」一本云「承恩醉」，殊害義理。又杜荀鶴《春宫怨》落句云「年年越溪女，相憶采芙蓉」，一本云「相伴」，則上下支離不成語矣。

魏文帝誅丁儀、丁廙等，魚豢以人心窺望，勢使之然，因論曰：「諺言『貧不學儉，卑不學恭』，非人性分殊也，勢使然耳。」予謂《周官》「位不期驕，禄不期侈」，政好對前兩句。蓋不期驕而驕，不期侈而侈，亦是事勢使然。

人文盡于六經。今《禮部韻略》中俚俗字備載，而六經中字遺闕者甚多。此非有

【五】默實凶殘　「默」諸本均作「點」，據《晉書·郭默傳》改。按此爲《郭默傳贊》。

司之失，自是我輩之過。

農家者流，往往呼粟、麥可食之類以爲物事。此甚有理。蓋物乃實物，謂非此無以生也。事乃實事，謂非此無以成也。此其言可與「粒我烝民，莫匪爾極。烝民乃粒，萬邦作乂」之語相爲表裏。

《晦庵語録》論《周易》多説占得此爻，爲君子之行則吉，爲小人之行則凶。是有近於兒童之説。《易》三百八十四爻，何者不然？《繫辭》所謂吉凶者，貞勝者也。又云「懼以終始，其要无咎」，豈有爲小人之行而獲吉者耶？晦庵議論，必不出此。此等直傳聞之誤。

東坡《聚星堂雪》詩，禁體物語，而有「欲浮大白追餘賞，幸有迴風驚落屑」之句。或以爲「落屑」亦體物語，或者之言非也。蓋此用陶侃竹頭木屑事耳。

東坡詩「妻孥真敝屣，脱去何足惜」，注云：《史記・封禪書》漢武帝曰：「嗟乎，吾誠得如黄帝，吾視去妻子如脱躧耳。」按《廣韻》，屣躧同音，所綺切，而屣乃不躡跟也，躧乃步也。二字皆無敝意，然《史記》云爾者，此本用孟子語也。《孟子》曰：「舜視棄天下，猶棄敝蹝也。」説者曰：「蹝，草履也。」草履而可蹝者也，音與前二字正同。詳坡詩意，《孟子》《史記》，兩俱用之。《史記》不云蹤而云躧者，古人用字不類今體，其聲相近者猶許借用，其音切正同者，爲相通無疑也。

卷二

《史記・貨殖傳》：「富無經業，則貨無常主，能者輻輳，不肖者瓦解。」「則」字衍文。

《尉佗傳》：「犁旦，皆降伏波。」徐廣曰：「呂静曰：『犁，結也，音力奚反。結猶連及、逮至也。』」治曰：犁，開也，取耕墾之意。或以昏明分色雜言之亦得，今釋爲結意，甚無謂，遍討傳注，初無以犁訓結者。又云「結猶連及、逮至」，則益又穿鑿矣。《漢書》作「遲旦」，遲讀如緻，待也。「犁旦」或作「黎明」，又或作「邌明」。邌明，遲也。書傳中又有「詰朝質明」之語，詰朝猶問人曰明未，亦遲旦之意。質明，實明也，又或爲交質之義。

晉文帝崩，武帝遵漢魏之典，既葬除喪，猶深衣素冠，降席徹膳。太宰司馬孚等奏請改坐復膳。詔曰：「每感念幽冥，而不得終其苴絰於草土，以存此痛，况當食稻衣錦，誠詭然激切其心，非所以相解也。可試省孔子答宰我之言，無事紛紛。言及悲殺，奈何！奈何！」此「悲殺」之「殺」，從去聲讀，甚之之辭也。殺即衰減之義，而謂之甚者，蓋物極則反，哀痛之極，理當稍減也。故今人言甚者，皆謂之殺。武帝第二詔又曰：「重覽奏議，益以悲剥不能自勝。」「不能自勝」，其意與殺無以異也。或曰「殺」，損也。「悲殺」如言「悲剥」。

退之《進學解》云：「障百川而東之，迴狂瀾於既倒。」此有類於《晉書·孝武帝紀》史臣論云「静河海於既泄，補穹圓於已紊」。此史臣語。又有類於陸機《文賦》「謝朝華於已披，啓夕秀於未振」。

《難經》説：「老人寤而不寐，少壯寐而不寤。」以謂少壯者血氣盛，榮衛之行，不失其常，故晝日精，夜不寤也。老人血氣衰，榮衛之道濇，故晝日不能精，夜不得寐也。以予思之，不特如此。大抵晝作夜息，人之常也。是在晝則當有經營之事，在夜則當無繫滯之慮。精神資禀，雖各不同，然用之得其常，則于其不用之時亦得其常。苟用之不得其常，則一切反是矣。衰老之人，經事既多，遭變不少，筋骸尪骫，目耗耳重，一毫之營，若負泰華，度前揣後于利害之表，商是榷非于與奪之間，憂未朕而已憂【一】，患已銷而猶患。衆人皆息，己獨勿休。所以正晝昏昏，夜反無寐。此蓋精神用反其常，而寤寐亦反其常也。衆而年少之人，志剛氣鋭，神壯膽犅，鬥力則膂力有餘，角智則智思無倦，劃然而動，屹然而止。事之未至也，利害無所撓其慮。事之既往也，是非無所留其懷。衆休而休，衆作而作，所以晝日常精，夜則常寐。此蓋精神用得其常，而寤寐亦得其常也。故男女十四五以下，纔得枕即穩睡，亦以其無情欲也。白樂天、司馬君實皆明哲過人，而樂天有詩云「年

【一】憂未朕而已憂　「朕」原作「联」，據聚珍本改。

衰自無寐，不是守庚申」，温公有詩云「蘇秦六國印，力取鴻毛輕。白圭黄金産，運智立可營。如何五更睡，百方終不成」。此二公亦嘗是精神疲瘵而然。若夫子元圖爽，卧内酣寐；忠愍扞賊，省中安寢；軒轅畢詠，倚墻熟睡；涪翁削官，投床鼻鼾。閎通照徹，遇物了了。又不當以老少論也。予過五十來，昔昔每苦無寐，或者教以數息，仿而行之，竟亦不能寐也。近得閑閑公一説，名速睡法。云但于當睡之時，帖枕擁衾，置身安穩，然後平心定慮，存真氣如黄金細綫，發兩踵，自後而上，過腰合而爲一，衝脊上頂，至前髮際，却散而爲二，繞黄庭，聽會横行，相交于人中，環口，貫下齦，復合爲一。下咽喉，徑入太倉，留之不動，勃然出氣四道，當如火熱。青者入肝，紅者入心，白者入肺，黑者入腎。四氣俱滿，然後真氣下臍，入少府陰交，復散而爲二，下膝、下臁、下趺，前裹中指尖，順行度涌泉，復至踵，謂之一匝。存想至五七匝，已溟涬然入睡鄉矣。大段無睡之人，行之不過十數匝，亦自得睡。或用銅人脉絡法，兼達兩手指更佳。予按之，其效一如所云。閑閑公又云：「此法乃金丹下手處也。」金丹大藥，予未敢議，但使昔昔得好睡眠，則其神通變化與夫所謂金丹大藥者，復何擇哉！

東坡跋晁補之所藏與可畫竹云：「莊子世無有，誰知此疑神。」四注本載東坡自説云：孔子曰：「吾猶及史之闕文也。」自予少時，見前輩皆不敢輕改書，故蜀本大字書皆善本。《莊子》曰：「用志不分，乃疑于神。」此與《易》「陰疑于陽必戰」，《禮》「使人疑汝于夫子」同。今四方本皆作「凝」。又《濁醪有妙理賦》云：「失憂心于昨夢，信妙理之疑神。」四注本據此説，一斷以爲「疑神」。又《酒賦》云：「游物初而神凝兮，反實際而形開。」則注家無所説。治曰：四注所援東坡之説，吾恐非蘇子之言也。信如蘇子之言，則蘇子之見，厥亦偏矣。所謂「先輩不敢改書」，是固有理，若斷「凝神」以爲「疑神」，則吾不知其説也。《莊子》謂「用志不分，乃凝于神」，正如《繫辭》所謂「精義入神，以致用也」。今東坡以爲與「陰疑于陽」「使人疑汝于夫子」同，殆非也。何者？陰疑于陽，乃見疑于陽。使人疑汝于夫子，乃見疑于人。此「用志不分」，亦「見疑于神」乎？凡人之心，以先入者爲主。東坡，蜀人，先見蜀本，因目生心，承文立義，皦如星日，牢如膠漆，久之又久，心與理化，忽覽别本，如睹怪物。矛前盾後，能無改乎？東坡以蜀本爲善本，而四方本皆後人所改，又安知四方本不爲善本，而蜀本獨非前人之誤乎？

予初學東坡先生字，間有教予以卧筆取媚者。當時不悟，謂坡公心畫之妙，盡於是矣。今而老大，轉覺字畫骫骳不成，雖折指拗腕，力自改悔，竟莫能奪去舊習。且學小技，一言之誤，爲累終身，況心術之微，運動無方，易放難收，後生輩得不蚤近大人君子之門，以端其本而證其源耶？

《漢書・陳涉傳》曰：「藉第令無斬，而戍死者固什六七。」注引服虔曰：「藉猶借也。第，使也。」與《史記》服注不同。《史記》服注曰：「藉，假也。第，次第也。」應劭曰：「籍，吏士名籍也。」蘇林曰：「第，且也。」治曰：服説藉假，蘇説第且，是也。應説名籍，服説次第，非也。「第」本訓「但」，「但」亦「且」意。此言「藉第令無斬」，猶云「假且使不殺」。

前輩論《楚辭》「蕙肴蒸兮蘭藉，奠桂酒兮椒漿」，及韓退之《羅池廟碑》「春與猿吟兮，秋鶴與飛」，謂欲相錯成文，則語勢矯健。又論韓詩「淮之水舒舒，楚山直叢叢」，謂之避對格。然予考諸古文，則不獨錯綜于對屬之間，至于散語，亦多有之。若《荀子·勸學篇》云：「青，出之藍而青于藍。冰，水爲之而寒于水。」《莊子·徐無鬼篇》：「市南宜僚弄丸，而兩家之難解。孫叔敖甘寢秉羽，而郢人投兵」之類，皆是也。又凡經史中辭倒者，其義悉與此相近。

「納紙投名愧已深，更教門外久沈吟。事窮計急燒牛尾，不是田單素有心。」此詩竟不知何人所作。投謁固可耻，然士當窮困，摇尾乞憐于人，亦可愍也。前輩又有云：「門前久立處，席上欲言時。」此真所謂「不經此境，不能道此語」者。

《離騷經》宋玉《招魂》云：「娭酒不廢，沈日夜些【二】。蘭膏明燭，華鐙錯些。」王逸注：「鐙錠盡雕琢錯飾，設以禽獸，有英華也。」案《玉篇》：「鐙，都滕切。」《説文》云「錠也」。《廣韻》曰：「燈也。又都鄧切。鞍，鐙也。錠，徒徑切，錫屬。」《説文》：「錠，鐙也。」《廣韻》：「又丁定切。豆有足曰錠，無足曰鐙。去聲。錠，又堂練切，

【二】沈日夜些 「沈」字下原衍「耽」字，據《楚辭·招魂》删。

燈有足也。」然則燈、錠二字，各自有三義也。

《素問・金匱真言論》曰：「春善病鼽衄，夏善病洞泄寒中，秋善病風瘧，冬善病痹厥。故冬不按蹻，春不鼽衄，春不病頸項，仲夏不病胸脅，長夏不病洞泄寒中，秋不病風瘧，冬不病痹厥，飧泄而汗出也。」啓玄子王砅注云：「按謂按摩，蹻謂如蹻捷者之舉動手足。是所謂導引也。然擾動筋骨，則陽氣不藏。春陽氣上升，重熱熏肺，肺通于鼻，病則形之，故冬不按蹻。春不鼽衄，鼽謂鼻中水出，衄謂鼻中血出。」又于「冬不病痹厥」下注云：「此上五句，并爲冬月按蹻之所致也。」治曰：王砅謂按蹻爲導引則然，謂四時諸病皆由冬月按蹻所致則不然。「冬不按蹻」下必多有脱誤，第後人弗思耳。且上文「春善病鼽衄」至「冬善病痹厥」，所謂善病者，謂每一時多有此證也。繼云「冬不按蹻，春不鼽衄」至「冬不病痹厥」，文勢全不相屬，而據謂四時之病皆由冬月按蹻而得，無此理也。夫按蹻之術，以常人推之，能知者百一。其能行者又百一。果按蹻而病，蓋萬一而有此病也。在萬人之中，其九千九百九十有九，由不解按蹻悉獲安康，其一人獨以按蹻之故，遂得四時諸病，則按蹻者，非吉祥之道，乃殺人之具也。何爲古先賢達傳之天下後世耶？夫户樞之不朽，以旦夕之開闔也。流水之不腐，以混混而常新也。詘信俛仰以利形，進退步趨以實下，不云動作按摩有以傷生也。故道家者流，多説熊經鳥伸、龍攫虎搏之效，而華佗常以五禽之戲爲將攝之方。初無冬夏之别也。又隋世巢氏作《病源》

數十卷，每論一證，必處以導引一術，亦未嘗以冬不按蹻爲主也。按本經《血氣形志篇》曰：「形苦志樂，病生于筋，治之以熨引。形數驚恐，病生于不仁，治之以按摩。」又《奇病論》曰：「息積不可灸刺，積須導引服藥，藥物不能獨治。」此皆詳明按蹻之益，亦不説冬三月不得爲之也。王砅作注，輒立此説者，必以爲本經《四時調神大論》【三】有曰「冬三月是謂閉藏，水冰地坼，無擾乎陽。去寒就温，無泄皮膚，使氣亟奪」。既據此説，復見「冬不按蹻，春不鼽衄」之文，故云：「擾動筋骨，則陽氣不藏，春陽上升，重熱熏肺，肺通于鼻，病則形之。」此真誤矣。且鼽衄之證，猶得以强言之。若其下文春病頸項，夏病胸脅，洞泄寒中，秋病風瘧，冬病痹厥，豈盡爲重熱熏肺而然乎？而砅一主于冬月按蹻所致，是决不可信者也。按本經《生氣通天論》云：「春傷于風，夏乃洞泄。夏傷于暑，秋爲咳瘧。秋傷于濕，冬爲痿厥。冬傷于寒，春必病瘟。」由是而言，春夏秋冬，無論啓閉，政宜隨時導引，以開通利導之。但勿發泄，使至于汗出耳。竊疑本經當云：「冬不按蹻，春不鼽衄，或病頸項。春不按蹻，仲夏必病胸脅，長夏必病洞泄寒中。夏不按蹻，秋必風瘧。秋不按蹻，冬必痹厥。」其「飧泄而汗出也」一句，「飧」字當析之爲「勿令」二字。如此則辭旨俱暢，可爲通論矣。大抵導引，四時皆可爲之。惟不得勞頓，至于汗出而已。苟勞頓至于汗出，則非徒無益，或反以致他疾，不特于閉藏之時爲不可，雖春夏發生長育之時亦不可。王太僕不悟本經舛漏，堅主冬不按蹻，謂按蹻則四時俱病，

【三】四時調神大論　「時」，《素問》作「氣」。

蓋爲紙上語所牽，而肆爲臆説也。利害所繫甚重，予于是乎有辨。

《通鑑》：魏明帝使女尚書六人，「典省外奏事，處當畫可」。「處當畫可」，皆從已字也。《晉·食貨志》：咸寧三年，詔曰：「今年霖雨過差，又有蟲災。潁川、襄城，略不下種，深以爲慮。主者何以爲百姓計，促處當之。」而杜預書疏中又有「都督度支共處當【四】」之語。此「處當」字即「處置」句。當之義與《通鑑》不同。

《荀子》：「蘭槐之根是爲芷，其漸之滫，君子不近，庶人不服。其質非不美也，所漸者然也。」楊倞注云：「蘭槐，香草也。其根是爲芷也。《本草》：『白芷，一名白茝。』陶弘景云：『《離騷》所謂蘭茝，蓋苗名蘭芷，根名茝也。』蘭槐當是蘭茝別名，故云蘭槐之根是爲芷也。」「滫，溺也。」倞説如此。而《史記·三王世家》引《傳》曰：「蘭根與白芷，漸之滫中，君子不近，庶人不服，所以漸然也。」然則如馬遷所載，則蘭根也、白芷也，斷然其二物也。《荀子》謂「蘭槐之根是爲芷」，則蘭槐自爲白芷苗矣。又徐廣《史記注》云：「滫者，淅米汁也。」據《荀子》及《史記》皆云「君子不近，庶人不服」，是指其可惡之狀。今投蘭芷於淅米汁中，則其芳香大壞，已自可惡。楊倞謂「滫」爲「溺」，未必乃爾。案《韻》：「滫，息友反，又泔也。」當從徐廣説。

草與木異種，故邵堯夫以飛走草木爲四物。《晉·五行志》以桃李華非其時，梨根血出，大樹自折，桑生東宮，桑樹有聲，茱萸相樛，枯樹復生，木如人面，楊柳生松，木僕反

【四】都督度支共處當　「共」原作「其」，據《晉書》改。

立，皆爲草妖。不知何謂。此桃李華非其時，正爲華孽，餘皆木妖耳。若草木之妖，可以互稱，則交阯之稗化而爲稻，鬼目、苦蕒生于江東，宫墻、馳道悉生蒺藜之類，亦得指以爲木妖也，而又可乎？是知「草」當云「草」，「木」當云「木」，爲宜矣。然則所謂「木妖」者，又非「木不曲直，惟金沴木」之謂。「木不曲直，惟金沴木」者，乃城門自壞，屋梁躍出，牙竿不正之類是也。

近世御史大夫張文正公，諱行簡，字敬夫，文集十卷，雜論有云：孔毅夫《雜説》，言今之與夷狄最多者纔百萬，不若漢所遺之多。漢給南單于費，直歲一億九十餘萬，西域七千四百八十萬。余謂漢以文計，今以貫計。十貫乃一萬也，七千四百八十萬，即七萬四千八百貫耳。一億九十萬，亦纔十萬九百貫也。而宋歲與契丹五十萬兩匹直一百萬貫。視漢孰爲多哉？足明孔説之誤。集中又有《蠟梅》詩云：「池邊乍想漸臺帽，堂下遥驚虢國衫。」用事亦新奇。又樂章有教坊腔子三十五首，内道調近一中五遠六，中吕近十二中三遠八。考諸詞曲中，正見名近者，不知所謂「中」與「遠」者何等聲也。異日當求知音者問之。

《史記·尉佗傳》太史公曰：「甌駱相攻，南越動摇。漢兵臨境，嬰齊入朝。」李子曰此誤也，當云「東閩興兵，南越動摇」。按《傳》云：初，佗以兵威邊，財物賂遺閩越、西甌、駱，役屬焉。又佗爲書謝漢曰：南方卑濕，蠻夷中間，其東閩越千人衆號稱王，其西甌駱裸國亦稱王。又云：建元四年，佗卒。其孫胡爲南越王。此時閩越王郢興兵擊南越，胡上書曰：「兩越俱爲藩臣，毋得擅興兵相攻擊。今閩越興兵侵臣，臣不敢興兵。惟天子詔之。」于是天子多南越義，守職約，爲興師，遣兩將軍往討閩越。兵未踰嶺，閩越王弟餘善殺郢以降，于是罷兵。天子使莊助往諭意。南越王頓首曰：「天子乃爲臣興兵討閩越，死無以報德。」因遣太子嬰齊入宿衛。據此，則其相攻者，閩越與南越，非甌駱也。其後，吕嘉敗，越桂林監居翁始諭甌駱屬漢。迹甌駱始終未嘗與諸國相攻擊。何得云「甌駱相攻」也？又閩越未攻南越時，嘗發兵圍東甌，則是甌閩相攻，亦不得爲甌駱相攻也。甌駱相攻乃在數年之前，了無與于南越。而嬰齊何爲而入朝乎？或曰南越也、東甌也、西甌也，皆甌駱之屬，故云甌駱相攻耳。審如此説，義亦未安。東閩乃大禹之後也，南越乃趙佗之孫也。各自割據，何得併爲甌駱之屬乎？或者又曰東閩、南越，皆甌駱之地，二國雖殊，亦可謂之甌駱相攻也。此亦未爲通論。借使壤地相接，得以通稱，而相攻之説，亦無從發。若東越先攻南越，南越亦復報伐，謂之相攻可矣。今東越舉兵擅擊南越，南越束手，禀命天子，謂之「相攻」，不亦悖乎？

《莊子·齊物論》：「喜怒哀樂，慮嘆變慹，姚佚啓態。」舊説兹十有二者，皆情性之異。其理甚乖。蓋慮嘆則怒哀之類，或以變其常。姚佚則喜樂之類，或以作其態。故其下繼之曰「樂出虛，蒸成菌」，謂聲響出于虛寂，菌蕈出于熏蒸，亦猶喜怒哀樂一出天機之自然爾。故其下又繼之曰「日夜相代乎前，而莫知其所萌」。「慹」字，成玄英謂爲屈伏不伸。陸德明《音釋》云之涉反，且曰：「司馬云：『不動貌。』」按《玉篇》，此字凡五音二解，其之涉切者，引司馬彪《莊子注》云「不動貌」；其奴協切者，義亦同上。其之入、泰入、涉立三切者，怖也。彪解之爲不動者，亦對變而言之。蓋與成玄英所謂「屈伏不伸，爲性情十二之一」者，正同非也。若依《玉篇》作怖，謂慮嘆之甚，則必變而爲憂怖。其説雖通，其意甚狹，今亦不用。竊以爲此字從執從心，當讀如執音。蓋人心之所主，謂其常情焉耳。以慮嘆而變其常，豈止怖畏而已哉？將爲狂爲癡，而無所不至矣。又《德充符》云：「豚子食於其死母者，少焉眴若皆棄之而走。不見已焉爾，不得類焉爾。」「食」字或音嗣，或音飲，邑錦反，皆非也。「食」本如字讀，食于其死母，猶言就食于其死母。就食則就乳也，不煩更發他音。又《智北游》云：「大馬之捶鉤者，年八十矣，而不失毫芒。大馬曰：『子巧與？有道也？』曰：『臣有守也。臣之年二十而好捶鉤，於物無視也。非鉤無察也。』」郭注云：玷捶鉤之輕重而無毫芒之差，故「捶」字數音，郭則音「丁果反」。徐則音「箠」。李則音「墜」。其「玷捶」之「玷」，陸德明音丁恬反。然詳上下文意，正當從隨音爲勝。捶即鍛也，猶今世俗所謂打也。今人凡有修治者，悉謂之打。此其理甚易曉，而郭注以爲玷錘之輕重，繆矣。

東坡先生，神仙中人也。其篇什歌詠，冲融浩瀚，庸何敢議爲？然其才大氣壯，語太峻快，故中間時時有少隉杌者，如牏厠、厠牏之倒，滹沱河、蕪蔞亭之誤，皆是也。今聊疏其一二,可以爲峻健者之戒。《和劉貢父》云:「數奇逢惡歲,計拙集枯梧。」按《晉語·優施歌》曰:「暇豫之吾吾,不如烏烏。人皆集于菀,己獨集于枯。」東坡此詩意全用《晉語》事,而押韻處便加「梧」字,豈非太峻快耶?《次韻秦少章》云:「山圍故國城空在,潮打西陵意未平。」此則全用劉禹錫《石頭城》詩,但改其下三五字耳,亦是太峻快也。《桓魋墓》云:「縱令司馬能鑱石,奈有中郎解摸金。」按陳琳爲袁紹檄曹操云「曹又特置發邱中郎將摸金校尉」,則「摸金」乃校尉,非中郎也。《病起》云:「何妨一笑千痾散,絶勝倉公飲上池。」按《史記》:長桑君出藥與扁鵲,飲以上池之水,曰三十日當知物矣。坡則以爲「倉公」。倉公,淳于意也。《送陳六》云:「去年持節發倉廩,到處賣刀收繭栗。」按《王制》:「祭天地之牛角繭栗,宗廟之牛角握,賓客之牛角尺。」此用「繭栗」,不得便爲「牛」。《次韻張秉道》云:「憐君嗜好更迂闊,得我新詩喜折屐。」按《晉書》,折者屐齒,而非屐也。若云「得我新詩齒折屐」則其爲喜,不言可知。《石鼓歌》云:「上蔡公子牽黄狗,本譬李斯善作篆。」而復引黄犬事,殆似勉强。《次韻周長官見寄》云:「罔罔可憐真喪狗,時時相觸是虚舟。」喪家之狗,而止用兩字,似不甚妥。又《送客》云「鍾乳金釵十二行」。樂天詩云「鍾乳三千兩,金釵十二行」,今便配合爲一句,恐非後輩楷式。《觀歐陽鈴轄刀劍戰袍》云:「書生只肯坐帷幄,談笑毫端弄生殺。叫呼擊鼓催上竿,猛士應憐小兒黠。」此語雖有激而出,然使不知道者觀之，能無失倫之嫌乎？

宇文叔通《濟陽雜記》云：徐凝爲《廬山瀑布》詩云「千古長如白練垂，一條界破青山色」，東坡笑之，謂之惡詩。及坡自題則曰「擘開蒼玉峽，飛出兩白龍」。予謂東坡之「擘開」與徐凝之「界破」，其惡一也。治近讀坡集，其《游灊山》詩又云「擘開翠峽出雲雷，裁破奔崖作潭洞」，然則坡之峽，凡兩度「擘開」矣。

養生家有胎息之説。息，氣也。息之爲義大矣哉！《脉訣》以一呼一吸謂之一息者，出入之義也。俗以音問相通謂之消息者，往來之義也。以稱貸取贏謂之利息者，增羨之義也。以舍勞從逸，謂之止息者，停憩之義也。人有嗣續，謂之子息者，生滋之義也。人而物故，謂之休息者，了絶之義也。息既得謂之生，而又得謂之死，則息之爲義，不既大矣乎？濂溪《通書》稱「無極而太極」，晦庵云「無極而太極，祇是艮卦而已」。晦庵以艮卦當太極者，政以終萬物，始萬物，莫盛乎艮者也。艮，止也。止，息也。止息之地，萬物之所終也。誰知色色而形形者，盡于止息中來乎？且艮之爲卦也，位則處丑寅之間，時則當十二月、正月之交。此非萬物終始而何？晦庵因之復論云「息便是百穀之實」。初聞此語，瞀不能省，徐徐以思，乃大朗徹。實既爲種，種復成實，種實相仍，種種無窮，則云乎息者，非百穀之種而何？觀穀實之新新，究萬物之芸芸，吾然後知胎息之不妄也。夫「息」之爲文，從鼻從心，説者又謂自心爲息，胎息之驗。觀文又可見矣。自昔《老子》

發谷神之機，《莊周》啓踵息之鑰，《玉匱》則敷陳上假，《黄庭》則演説琴心，是皆奪造化之權，而抉天地之秘者也。道大事重，悠悠莫知。世之高亮之士，雖有能言之者，或隱之太深，或衍之太漫，誇張詭怪，無從致詰。惟晁承旨明遠、張太保安道、蘇端明子瞻、黄太史魯直，此四君子，遂能曲盡要妙，明著其説。晁則立合和之論，張則出清微之語，蘇則談隨住之訣，黄則述蓮燭之頌。晁公之言曰：「心息相依，息調心静。静調久久，可成勝定。神氣相合，氣和神清。清和久久，可致長生。」張公之言曰：「身如蓮華及虚空，中有習習清微風。緜緜若存道乃通，一來一往終無窮。來無轍迹去無蹤，散入八萬四千毛竅中。」蘇公之言曰：「數息數百，此心寂然。此身兀然，與虚空等。」又有一法，其名曰隨：「與息俱出，復與俱入。隨之不已，一息自往。或覺此息，從毛竅中。雲蒸霧散，病除瘴滅，自然明悟。」黄公之言曰：「蓮華合裏燭一寸，牝馬海中燒百川。糞掃堆頭親拾得，道人云是玄中玄。」此四君子之言，亦可謂知言之選者也。予少小多疾，故常求所以攝養之方。雖不得升堂嚌胾，亦麤得近其藩籬。鼏寓崞山之同川，嘗與李鼎之和論及于此。之和邃于性命者也，似有印可意。予因贈之以詩云：「立牝機關不死根，自消自息自氤氲。暖于焰焰九微火，輕似飄飄三素雲。白玉池心流曉潤，紫金鑪口裊餘熏。未知與道相應否，試作新詩一問君。」之和拊掌大笑曰：「子得之矣。不可以語非其人。」

晁迴明遠説「心息相依，神氣相合」，張方平安道説「身如蓮華及虚空，中有習習清微風」。此達摩胎息法也。近世萬松和尚著《從容録》，以爲達摩無胎息法。人謂達摩行胎息者，是其説出于曲學小智。予謂萬松之説非也。佛乘雖深密，要不出「性命」二字，故知胎息法祇是以性命爲一。致若謂胎息等皆妄，則凡鐙史所載機緣語句，獨非繫驢橛耶？胎息雖不足以盡至理，亦至理之所依也。今一切去之，則正所謂「性外求命，命外求性」耳。性外求命，命外求性，便是不識性命。

《莊子・天地》篇「漢陰丈人章」下：孔子曰：「彼假修渾沌氏之術者也。識其一，不知其二。治其内，而不治其外。夫明白入素，無爲復樸，體性抱神，以游世俗之間者，汝將固驚耶？且渾沌氏之術，予與汝何足以識之哉！」舊解及吕解，皆以漢陰丈人背今向古，不知因時任物之易，爲非真修渾沌氏之術者。故孔子有假修之語，而且有「不知其二」「不治其外」之譏【五】。以予觀之，理或不然。顧前後問答，皆深與漢陰之意，初無奪之之辭。蓋渾沌氏之術無得而修，漢陰丈人特假之耳，亦猶直寄焉。與夫寓諸庸之謂也。「識其一」，抱一之謂。「不知其二」，無所于雜之謂。「治其内」，立乎本原之謂，「不治其外」，無所事事之謂。豈以「不知其二」便謂不通，「不治其外」便謂偏枯耶？古人之文，不必以勢拘，所貴以情得，語似相戾而意實相貫。詩書中類此者不可以概舉也。讀者承上「假修」之語，遂并其下文而誤認之，甚無謂也。夫所謂「明白入素」至「以游世俗之間」者，正所謂「識其一，不知其二」「治其内，而不治其外」也。夫所

【五】不治其外之譏　「譏」原作「機」，據聚珍本改。

謂「汝將固驚者」，正所謂渾沌氏之術。「予與汝何足以識之」也。若別以「明白入素」至「以游於世俗之間」者，以爲真修，則前所謂全德之人，果謂誰哉？治嘗謂世之讀書者，往往用意太過，而治《莊》《老》者爲猶甚。何者？爲其説説而無窮也。使説説而有窮，夫又何足以謂之道？惟説説而無窮，故終日言而未嘗言，終日不言而有若雷霆之號號也。其知者由是而之，其不知者亦由是而之。此道之所以難明也。彼以漢陰爲假而非真者，必以爲「一」與「二」俱舉，「内」與「外」并行。天人無際，動静兩遂，始可謂之真修也。漢陰丈人僅能得其一而盡迷其二，僅能得其内而盡忘其外。是烏足以爲渾沌氏之術乎？曰：乃若所論，益以知漢陰之爲至人矣。夫天人之無際，動静之兩遂，謂之混同無間，以併包内外聖王之道，固也。亦盍以此章前後之旨明之？此章本旨大率不過以機械、機事、機心爲非道，以德全、形全、神全爲至道。條條井井，無他蹊徑之難睹也。今而强爲誇大之説，無可爲而爲不可爲之爲，無可言而言不可言之言。鑿之又鑿，鑽之又鑽，勞筋苦骨，必待胸喘膚汗，四體不能運掉，而後謂之得也，不亦狂惑哉？又況天人之無際，非以其機械、機事、機心屬之人也。曰「人」者，直對天而命之人耳。動静之兩遂，非以其機械、機事、機心屬之動也。曰動者，直對静而命之動耳。乃今混而一之，謂之爲天者，必參以機械、機事、機心之人。謂之爲静者，必參以機械、機事、機心之動，始名真修，則亦異夫混同無間，以併包内聖外王之道者矣。

卷三

《禮記·禮器》云：「禮有擯詔，樂有相步，温之至也。」「温止」，謂習熟耳。而鄭云：「皆爲温藉重禮也。『擯詔』，告道賓主者也。『相步』，扶工者也。『詔』或爲『紹』。」《釋文》：「温，紆運反。」疏云，皇氏云：「温謂承藉。凡玉以物緼裹承藉。君子亦以威儀擯相，自爲承藉。」又《内則》：「問所欲而敬進之，柔色以温之。」「温」止謂和洽耳。而鄭又云「温，藉也。承尊者必和顔色」。《釋文》：「温，於運反。」疏云：「藉者，所以承藉於物，言子承父母，當和柔顔色。承藉父母，若藻藉承玉。」然鄭、孔全以藉解「温」，恐未盡善。蓋韞者，櫝也，所以覆藏。藉者，薦也，所以承托。韞藉，乃涵養重厚，不露圭角之意。故前史謂有局量，不令人窺見淺深，而風流閑雅者爲韞藉。唐明皇陳樂於勤政樓下，垂簾觀之，兵部侍郎盧絢謂上已起，垂鞭按轡，橫過樓下。絢風標清粹，上目送之，深嘆其韞藉。又德宗好文雅韞藉，而柳渾質直輕脱，無威儀，上不説，以是罷相。韞藉之説如此。今乃以薦藉解韞櫝，於義何安乎？輕改音切，理既支離，指温爲藉，益又可疑。前人信之不敢譏，後人畏之不敢違。其誰知千古之是非？

作文叙事爲最難。搜抉辭旨，兩須允愜。杼思過當，多遺目前。《龐統傳》云：「龐少時樸鈍，未有識者。潁川司馬徽有知人鑒。統弱冠往見徽，徽採桑于樹上，坐統在樹下，共語自晝至夜。徽甚異之。」此坐統樹下時，尚未識統。既共與語，必有以中徽心者。徽雖高年，便當下與統接，而止據樹上，自晝至夜，略無主客之禮。爲統者固樸鈍，而爲徽者無乃樸鈍甚耶？以人情度之，殆爲乖戾。吾以爲共語之下，宜云：「徽頗驚賞，因延揖，再與談論，自晝至夜。徽甚異之。」若是，則其言意始兩足矣。或謂徽與統齒相懸，不可以苛禮責徽。曰：此不然。昔盛孝章爲臺郎，路逢童子，容貌非常。孝章怪而問之。答曰「魯國孔融」。時年十餘歲，孝章以爲異，乃載歸，與之言，知其奇才，便結爲兄弟。夫融之遇孝章之時，纔十餘歲兒耳，而孝章與之爲雁行。統之見徽時，蓋已成人矣。徽年雖高，苟有知人之鑒，則自不當倨傲如此。故予疑以爲史家激昂太過云然也。

牛僧孺《守在四夷論》曰：「夏捨淑德而嬖妹喜，是色攻而亡也。商捨德音而耽愔愔，是聲攻而亡也。」按《左傳》子革誦「祈招」之詩曰：「祈招之愔愔，式昭德音。」杜預曰：「愔愔，安和貌。」又《韻書》：「愔字訓靖。」施之德音，則誠然也。故嵇康《琴賦》其辭曰：「愔愔琴德，不可測兮。體清心遠，邈難極兮。」李周翰注云：「愔愔，静深也。」李善又引劉向《雅琴賦》云：「游予心以廣觀兮，聽德樂之愔愔。」然則「愔愔」者，所以形容德音之美也。子政、叔夜皆以此美琴德，而僧孺乃謂「商耽愔愔而亡」，則是以「愔愔」同之「靡靡」也，亦大誤矣。

「薄太后以冒絮提帝。」又：「文帝時，皇太子引博局提吴太子殺之。」「提」，擲也，投也，撞也，與「提耳」之「提」異。

李華《寄趙七》詩云：「丹邱忽聚散，素壁相奔衝。」出於老杜「泰山忽破碎，涇渭不可求」。

《吴・陸遜傳》：權欲遣偏師取夷州及珠崖，皆以諮遜。遜上疏曰：「今兵興歷年，見衆損減。」又云：「今江東見衆，自足圖事。」遜之一疏之中，其言僅盈二百。前云「見衆損減」，而後云「見衆足以圖事」，首尾相違，自爲水火。何耶？此非獨遜之誤，亦史筆去取之不精也。

薦，席也，草亦得以言薦。《莊子・齊物論》：「麋鹿食薦。」薦即草也。《趙充國傳》云：「今虜亡美地薦草。」此「薦」字意，與《莊子》稍别。「薦草」對「美地」爲言，則薦者特以見其草之茂盛云耳。謂草之盛，一如所坐薦然。

《月令》：「仲夏，鹿角解。仲冬，麋角解。」皆蟹音。「孟春，東風解凍。」無音，則當讀如字，爲佳買反。蓋「角解」之「解」，自解也。「解凍」之「解」，有物爲之解也。

《封燕然山銘》謂：「竇憲奮亮聖皇，登翼王室，納于大麓。維清緝熙。」「納于大麓」，則堯、舜内禪之事也。「維清緝熙」則文王受命之詩也。而固也施之于憲，雖文人造次之辭，亦不倫矣。

應璩休璉《百一詩》云：「文章不經國，筐篋無尺書。」善曰：「《新序》孫叔敖曰：『府庫之藏金玉，筐篋之橐簡書。』」善誠是，然「筐篋」二字，實用賈誼語也。誼《政事書》云：「俗吏之所務在於刀筆、筐篋而不知大體。」

天地之氣，陰陽相半，曰暘曰雨，各以其時，則謂之和平。一有所偏，則謂之隔并。隔并者，謂陰陽有所閉隔，則或枯或潦，有所兼并也。安帝延光元年，陳忠上疏云：「今天心未得，隔并屢臻。青、冀之域，或淫雨漏河。徐、岱之濱，海水盈溢。兗、豫則蝗蝝滋生。荆、揚則稻收斂薄。」又順帝陽嘉二年，郎顗上書云：「若令雨可請降，水可攘止，則歲無隔并，太平可待。」夫忠、顗所言，皆謂旱乾水溢之偏也。

予至東平，《得一算經》，大概多明如積之術。以十九字志其上下層數，曰：「仙、明、霄、漢、壘、層、高、上、天、人、地、下、低、減、落、逝、泉、暗、鬼。」此蓋以人爲太極，而以天地各自爲元而陟降之。其説雖若膚淺，而其理頗爲易曉。予遍觀諸家如積圖式，皆以天元在上，乘則升之，除則降之。獨太原彭澤彦材法，立天元在下。凡今之印本《復軌》等書，俱下置天元者，悉踵習彦材法耳。彦材在數學中，亦入域之賢也。而立法與古相反者，其意以爲天本在上，動則不可復上，而必置於下，動則徐上，亦猶《易卦》，乾在在下，坤在在上，二氣相交而爲太也。故以乘則降之，除則升之，求地元則反是。

楊倞解《荀子》「非綦文理」「綦之而亡」「食五綦之具」之類，其「綦」字皆訓爲極。又于「五綦之下」云:「綦或爲甚。」其説固近,然「綦」正當作「期」,古文音同者,其義悉通。期爲要結止宿之處,固爲人所同欲也。亦猶孟子所謂「天下期于師曠」「期于子都」「期于易牙」,無煩改字。

梁周興嗣《千字文》,説者謂上得王羲之故書,皆斷爛脱絶,前後倒複,不可讀,令興嗣次之。一夕書成而髮盡白。然今《法帖》,漢章帝所書已有千字文中百餘字。何哉?豈梁世所傳得羲之故書,已先書漢章帝之書乎?

漢宣帝朝,同時有杜延年、田延年、嚴延年。

《三國志·劉焉傳》注:陳壽《益都耆舊傳》曰:「董扶發辭抗論,益都少雙,故號曰『致止』,言人莫能當,所至而談止也。」然則當號「至止」,不當號「致止」,而今云「致止」者,得非以扶所至士大夫畏服,遂致止談論與?《耆舊傳》恐誤。

又《潘濬傳》注:《襄陽記》曰:「襄陽習温,爲荆州太公平。太公平,今之州都。濬子秘過辭于温,問曰:『先君昔因君侯當爲州里議主。今果如其言,不審州里誰當復相代者?』温曰:『無過於君也。』後秘爲尚書僕射,代温爲公平,甚得州里之譽。」「昔因」之「因」錯,定是「目」字。

「邸閣」者,乃軍屯蹊要,儲蓄資糧之所。此二字,他書無有,見于漢末及《三國志》,其所明著者,凡十一。《董卓傳》注:獻帝紀曰:「帝出雜繒二萬匹,與所賣厩馬百餘匹，宣賜公卿以下及貧民不能自存者。李傕曰：『我邸閣儲偫少。』乃悉載置其營。」又《張既傳》：酒泉蘇衡反，既擊破之。遂上疏請治左城，築障塞，置烽燧、邸閣，以備胡。西羌恐，率衆二萬餘落降。又：王基擊吴，別襲步協于夷陵，協閉門自守。基示以攻形，而實分兵取雄父邸閣，收米三十餘萬斛。又：毌丘儉、文欽作亂，王基與司馬景王會于許昌，基謂宜速進據南頓，南頓有大邸閣，計足軍人四十日糧。又：蜀後主建興十一年冬，諸葛亮使諸軍運米，集于斜谷口邸閣。又《魏延傳》注：夏侯楙鎮長安，諸葛亮于南鄭計議。延曰云云。横門邸閣與散民之穀，足周食也。又《鄧芝傳》：先主定益州，芝爲郫邸閣督。先主出至郫，與語，大奇之，擢爲郫令。又《孫策傳》注：《江表傳》曰「策渡江攻劉繇牛渚營，盡得邸閣糧穀戰具」，是歲興平二年也。又《孫權傳》：赤烏四年夏，遣衛將軍全琮略淮南，决芍陂，燒安城邸閣，收其人民。又：赤烏八年，遣校尉陳勛將屯田兵及作士三萬人，鑿句容中道。自小其至雲陽西城，通會市，作邸閣。又《周魴傳》：譎曹休箋曰：「東主遣從弟孫奂治安陸城，修立邸閣，輦貲運糧，以爲軍儲。」

《孫休傳》：永安五年，休欲與韋曜、盛冲講論道藝。張布忌二人切直，因飾説以遏之。休答云：「孤之涉學，群書略遍，所見不少。今曜等入，但欲講書，不爲從曜等始受學也。」又恐布疑懼，竟如布意，廢其講業，不復使冲等入。史言休鋭意於典籍，欲畢覽百家之言，觀其所答張布語，非真好學者，徒因事以自衒耳。果能以進脩爲樂，雖百布拒過，必不肯終至廢輟。傳曰：「好善如好好色」，「惡惡如惡惡臭」，是言好惡之真也。如休所爲，豈得謂之真好學者耶？

《越世家》載：陶朱公中男殺人，當死。公之長男救其弟，之楚，進千金于莊生。莊生非有意受之也，欲以成事，後復歸之，以爲信耳。故金至，謂其婦曰：「此朱公之金，有如病不宿誡，後復歸，勿動。」而朱公長男不知其意，以爲殊無短長也。自「有如」至「勿動」一十一字，其意曖昧，讀者多不能諭。然究上下文，其脉絡自相貫通，初不難曉。蓋莊生指所得之金而語其婦云「此金非吾家所有，一如病患之來，不可使宿」。因又誡其婦云「待事成後即復歸之，宜勿動也」。

《左傳·昭二十四年》：「冬十月癸酉，王子朝用成周之寶珪于河。甲戌，津人得諸河上。陰不佞以温人南侵，拘得玉者，取其玉，將賣之，則爲石。事定而獻之，與之東訾。」此有數説。曾子者謂陰不佞不應賣玉，蓋拘得玉者將取之，則詐之曰「此爲石也」，賣欺紿也。不佞以此得玉。劉子者謂此倒簡，當是「將賣之則爲石」六字，在「津人得之河上」之下，津人不識寶珪，雖欲賣之，而自謂此石耳。所得能幾，遂不賣。張子者謂不佞拘津人取其玉，意欲得玉而賣之，其津人不肯與，則曰祇是石耳，故不佞不復取。及王定，津人獻之玉，王與之東訾，蓋喜子朝之寶珪復歸於己也。當以「取其玉將賣之」爲一句。高子者，謂成周之寶珪，既沈之河矣，翌日復自出外，明神物之有所歸也，故不佞將賣之，化之而爲石焉，已而復爲玉，因得以獻。李子曰：以上四説皆非也。只是不佞將賣玉，而買者不識，則以爲石耳。事定，不佞獻王。王喜，與之東眥。

李白《瀑布》詩云：「海風吹不斷，江月照還空。」而陸蟾詠瀑布云：「嶽色染不得，神功裁亦難。」可謂天冠地履矣。樂天詠草云：「野火燒不盡，春風吹又生。」狄燠詠柳云：「翠色折不盡，離情生更多。」蓋皆模寫李白體。而蜀妓贈陳希夷則云：「帝王師不得，日月老應難。」是又其變也。

杜詩：「酒債尋常行處有，人生七十古來稀。」此以意對耳，故前人謂之十四字句。或者説子美詩無一字浪發者，人止知以意對，不知「七十」與「尋常」爲切對也。蓋八尺曰尋，倍尋曰常，尋常亦數也，故對得「七十」。或者之言非是。如《秦州雜詩》云：「近接西南境，長懷十九泉。」「西南」，非數也。此詩「西南」字，雖非其數，而預四方之名，與數相近。準或者之言，猶得借用。如《杜位宅守歲》云：「四十明朝過，飛騰暮景斜。」豈「飛騰」亦爲四方之名耶？或者之説不可信。

東坡「九衢人散月紛紛」，出於老杜《陪鄭廣文游何將軍山林》，詩云：「絺衣挂蘿薜，涼月白紛紛。」

齊武帝孫鬱林王昭業，太子長懋之子也。武帝永明十一年七月立，明年七月，西昌侯鸞廢之。鸞即明帝也。鬱林立者凡一年，雖淫昏不道，而正君臣之位者亦已期矣。《通鑑》以前半年爲永明，後半年爲建武，没不見鬱林之號，恐未爲得。前半年屬之永明，固也。後半年没而不舉，何哉？鸞既廢昭業，復立其弟昭文，而鸞又自改封宣城王。冬十月，鸞又廢昭文爲海陵王。海陵王即位，歷四月。于十一月，鸞又廢之，而自立。迹齊明之廢立，在此一年。以此年稱爲建武元年者，蓋鸞志耳。然概諸予奪之權，若此等類，自當分其年爲上下。但使紀年雙舉，行事并列，雖繫諸建武之元，亦無傷也。今一徇鸞志，而置踰年之君于無人之地，寧不爲史筆之累哉？

堯舜稱帝，三代稱王。帝王皆天子也。春秋之世，吴、楚僭王，吾夫子故又以天子爲天王。既王矣，而又以天之，非故爲是誇大而華美之也，直以爲吴、楚之嫌耳。是則夫子之爲萬世慮也深矣。然而後世猶敢以僭言之。《通鑑·齊明帝建武元年》載：西昌侯鸞，徙雍州刺史晉安王子懋爲江州刺史，仍令留部曲助鎮襄陽，單將白直、俠谷自隨。陳顯達過襄陽，子懋謂曰：「朝廷令身單身而反，身是天王，豈可過爾輕率？今猶欲將二三千人自隨，公意何如？」又此年冬十月，鸞殺諸王事下，載永明中，巴東王子響殺劉寅等。世祖曰：「子響遂反。」戴僧静大言曰：「諸王都自應反，豈惟巴東？」上問其故，對曰：「天王無罪，而一時被囚。取一挺藕、一杯漿，皆諮籤帥。籤帥不在，則竟日忍渴。諸州惟聞有籤帥，不聞有刺史。何得不反？」戴僧静對世祖稱諸王爲天王，猶謂諸王皆天系，似有説也。而子懋自以爲天王，是其意以王與皇帝等爾，故自稱之爲天王也。當是時，西昌侯鸞方圖弑立，綱紀蕩然，豈子懋以名爲不足校而遽爾耶？不然，名數階級，古今所最重者，何子懋一切不顧，敢以自與，如是其輕也？是故知爲國者，禮爲重。知爲禮者，名爲重。齊之世，禮既壞亂，名又盡廢，尚爲國乎哉？

兼山郭先生説：「乾之策二百一十有六，六之則三十六，又四之則九也。坤之策百四十有四，六之則二十四，又四之則六也。故曰，九六乾坤之策。此其言六者，卦别六爻也，所得則每爻之正策也。言四者，策以四揲也，所得則老陽老陰之正數也。」義固然矣。然兼山先言大數，而次言六之四之者，皆非也。正當云，乾之策二百一十有六，如卦别六爻而一，則得三十六。又以四揲而一，則得九，是謂老陽。坤之策百四十有四，如卦别六爻而一，則得二十四，又以四揲而一，則得六，是謂老陰。如此則爲相應耳。蓋算術，凡言幾之者，皆爲相乘非相除也。

陰陽相配之物，而老少又必相當。乾之策二百一十有六，老陽也。坤之策百四十有四，老陰也。老陰、老陽相得爲三百六十，則周期之日也。乾之策一百六十有八，少陽也。坤之策一百九十有二，少陰也。少陰、少陽相得爲三百六十，亦周期之日也。借使老陽、少陰爲耦，則得四百單八，課於周期之日，爲多四十有八。使少陽、老陰爲耦，則得三百一十有二，課於周期之日，爲少四十有八。多亦不能成歲功，少亦不能成歲功。蓋陰陽不相當也。然其過與不及，皆適均於四十八者，陰陽老少之數，皆相隔者二，而乾、坤每爻之策，皆二十四，二之二十四，計得四十八也。以是推之，老陽多於老陰之策七十二，則陰不及陽者二爻也。少陽少於少陰之策二十四，則是陽反不及陰者一爻也。陰不可太過，陽不可不及，故於乾、坤之策，不取少陽、少陰，而專取老陽、老陰。三百八十四爻，不取七八，而獨取九六也。

《國語・楚》：觀射父爲昭王言祭祀云：「祀加於舉。」且曰「百姓、千品、萬官、億醜、兆民，經入畡數以奉之」。又鄭史伯爲桓公説「和實生物，同則不繼」云：「合十數以訓百體，出千品，具萬方，計億事，材兆物，收經入，行姟極。」韋昭注云：計，算也。材，裁也。賈、唐説皆以「萬萬爲億」。後鄭司農云：「十萬曰億，十億曰兆，從古數也。經，常也。姟，備也。數極於姟，萬萬兆曰姟。自十等至千品萬方，轉相生，故有億事兆物。王收其常入，舉九垓之數也。」李子曰：以定名論數，宜從古率，以考數論數，宜從今率。蓋億萬之數，今率必盈萬萬。而古率祇以十之宜已。十之者，一進位也。是其循前後之名則順，而其爲數則局促而易窮。謂盈萬萬者所進之位，又有二等。一則萬之後億之前，四進位而一改名。一則凡億之後，須八進位而一改名。是其於前後之名，或若參差不齊，而其爲數則廣大，而爲用則不可以遽窮焉。蓋數有通率，有進率、退率，不可一概論也。自一二三四而至十，此數之通率也。自一十百千而至於萬，此數之進率也。自分釐毫絲而至於忽，此數之退率也。其進數無窮，而退數亦無窮。今且以進數言之，自一至十爲通率，固不必論。自十至百、自千至萬之類，爲十進亦可，爲一進亦可。夫一與十，不曰始終之極歟？不曰相懸之甚歟？然得爲一進，而又得以爲十進者，爲有進率而又有通率也。然通率猶子，而進率則猶父焉。父統子業，故取一進位而不取夫十進位也。自十至百，猶不拘於通率，而況自萬以上乎？故自萬以前，每進改名。自萬以後，雖用進率，而其名或改或不改。是以有古今之別也。自萬至億，一進而改名者，古率也；四進而改名者，今率也。自億至兆以上，又與此不同矣。自億以上，依古率則一進而改名，依今率則至八進位然後得改名也。故今之算數，自一至億，凡八進位，自億至兆亦八進位。等而上之，至於京、垓、秭、壤、溝、澗、正、載，皆若是而已矣。韋昭注，前已著賈、唐之説，後雖復引鄭司農古數之語，而卒言萬萬兆曰姟，則昭之意實用賈、唐説耳。史伯論數云：十百千萬億兆經姟。觀射父論數云，百千萬億兆經畡。姟、畡，古字通用，今作垓，亦作陔，皆同。經，亦數也。今《算術》大數曰億兆經垓。邵堯夫《皇極數》于億兆之後，即繼之爲京。求之音義，經正爲京耳。而韋昭注云「經，常也」。經固訓常，而非史伯、觀射父之意也。詳《國語》本旨，自十百而上，皆進一位以命數。昭不及此，而遺經誤解，已爲背戾。乃復云：萬萬兆曰姟，則是於古今之數，兩俱不得其説也。爲韋注者奚自而宜？宜云「萬萬兆曰經，萬萬經曰姟」，則得其正矣。

《書·高宗肜日》：「乃曰：『其如台？』」《西伯戡黎》：「今王其如台。」「今王其如台」，此一句蓋重《高宗肜日》中語也。孔安國皆以「台」爲祖已、祖伊自言其身。三山林氏以「台」爲紂自言之。案《書》言「台」者，多是帝王自舉，猶稱朕云耳。不必求上下義，只以一字論之。林爲優。

《西伯戡黎》：「奔告於受。」孔安國傳云：「受，紂也，音相亂。」然黎則今之黎城。《史記》作「耆」，何也？豈亦以音相亂乎？皆不可必也。

《定風波》曲凡有五。唐歐陽炯《定風波》首云「暖日閑窗映碧紗，小池春水浸殘霞」者，詩句《定風波》也。至今詞手多爲之。此不可以備録。近世趙獻可作詞，有曰「芳心事事可可」者，《定風波慢》也。俚俗又有《定風波》者，所謂宫調者也。又《本事曲子》載范文正公自前二府鎮穰下，營百花洲，親製《定風波》五詞。其第一首云：「羅綺滿城春欲暮，百花洲上尋芳去。浦映花花映浦，無盡處，恍然身入桃源路。莫怪山翁聊逸豫，功名得喪歸時數。鶯解新聲蝶解舞。天賦與，争教我輩無歡緒。」尋其聲律，乃與《漁家傲》正同。又賀方回《東山樂府》别集有《定風波》異名《醉瓊枝》者，云：「檻外雨波新漲，門前烟柳渾青。寂寞文園淹卧久，推枕援琴涕自零。無人著意聽。緒緒風披雲幌，駸駸月到萱庭。長記合歡東館夜，與解香羅掩翠屏。瓊枝半醉醒。」尋其聲律，乃與《破陣子》正同。右五曲中，前三腔，固常聞之。其後二腔，未有人歌者。不知此二曲，真爲《漁家傲》《破陣子》，而但爲改名《定風波》乎？或别有聲調也？予以爲但改其名耳。不然，何爲舉世無人歌之，而又遍考諸樂府中，無有詞語類此而名之爲《定風波》者也？

東坡贈勝之《減字木蘭花》有云：「要賭休癡。六隻骰兒六點兒。」東坡意以爲六隻皆六點，此色乃没賽也。然此一句中間少「皆」字，意却便是六隻骰兒都計六點而已纔得，俗所課六丁神，乃色之最少者耳。只欠一字，辭理俱詘。

《詩史》云：梅聖俞《河豚》詩：「春洲生荻芽，春岸飛楊花。河豚於此時，貴不數魚蝦。」歐陽永叔謂河豚食楊花則肥。韓偓詩云「柳絮覆溪魚正肥」。大抵魚食楊花則肥，不必河豚。治又以爲不然。魚未必食楊花而肥，蓋此時魚之所食之物皆豐美，故魚自肥也。今驗魚廣之處，當其盛時，莫不肥好，豈必其地悉有楊花耶？

杜詩《宴楊使君東樓》云：「座從歌妓密，樂任主人爲。」此「爲」字乃用《論語》「不圖爲樂之至於斯」及「三年不爲樂」之「爲」，或讀「樂」作洛者，非。

前人論三古各别者，從所見者言之，故不同。然以吾身從今日觀之，則洪荒太極也，不得以古今命名。大抵自羲、農至堯、舜爲上古。三代之世爲中古。自戰國至于今日以前，皆下古也。蓋吾目之所睹者，今也。古今相對爲辭，自非吾身之所接莫非古矣。不待千載之上始得謂之古也。

俗以優伶爲「無過蟲」，此亦有所出。《晉語》曰：「驪姬告優施曰：『君既許我殺太子而立夷齊矣。吾難里克。奈何！』優施曰：『吾來里克，一日而已。爲我具特羊之饔，吾以從之飲酒。我優也，言無郵。』」

《檀弓上》：「子路弗除姊喪。子曰：『先王制禮，行道之人，皆弗忍也。』」注云：「行道猶行人義。」非是。行道之人，猶云塗人。先王制禮，自不可過。若謂不忍，可除而猶不除，塗之人皆有此心。安在其爲先王之禮乎？故子路聞而除之。

《孟子》曰「逃墨必歸於楊」至「既入其苙，又從而招之」。李子曰：天下萬事之不同，必歸於至正。天下萬理之不同，必歸於至當。苟以是而來歸，如之何其拒人也？祇有受之而已。然當孟子時，楊、墨塞路，孟子不以辭而闢之，聖人之道息矣。因自云：「今吾之所以與楊、墨辨者，如追放逸之豚，雖已入其闌苙，猶恐防閑之不密，或奔走而之他。故又須時時從而招呼之。」蓋病異端之甚。

杜詩「醉中往往愛逃禪」，或者云「逃禪」之「逃」，即「逃楊」「逃墨」之「逃」。逃，畔也。杜詩此言謂逃禪而醉也。或者之論非是。逃，固畔也。而謂此詩爲畔然而醉，則誤矣。逃禪者，大抵言破戒也。子美意謂蘇晉尋常齋于繡佛之前，及其既醉，則往往盡破前日之戒。蓋逃禪者，又是醉後事耳。若謂畔禪而醉，何得先言醉中乎？又有人説云：「逃禪者，逃于禪，謂竄投于禪也。」如其説，則大與孟子「逃楊」「逃墨」之「逃」異矣。

《荀子》：「青出於藍，青於藍。」此語明白，無可疑者。而東坡以此爲無異夢中語。原坡意，必以青、藍二者皆色，不應色出於色，而疑爲夢語也。坡公寧不知青自其色，而藍自其作色之物耶？東坡不喜荀、揚學，故凡二子之言，纖介之病，攟摭者無不至。

《史記》載陶朱公中男殺人，囚于楚。長男往救之，既進金于莊生。俄而聞赦，以爲赦則弟固當出，重千金虚棄。復見莊生，取之，辭去。莊生羞爲兒子所賣，乃見楚王曰：「臣前言某星事，王言欲以修德報之。今臣出，道路皆言朱公之子殺人囚楚。其家多持金賂王左右，故有赦。」楚王大怒，遂殺朱公子。其長男持弟喪歸，朱公笑曰：「吾固知必殺其弟也。」治謂此事不可信。驗之史，蓋朱公初欲使少男往，長男以己家督不使，慚欲自殺。朱公不得已，遣長男行，且遺書所善莊生，曰：「至則千金聽其所爲。」莊生素以廉直聞于國，自楚王以下，皆師尊之，乃以星變説王下赦令。夫以陶朱公之智，在父子間有性命之急，審知少男可使，長男固殺弟，乃因長男奮激之故，更無一語以解譬之，便爾捨棄中男。是豈有父子之情哉？此其不可信者也。莊生以廉直名一國，脱不廉直，朱公必不與善，國人必不師。廉直如此，而以孺子取金之故，遽生褊心，横出詭辭，以殺所善之兒，則爲莊生者，亦不仁矣。且莊生誠愛人之金否乎？誠婦勿動，則誠不愛人之金也。誠不欲殺人否乎？勸王修德，則誠欲救人之死也。誠不愛金，誠欲救人之死，雖無所受書于朱公，無所得金于長男，猶將匍匐而前。而今也有可以活人之術，因金去已而致人于死。

又深負朱公所以付托之心。是烏足以語廉直哉！此又不可以信者也。有不可信者二，而讀史者皆信之，以事奪理，以辭奪事而已。學者毋以事奪理，毋以辭奪事，則其是非信否，雖在百世之上，當自有以見之。

「肉薄攻城」，或以「肉薄」爲裸袒，或以「肉薄」爲逼之使若魚肉。然皆非是。「肉薄」，大抵謂士卒身相匝，如肉相迫也。

齊澣言於明皇曰：「王毛仲小人。寵過生姦。願陛下密之。」已而因餞麻察，道禁中諫語。察遽奏之，下制：「澣、察交構將相，離間君臣。」俱貶。澣戒上令密，而自洩其語，坐此謫降。臣不密則失身，宜矣。而爲察者，言之無所益，不言無所損，亟以澣語奏白。浮躁傾險，賣友要君。吁，可畏哉！事在開元十七年。

卷四

王摩詰《送元安西》詩云：「渭城朝雨浥輕塵，客舍青青柳色新。勸君更盡一杯酒，西出陽關無故人。」其後送別者多以此詩附腔作《小秦王》唱之，亦名《古陽關》。予在廣寧時，學唱此曲于一老樂工某乙云：「渭城朝雨和剌里離賴浥輕塵，客舍青青和剌里離賴柳色新。勸君更盡一杯酒，不和西出陽關和剌里來離來無故人。」當時予以爲樂天詩有「聽唱陽關第四聲」，必指「西出陽關無故人」一句耳。又誤以所和「剌里離賴」等聲便謂之疊。舊稱《陽關三疊》，今此曲前後三和，是疊與和一也。後讀《樂天集》，詩中自注云：第四聲謂「勸君更盡一杯酒」。又《東坡志林》亦辨此云，以樂天自注驗之，則一句不疊爲審。然則「勸君更盡一杯酒」前兩句中，果有一句不疊。此句及落句皆疊，又疊者不指和聲，乃重其全句而歌之。予始悟嚮日某乙所教者，未得其正也。因博訪諸譜，或有取《古今詞話》中所載，疊爲十數句者。或又有疊作八句而歌之者。予謂《詞話》所載，其辭麤鄙重複，既不足采而疊作八句。雖若近似，而句句皆疊，非三疊本體，且有違于白注。蘇志亦不足徵，乃與知音者再譜之，爲定其第一聲云「渭城朝雨浥輕塵」，依某乙中和而不疊。第二聲云「客舍青青柳色新」，直舉不和。第三聲云「客舍青青柳色新」，依某乙中和之。第四聲云「勸君更盡一杯酒」，直舉不和。第五聲云「勸君更盡一杯酒」，依某乙中和之。第六聲云「西出陽關無故人」及第七聲云「西出陽關無故人」，皆依某乙中和之。止爲七句，然後聲諧意圓。所謂三疊者，與樂天之注合矣。

俗語「有心避謗還招謗，無意求名却得名」，此孟子語也。《孟子》云：「有不虞之譽，有求全之毀。」俗語有「任真省氣力，弄巧費功夫」。此《周官》語也。《周官》云：「作德心逸日休，作僞心勞日拙。」

《蕭望之傳》：鄭朋楚志怨恨。張晏曰：「朋，會稽人。會稽并屬楚。」蘇林曰：「楚人脃急也。」治謂二説皆非。楚志，猶痛心也。楚者，謂若捶楚然。

《後漢·臧洪傳》：洪年十五，以父功拜童子郎。注云：漢法，孝廉試經者，拜爲郎。《續漢書》曰：左雄奏徵海内名儒爲博士，使公卿子弟爲諸生。有志操者，加其俸禄。及汝南謝廉、河南趙建，年始十二，各能通經。雄并奏拜童子郎。於是負書來學者，雲集于京師。案《范史·左雄傳》備録此事。然雄前此嘗上言，請孝廉年不滿四十不得察舉，若有茂材異行，自可不拘年齒。帝從之。班下郡國。明年，有廣陵孝廉徐淑，年未及舉，臺郎疑而詰之，對曰：「詔書曰『有如顏子、子奇，不拘年齒』，是故本郡以臣充選，郎不能屈。雄詰之曰：『昔顏回聞一知十，孝廉聞一知幾？』」淑無以對，乃遣却郡。雄之始爲四十之請，所以求合往古强仕之制，且恐白面少年之亂政。繼之過抑徐淑，深加詰呰者，欲以自行其言，不少假借也。而身忽自舉謝、趙二兒爲郎。何耶？豈初志太鋭，迤邐至此而忘之耶？抑謝、趙二兒聞一知十，果與顔氏等耶？何其所言所行，前後自相違戾若是其甚也？蓋雄之意，始上言時，惟患天子之不我聽也。已而班下郡國矣，猶患天下之不我喜也。故因徐淑之舉，深詰而却絶之。及其所請之盛行也，珍材奇璞，亦頗沈鬱於下。雄始洒然自悟嚮者之請，有近於苛，乃奏徵鴻碩居博士職，且使公卿子弟爲諸生。又見物議無他，於是汲引廉、建，奏之天子，而拜爲郎焉。凡以自開而自闔之，自奪而自與之。初無一髮爲己私計，上之爲公是，中之正士風，下之合輿情。但其幾甚微，權甚密，有似於繳繞耳。史籍具在，載究載復，則舉主之得失，與夫所舉者之當否，又得而言焉。三子未必有優劣，雄意未必有厚薄，始終之時異，逆順之情遷，首低所以生末昂，舊詰所以激新奏也。

《史記·扁鵲傳》：扁鵲者，渤海郡鄭人也。徐廣曰「當爲鄚」。姓秦氏，名越人。而不著扁鵲爲官爵、爲謚若字。以爲官爵則前未始聞，以爲謚則尤非其體，若以爲字，則史家無言。首標其字，而續書姓名者，間有之矣。必在他傳附見，或以字行者，亦皆以姓冠其首。此單稱扁鵲，則斷非其字也。又《禮經》言「古人始生命名，既冠而後有配名之字，五十而後有伯仲之字」。夫「扁鵲」之稱，既不與「越人」相干，又略無伯仲等意。意者其爲越人之號歟？書傳不著，又不敢以自必。每每問人，人無知者。頃讀《道藏經·軒轅本記》，乃始知扁鵲已爲前世名醫。案《本紀》云：得岐伯，帝乃作内外經。又有雷公炮製方，又有扁鵲、俞附二臣定脉經。然則軒轅時已有此號，今爲越人之藝，獨冠當代，故亦以此號之，初非越人之自稱也。

天體正圓如彈丸，地體未必正方。今地正方，則天之四游之處，定相窒礙。竊謂地體大率雖方，而其實周匝亦當圓渾如天，但差小耳。又地體凝然不動，顯著直方之德，亦得謂之方也。故《乾》卦不言天圓，而《説》卦則云爲天爲圜。《説》卦不言地方，而《坤》卦則云直方大。

《法華經》説五欲，曰淫慾，曰睡眠，曰飲食，曰自恣，曰貪欲，由此五欲遂生一切煩惱。故維摩詰云：「汝等已發道意，有法樂可以自娱，不應復樂五欲。」此言五欲可厭，正法可樂。雖則云然，終不能免愛著之病。故佛説世間五欲樂，或復諸天樂，比之愛盡樂，萬分不及一。一切愛盡，雖復正法，亦不足樂。況諸天樂乎？況世間五欲樂乎？

東坡書韓幹二馬云：「赤髯碧眼老鮮卑，迴策如縈獨善騎。」按《晉書》：王湛乘其姪濟馬，姿容既妙，迴策如縈，善騎者無以過之。此善騎之騎。自合作去聲讀之。書傳中言善騎射者多矣。今押作平聲，定誤。

老杜詩「文思憶帝堯」，杜牧之詩「文思天子復河湟」，東坡詩「文思天子師文母」，皆用《堯典》「聰明文思」語。「思」字，舊兩音，實作平聲用爲優。

賈島詩云：「長江風送客，孤館雨留人。」此固無可取者，然倒其三二字，云「孤館留人雨，長江送客風」，則便入詩家閫域矣。又俚俗壁間語「風吹前院竹，雨灑後庭花」，其鄙猥甚者也。若倒云「後庭花灑雨，前院竹吹風」，雖不能佳，亦粗可道也。乃知作詩，鍊句爲先。

小説載明皇游月宫，聽樂事。人多疑之。以迹即心，此固無可疑者。明皇喜仙而嗜樂，性習體服，與物合而爲一。彼其霄漢之舉、絲竹之音，雖不置想於一時，而方寸之所固有者，已去來於夢寐之中也。然先夢月宫而後夢聲樂者，神仙之事固在於有無之間。而聲樂者乃其平昔所好，所謂「淪於肌膚，藏於骨髓，而不能自已」者也。當其始夢之時，於其疑似之念，乍萌於靈府，故忽然神交於望舒之庭。及其心適意暢之極，則胸中固有之物，不覺自至。故卒聞杳眇之音焉。此事概可推見，而世俗悠悠者，因之附以怪誕之説，則繆矣。

近世李致美作《白雲亭》詩云：「白雲亭上白雲秋，桂棹蘭槳記昔游。往事已隨流水去，青山空對夕陽愁。」案《廣韻》：槳，檝屬，即兩切。更無他音。而李今作平聲用，誤也。東坡《赤壁賦》云：「桂棹兮蘭槳，擊空明兮泝流光。渺渺兮予懷，望美人兮天一方。」李必以槳、方、光皆葉，不容有別韻，遽認作平聲讀之耳。

太史公載，宰我與田常作亂，以夷其族，而李斯上書二世云：「田常因取齊國，殺宰予于庭。」是宜蘇子摘遷之妄也。史筆承疑，一時誤録，容或有之。然《孔子弟子傳》與《李斯傳》所繫者，大非若《游俠》《貨殖》之比。自可審擇而詳考之。而于一人之身，既以爲叛臣，又以爲節士，使後人何所取信哉！

老泉既破揚雄《太玄》，以爲無得於心而侈於外，又以爲樂天爲之名，以僥倖於聖人而已。是謂雄之《玄》無一而可取也。然老泉乃復作《太玄總例》，何哉？玄既不取，則總例亦不作可也。今作爲總例，而無取於玄，是疑其父而信於子也。可乎？老泉之意，豈不以《太玄》實贅於《易》，其書當廢。而雄既立例矣，又不可以盡廢之。惟其總例必如此而後可耳。噫，言廢則廢，言舉則舉，既欲廢之，又欲舉之，吾不知其説也。

痀僂丈人之承蜩也，自謂：「我有道也。五六月累丸二而不墜【一】，則失之者錙銖；累三而不墜，則失之者十一；累五而不墜，猶掇之也。」見《莊子·達生篇》。郭象謂「累三而不墜，則失之者十一」，爲所失愈多。非也。此乃謂所失愈少耳。前「累丸二而不墜，則失之者錙銖」，「失者錙銖」，謂其取蟬常失於錙銖之間。習之漸久，累三不墜，則承蜩之失，十僅有一。至於累五，與物化，則承蜩之時，恒若掇取。此所謂「用志不分，乃凝於神」也。郭既誤以錙銖爲少，故反以此十一爲多。

「列禦寇爲伯昏無人射，引之盈貫，措杯水其肘上，發之，適矢復沓，方矢復寓。」注云：適，去也。箭適去，復歛沓也。方，方去也。箭方去未至的，復寄杯於肘上。言其敏

【一】五六月累丸二而不墜　「月」字原脱，據《莊子》補。

疾之妙。疏云：適，往也。沓，重也。寓，寄也。弦發矢往，復重沓前箭。所謂辟作臂括而大者，箭方適垛，未至於的，復寄杯水。李子曰：注、疏前後俱通，惟「方矢復寓」，此一句不通。蓋「適矢」已往之矢也，「方矢」將發之矢也，去矢復沓前括，而後矢之括，已寓諸其弦上矣。今郭謂「方矢」爲方去未至於的，義既詭激，而且云復寄杯水於肘上，則元所措之杯，果在何處乎？見《田子方篇》。

「胥易伎係」，於《應帝王疏》則云：「胥徒勞苦，改易形容。」於《天地篇》疏則云：「以是非更相易奪。」皆不得其説。蓋「胥易」者，以才智妄易是非。「伎係」者，以伎藝自爲拘係。故其下文繼以爲勞形怵心者也。胥，上聲。

歐陽公不信《周易·繫辭》，而於《序卦》則未嘗置論。豈於《十翼》，舉皆不信，略摘其一二而言之歟？將各有其説，或間有可否於其中也？夫六十四卦，固有伏見翻置者，亦有彼此對待者，必以爲聖人一一而次第之，則殆有牽强之累，必以爲後人所述，特托孔子之名，以取信於世，則是輕以誣聖瀆也。與其誣之，毋寧信之。此蓋孔子見古之《易》書，其諸卦前後相聯，悉已如是。因而次第之，以爲目録云耳。初非大易之極致也。或者欲以此爲義文之深旨，則謬矣。

老杜寄高適岑參詩云：「高岑殊緩步，沈鮑得同行。休文、明遠【一】。意愜關飛動，篇終接混茫。舉天悲富駱，富，嘉謩。近代惜盧王。似爾官仍貴，前賢命可傷。」以此詩證

【一】休文明遠　底本誤作「休明文遠」，據聚珍本改。

《戲爲》等篇，則此老未嘗鄙四傑也。

葛洪稚川，自號抱朴子，著《内篇》二十卷，《外篇》數十卷。《内篇》則多述仙人、丹藥、神變之事，《外篇》則文字雜著而已。《唐藝文志》録《内篇》於道家，而神仙類闕之。其《外篇》正宜歸之道家，而列於雜家類中。蓋皆考之不精也。

柳子厚爲伯祖妣李夫人墓志銘，末云：「艮之山，兑之水。靈之車，當返此。子孫百代承麟趾，誰之言者青烏子。」《青烏子》，葬書也。李夫人葬時，未必專據此書，但文勢至此，因而用之耳。然柳之抒意，亦或用《翟方進傳》「陂當復、兩黄鵠」語乎？案《地理新書》云：孫李邕撰《葬範》，引吕才《葬書》所論僞濫者一百二十家，奏請停廢。自爾無傳，且具列僞書名件，而《青烏子》《葬經》亦在其間，則知子厚時，此書復行於世也。

楚潘尫之黨與養由基蹲甲而射之，徹七札焉。札，甲葉也。射貫七札，言其能陷堅也。晉吕錡射楚共王，中目。王召養由基，與之兩矢，以一矢復。言其射必中也。事俱見《左傳·成十六年》，然「養」字前後無音，則自合如字讀之，而世俗皆從去聲。其必有所本乎？不爾則妄作者也。

《旅卦》九三、上九□□旅之時，各以陽剛居物之上，俱遭焚毁，故九三之象則云「以旅與下，其義喪也」。上九之象則曰「以旅在上，其義焚也」。謂三、上兩爻，義當如是耳。王輔嗣曰：「三居下體之上，與二相得，以寄旅之身，而爲施下之道。與萌侵權主之所疑，故次焚僕喪而身危也。」王説雖近，而説不明。「與」者相與爲親比也。三居旅泊之時，以孤子之陽，下比二陰，喪亡之義也。今止謂思及於二，則王之説徧矣。

周顗嘆重桓彝云：「茂倫嶔崎歷落，可笑人也。」渭上老人以爲古人語倒。治以爲不然。蓋顗謂彝爲人不群，世多忽之，所以見笑於人耳。此正言其美，非語倒也。

張祜詠薔薇花云：「曉風抹盡燕支顆，夜雨催成蜀錦機。當晝開時正明媚，故鄉疑是買臣歸。」薔薇花正黄，而此詩專言紅。蓋此花故有紅黄二種。今則以黄者爲薔薇，紅紫者爲玫瑰云。

嚴武《巴嶺答杜二見憶》云：「可但步兵偏愛酒，也知光禄最能詩。」步兵，謂顔延年，非阮籍也。沈約《宋書》曰：顔延年，領步兵，好酒，疏誕，不能斟酌。當時劉湛言於彭城王，出爲永嘉太守。光禄則謝莊希逸也，仕至光禄大夫。

《詩序》「國史明乎」至「以風其上」，疏曰：「明曉得失之迹，哀傷而詠性情者，詩人也，非史官也。《民勞》《常武》，公卿之作。《黄鳥》《碩人》，國人之風。然則凡是臣民，皆得風刺，不必要其國史所爲。此文特言國史者。鄭答張逸云：『國史采衆詩時，明其好惡，令瞽矇歌之。其無作主，皆國史主之，令可歌。』如此言，是由國史掌書，故托文史也。苟能制作文章，亦可謂之爲史，不必要作史官。史官自有作詩者，不盡是史官爲之也。」言明其好惡，令瞽矇歌之，是國史選取善者，始付樂官也。言其無作主，國史主之耳。其有作主，亦國史主之耳。李子曰：凡《詩》之去取，皆關乎國史之手。《序》因論變風、變雅，故下文復言風雅皆本於人之情性。風雅無正無變，雖皆出於人之情性，亦由國史明乎得失之迹，知作者之志。所傷者，人倫之廢也。所哀者，刑政之苛也。吟詠情性，將以風上也。又知作詩者，近能達於事變，遠能懷其舊俗，是以《詩》之去取，無一之不當焉。故曰「發乎情，止乎禮義」。夫其始也，一出於人情，而其終也，常止乎禮義。非洞達作者之旨，何以及此哉？子夏所以不推作者之功，而於風雅之體，禮義所止，一歸諸其國史也。言詩若子夏者，抑可謂深於詩者矣。今鄭氏乃謂《詩》無作主，皆國史主之，令可歌，故讀稱國史。孔氏又謂凡人苟能制作文章，亦可謂之爲史，不必要作史官。是何言歟！

又鄭答張逸曰：「國史采衆詩時，明其好惡，令瞽矇歌之。」李子曰：鄭説誠有據，然未審。令瞽矇歌時，先已有其聲耶？悉使之創其聲耶？只如鄭説，則是初得詩時，略無其聲，國史去留既定，而後樂工造作新聲，以配其辭也。竊以爲不必皆然。觀今所傳三百五篇，雖其辭之多寡不同，而章句大率相類，不容併以所得之篇，遍付瞽矇，令隨其辭而爲之歌也。蓋采詩者初得辭時，或有有其聲者，亦或有無其聲者。其辭之去留，則在乎史官。其美者録之，惡者棄之。其聲之去留，則在乎樂工。視其合者因之，其不合者改之。

或因或改，皆求合其正聲而已。若夫元無其聲，或失其聲者，則樂工始創爲聲調，以配其辭耳。

《六義疏》曰：周禮，太史言六詩。彼注云：「風，言聖賢治道之遺化。賦之言鋪，直鋪陳今之政教善惡。比，見今之失，不敢斥言，取比類以言之。興，見今之美，嫌於媚諛，取善事以勸諭之。雅者，正也，言今之正者，以爲後世法。頌之言誦也，容也，誦今之德，廣以美之。彼雖各解其名，以詩有正變，故互見其意。」疏又云：「其實美刺俱有比興。」又云：「既見賦比興於風之下，明雅頌亦同之。」又云：「凡詩文直陳其事不譬諭者，皆賦辭也。」又云：鄭司農云「比者，比方於物。諸言如者，皆比辭也」。司農又云「興者，托事於物，則興者起也。取譬引類，起發己心。詩文諸舉鳥獸草木以見意者，皆興辭也」。李子曰：比興之爲譬諭等耳。《論語》「詩可以興」，孔安國云「可以引譬連類」。「引譬連類」，非比而何？比興雖等爲譬諭，中間自有小别，亦不敢直爲一等也。但前説主以比爲刺，興爲美，則乖矣。孔疏概言其實美刺俱有比興。蓋有見於此也。然則前説亦胡爲專以善惡爲言乎？故鄭司農以比爲比方，以興爲興起己心意。此誠得子夏之旨也。穎達明悟前説不暢，因復辨云「比顯而興隱，故比居興先」。尋穎達此語，特解駁鄭司農意耳。校之兩説，後説爲優。但「興」字乃有兩讀，讀從去聲則爲興起之情，讀從平聲只爲興起己意。

「四始」正爲《國風》、大小《雅》及《三頌》耳。鄭云：「始者，王道興衰之所由是也。《詩緯·泛歷樞》云：《大明》在亥，水始也。《四牡》在寅，木始也。《嘉魚》在巳，火始也。《鴻雁》在申，金始也。」此圖讖家語，顧何足信乎！故鄭解「四始」，專以人事言之。不以《詩緯》爲據，誠得之矣。及作《六藝論》引《春秋緯·演孔圖》説：《詩》含五際，則復以《泛歷樞》推云：「午亥之際爲革命，卯酉之際爲改正。辰在天門，出入候聽。」是何耶？

乖角，猶言乖張，蓋俗語也。然唐人詩有之。獨孤及《酬于逖畢曜問病》云：「救物智所昧，學仙願未從。行藏兩乖角，蹭蹬風波中。」

《蜀志》：馬良與諸葛亮書曰：「此乃管弦之至，牙、曠之調也。雖非鍾期，敢不擊節？」《晉書》：謝尚作鸜鵒舞，王導令坐者撫掌擊節，尚俯仰其中，旁若無人。又《樂志》云：魏晉之世，有孫氏善彈舊曲。宋識善擊節唱和。蓋節者，節奏、句讀也。擊節，猶今節樂拍手，及用拍版也。故樂家以拍版爲樂句。馬良書稱「敢不擊節」，謂敢不賞音也。吴諸葛恪乞佃廬江、皖口，襲舒以圖壽春，孫權以爲不可。赤烏中，魏司馬宣王謀欲攻恪，權方發兵應之。望氣者以爲不利，於是徙屯於柴桑。恪與丞相陸遜書曰：「楊敬叔傳述清論，方今人物凋盡。守德業者不能復幾，宜相左右，更爲輔車。上熙國事，下相珍惜。又疾世俗好相謗毁，使已成之器，中有損累。將進之徒，意不歡笑。聞此喟然，誠獨擊節。」恪意以楊所論述，切中時病。既聞此語，使己喟嘆。然當時之人，誠無知者。己獨擊節以稱賞之耳。

皮日休《七愛詩·房杜二相國》云：「骯髒無敵才，磊落不世遇。美矣名公卿，魁然真宰輔。黄閣三十年，清風一萬古。」案魏晉舊制，三公黄閣廳事始得置鴟尾。陳後主以蕭摩訶爲侍中，特詔開黄閣廳事寢室并置鴟尾。然則黄閣、鴟尾，皆宰相所居之制也。自唐以來，亡之矣。今人舉皮詩，往往以「黄閣」作「黄閤」，遍考書傳，宰相無有黄閤故事。

李太白送李女真至疉。疉，然也。凡疉、嵬、纏去聲、會、平、匾、凹、尖、口、掌、腦、團、固、陀、隖、汶，皆取其地勢而名之。

《内則》：馬黑脊而般音班臂，漏。鄭注云：「漏」當爲螻，如螻蛄臭也。螻蛄之臭，大抵爲土氣也。居士者多以此爲名，故以蛙爲螻蟈，蟻爲螻蟻。

洛言洛下，稷言稷下，相言相下，敖倉言敖下，吴郡言吴下。又今人言都下、縣下。言稱下者，猶言在此處也。

「句當」二字，自唐有之。德宗時，神策軍又特置監句當以寵宦者。貞元十二年，改監句當爲護軍中尉，以命竇文場、霍仙鳴。至炎宋過江後，以避諱改「句當」爲「幹當」，則幾於喫口令矣。

黄霸爲潁川太守，宣布詔令，令民咸知上意，使郵亭鄉官皆畜鷄豚，以贍鰥寡貧窮者。然後爲條教，置父老師帥伍長【三】，班行之於民間，勸以爲善防姦之意，及務耕桑，節用殖材，種樹畜養，去食穀馬，米鹽靡密。初若煩碎，然霸精力能推行之。聰明識事，吏民不知所出，咸稱神明。姦人去入他郡，盜賊日少。霸力行教化而後誅罰，務在成就全安長吏，治爲天下第一。前後八年，郡中愈治。鳳皇神爵數集郡國，潁川尤多。天子下詔稱揚，以爲田者讓畔，道不拾遺。吏民鄉於教化，興于行誼。可謂賢人君子矣。其賜爵關内侯，黄金百斤。及代丙吉爲丞相，總綱紀，功名損於治郡。時張敞舍鶡雀飛集丞相府，霸以爲神爵，議欲以聞。敞奏霸以爲挾詐干名。霸又薦史高可太尉，天子使尚書召問，且令受丞相對。霸自是後不敢復有所請。李子曰：聖賢不能違時而能順時，苟非其時而强爲之，不仆必顛。觀霸之始爲潁川也，其用志亦遠矣。既爲丞相，蓋將使天下之廣爲一潁川之治也。而宣帝之心則有異于是焉。宣帝爲政，務欲使天下之人，雖一毫髪之細，蔑敢有欺于我。生殺予奪，惟我所欲，是則宣帝之心也。霸乃欲班布教化一如潁川時，則所謂東南兕而西北矢也，庸烏得而合乎？若張敞之刻峭，則真與宣帝同之。故出一言以劾霸，而霸不復振，亦理勢之常也。敞舍鶡雀飛集丞相府，霸以爲神爵，欲以聞，而敞遽奏之。帝遽信之。而霸以是疏。何帝之不諦如是甚耶？夫霸之神鶡雀也，此亦微瑕細纇，初不足咎，况欲以聞之而實未以聞乎？帝乃以此罪霸，至召上計吏，使侍中臨飭，如敞指意，則宣帝之

【三】置父老師帥伍長 「帥伍」原作「師佐」，據《漢書·黄霸傳》改。

于大臣，恩亦薄矣。蓋宣帝之心與霸本殊，雖以一時之譽而相之。其論議大事，必多有以忤意，特無以爲名誚之耳。一聞敞言，則謂霸之所爲皆無事實。張皇布濩，祇以虚名撼我。今又以鶡雀自爲治政美應，則其佹僪欺君，其來審矣。可不黜之乎？此所以疏霸而無疑也。噫，常人之情，與己少同則親，與己少異則疏。自古及今，其孰不然？何獨漢宣帝一人而已哉？吾姑借霸行事，以明夫人情同異之别云。

世之勸人以學者，動必誘之以道德之精微。此可爲上性言之，非所以語中下者也。上性者常少，中下者常多。其誘之也非其所，則彼之昧者日愈惑，頑者日愈媮。是其所以益之者，乃所以損之也。大抵今之學非古之學也，今之學不過爲利而勤，爲名而修爾。因其所爲去聲而引之，則吾之勸之者易以入，而聽之者易以進也。求之前賢，蓋得二説焉。齊顔之推《家訓》云：「自荒亂以來，諸見俘虜，雖百世小人，知讀《論語》《孝經》者尚爲人師。雖千載冠冕，不曉書記者，莫不耕田養馬。以此觀之，安可不自勉耶？若能常保數百卷書，終不爲小人也。諺曰『積財千萬，不如薄技在身』」，則今人所謂「良田千頃，不如薄藝隨身」者也。韓退之爲其姪符作《讀書城南》詩云：「金璧雖重寶，費用難貯儲。學問藏之身，身在即有餘。」則今世俗所謂「一字直千金」者也。古今勸學者多矣，是二説者最得其要。爲人父兄者，蓋不可以不知也。

卷五

《離》卦六五，《象》曰：「六五之吉。離王公也。」疏謂進王而言公，取其便文以合韻。本經未必有此意，王公亦一體也。王公階級雖殊，然五等之爵，以公爲最貴。公侯不嫌爲君，但俾爲王耳。又疏以離爲附著，《釋文》離字，音作去聲。必當與「麗」同之。

《大壯》上六：「羝羊觸藩，不能退，不能遂。」注云：「有應於三，故不能退。懼於剛長，故不能遂。」疏云：「退謂退避，遂謂進往。」觀注、疏大意，當謂外卦以向上爲退，向下爲進。又《象》曰「不詳也」，疏以「詳」爲「祥」。云祥者，善也。注及《釋文》俱無所發。經、疏「詳」「祥」不別。豈古字通用乎？然《伊川易傳》解此爻云：「六以陰處震終而當壯極，其過可知。如羝角之觸藩籬，進則礙身，退則妨角。進退不能，是其自處之不詳慎也。」此説爲優。

「文章」兩字之學、兩字之體，變變不已，遂至於無窮。然用沈存中《括棋局法》求之，亦自可盡。沈謂棋局之多，非世間名數可紀，但連書「萬」字五十二，即是局之大率。彼局路止於三百六十一，而其變動已無名數可紀。况數字之多乎？今謂其數可盡者，世間字書，固有限量，其變雖多，亦不容以無盡也。常試以一二字約之，其數遂無所逃。一二字既已得之，則雖多至百千萬皆可以得之矣，且以一字爲主，而欲括盡世間多言之變者，以一字乘舉世所有之字而倍之，復虛減元數畀一是也。所以盡乘字數而倍之者，既立一字爲主，别得一字，則主客之中一正一倒也。所以虛減元數冪者，正倒之外，又有所重也。

《長發》：「受小球大球，爲下國綴旒，荷天之休。」傳云：「球，玉。綴，表。旒，章。」箋云：「綴，猶結也。旒，旌旗之垂者也。小玉，尺二寸圭也。大玉，珽也。執圭搢珽，以與諸侯會同，結定其心，如旌旗之旒縿著，擔負天之美譽，爲衆所歸鄉。」疏云：「毛以爲湯受二玉，以作天子，爲下國諸侯之表章。鄭以爲湯受二玉，與諸侯會同，而諸侯心繫天子，如旌旗之旒，綴著於縿。」又云：《春秋・襄十六年》，《公羊傳》云「君若贅旒然」【一】，言諸侯反繫屬於大夫也。此言綴旒，文與彼同，明以旌旗爲諭。故《易傳》以綴猶結也【二】。《秋官・大行人》及《考工記》説旌旗之事，皆云九旒七旒。《爾雅》説旌旗云練旒九，是旌旗垂者名爲旒也。李子曰：案襄公十六年，《公羊傳》云：「公會云云于溴梁。戊寅，大夫盟。」諸侯皆在是，其言「大夫盟」何？信在大夫也。何言乎「信在大夫」？徧刺天下之大夫也。曷爲徧刺天下之大夫？君若贅旒然。何休曰：旒旗旒贅，繫屬之辭。若今俗名「就婿」爲「贅婿」矣。以旗旒諭者，爲下所執持東西。旒

【一】君若贅旒然　「贅」原作「綴」，于下文不通，誤。據《公羊傳》改。

【二】以綴猶結也　「綴」字原闕，據《毛詩注疏》補。

者，其數名。《禮記·玉藻》：天子斿十有二旒，諸侯九，卿大夫七，士五。據《公羊傳》與毛、鄭二説，其實三家俱各不同，而《詩疏》援引公羊之語者，以綴、贅同音，强爲説耳。世之爲文之士，不復用古詩説。凡言人主之危難，便言綴旒，甚失義理。《釋文》：綴，陟劣反。又張衛反。縿，所銜切，絳帛。韻又史炎切。旗幅爲縿。今孔疏依鄭説云：「如旌旗之旒，綴著於縿。」則縿正當從史炎切讀之。而《釋文》止音所銜反，計兩音義必不殊。

《臣工篇》：「命我衆人：庤乃錢鎛，奄觀銍艾。」注：庤，具。錢，銚。鎛，鎒。銍，穫。箋云：奄，久。觀，多也。教我庶民，具女田器。終久必多銍艾觀之也。疏：釋文云「錢銚，古田器」。世本云「垂作銚」。宋仲子注云「銚，刈也」。然則銚，刈物之器也。鎛，鉏類。或云鋤也。銍，穫禾短鎌也。疏又引《管子》云：「一農之事，必有一銍、一鎒、一銚，然後成農。」疏又云：鄭讀《爾雅》，以「淹」爲「奄」，故云久也。王肅云「奄，同也」。李子曰：鎛，鋤類。銍，穫禾鎌。此二物無疑，惟錢銚爲刈物之器，其義頗昧。《説文》止言「古田器」，不言所用。而宋仲子注云「銚，刈也」，疏因宋注，遂以銚爲刈物之器。以詩意求之，銚必開墾之器，或種蒔所用，决非刈物之器也。何者？農事耕穫，悉有次第。必先耕種，然後鋤耨。既堅既好，然後收穫。故錢也、鎛也、銍也，詩人以次言之。若以銚爲刈物之器，銍又爲穫禾之器，刈即穫也，穫即刈也，兩句之内，前後重復，而復雜言鎛耨。此詩不亦太猥亂乎？乃知銚爲耕墾所須，但古今器用不同，名號隨時屢改，不可考耳。奄、觀字，鄭氏讀奄爲淹，以淹爲久。既不可從，又以觀爲多，亦不可曉。王肅解奄爲同。孔安國注書，亦以奄爲同，則奄字當從同義。觀者，止是觀漁、觀稼之觀。此詩蓋謂「命我衆農」，具女錢鎛等物以趨事，候秋成時，同汝共觀。見其銚刈之功也。

《前・李廣傳》：廣將四千騎出右北平，張騫將萬騎，與廣異道。匈奴將四萬騎圍廣，漢兵死者過半。廣以大黄射其裨將，殺數人。明日，復力戰，而博望侯軍亦至。匈奴乃解去。歸，漢法，博望侯後期，當死，贖爲庶人。廣軍自當，亡賞。師古曰：「自當」，謂爲虜所勝，又能勝虜，功過相當也。顏説非是。先言「漢兵死者過半。明日，復力戰」，不言勝負。何得爲虜所勝，又能勝虜乎？蓋廣敗衂當誅，以騫失期，後至，而廣獨與虜戰，其功過相補。此謂「自當亡賞」。

又《李陵傳》：搏戰。如淳曰「手對戰也」。鼒曰：搏戰，若鳥獸之攫搏而戰也。如淳言「手對戰」，自何言歟？戰，自相對。

又：吾士氣少衰而鼓不起者，何也？軍中豈有女子乎？師古曰：擊鼓進士而士氣不起也。一曰士卒以有妻婦，故聞鼓音而不時起也。李子曰：謂士氣不起，及士身不時起，皆非。正謂鼓音不起耳。不起，不振起也。李賀詩云「霜重鼓寒聲不起」蓋用此語。

又：人持二升糒，一半冰。如淳曰：半，讀曰片。或曰五升曰半。師古曰：半，讀曰判。判，大片也。時冬寒有冰，持之以備渴。黈曰：倉卒之際，人各持冰一片以備渴。若曰人須五升，此甚無理。顏以半爲判，謂判爲大片，亦太繳繞。半字，從片音讀爲是。

又《田蚡傳》：蚡爲人貌侵，生貴甚。服虔曰：侵，短小也。師古曰：「生貴甚」，謂自尊高示貴寵也。黈曰：侵與寢同，古字通用。寢，不揚也。服說短小，非。生，猶身也。貴甚，貴重之地。「生貴甚」，言身居丞相之位也。不與上文爲人相屬。顏說自尊高示貴寵，非。

又：蚡以肺附爲相，非痛折節以禮屈之，天下不肅。師古曰：舊解云「肺附，如肝肺之相附著也」。一説「肺，折木札也」，喻其輕薄附著大材也。痛，猶甚也，言以尊貴臨之，皆令其屈節而下己也。肺附二説，以上下文斷之，其後説爲優。「肺附」二字，此一卷凡三見。此與《灌夫傳》：「天下幸而安樂無事，蚡得爲肺附。」又韓安國謂田蚡曰：「君當免冠解印綬歸。曰臣以肺附幸得待罪，固非其任。」披尋語意，皆是過自卑抑。若以肝肺爲解，却見親密之甚。其下「非痛折節」至「天下不肅」數語，顏說頗乖。此謂非痛自折節，以禮屈下於人，則天下不敬重己。故下文云「薦人或起家至二千石」，是上禮屈於人之一端也。其上文亦云「蚡新用事，卑下賓客，進名士家居者貴之」，此其前後之意極明白也。師古解以禮屈之，翻謂屈己爲屈人。是何説邪？師古意必以爲其下文有「坐其兄北鄉，自坐東鄉事」，而此言折節以禮屈之，當是使人屈節以下己也。殊不知蚡始則折節下士耶【三】？漸權移人主，其終驕恣，至於如此耳。

《灌夫傳》：太后怒，不食，曰：「我在也，而人皆藉吾弟。令我百歲後，皆魚肉之乎？且帝寧能爲石人耶？此特帝在，即碌碌，設百歲後，是屬寧有可信者乎？」師古曰：石人徒有人形耳，不知好惡也。一曰石人者，謂常存而不死也。碌碌者，循衆也。石人二説，當從後説。碌碌，言循衆。非也。碌碌，苟且意。此之一字，指田蚡也。是屬即汲黯、鄭當時之屬。太后既自言百歲後人皆魚肉吾弟，故又言景帝寧能爲石人而不死邪？此田蚡特以帝在，即得碌碌苟活，設爾百歲後，是汲、鄭之屬，寧有可信者乎？師古以碌碌爲循衆，則指言景帝，汝在尚循衆也。其説雖通，殊爲牽强。

又：田蚡怒韓安國曰：「與長孺共一禿翁，何爲首鼠兩端？」服虔曰：禿翁，言嬰無官位版授。張晏曰：嬰年老，又嗜酒。頭禿，言當共治一禿翁也。師古曰：「服説是。」黈曰：服説非，張説是。張説雖是，亦頗鑿。禿翁祇謂年老髮少耳。不必言嗜酒而禿也。

又：劾嬰瀆矯先帝詔害，罪當棄市。鄭氏曰：矯詔有害，不害也。黈曰：矯先帝詔書，以爲國家害也。

《東坡大全集》所載《漁樵閑話》，凡十一事。萬回言明皇五十年太平天子，一也。李嶠真才子，二也。《霓裳曲》誕妄惑人，三也。妃子竊吹寧王玉笛，四也。田承嗣殺舞

【三】殊不知蚡始則折節下士耶　「耶」字原缺，據聚珍本補。

馬，五也。李忠化虎，六也。王轂《玉樹曲》，七也。聶隱娘爲劍俠，八也。長慶中人見倀鬼，九也。李尚書以皮城守五原死求德政碑，十也。李義山賦三怪物，十一也。其言論頗涉粗淺，恐非坡筆。縱是坡筆，決其少作。然獨記倀鬼一說，爲能曲盡小人之所爲，雖百世不可廢也。又載《艾子雜説》，凡四十一事，雖俱俳優俚俗之語，而所托諷，大有切中於時病者。却應真出坡手。

又《坡集》中有《詩評》兩卷，引據叢雜，殊可鄙笑。蓋中間既有坡説，而復有後人論坡者。一切以坡語概之，不知其纂集者誰也。

《地理新書》載三字姓：宫音曰步六孤，商音曰可足渾，角音曰侯莫陳，羽音曰赤小豆、郁久閭。此等已不可考。而又載三字闕五音者，曰破六韓、阿逸多等，凡六十姓。前「步六孤」等皆有音，而此悉闕之。豈前「步六孤」等五姓可配以五音，而此六十姓俱無所屬乎？夫有是姓則有是言，有是言則有是音，而此六十姓無音者，當是昔人以五音姓氏相配時，未始知之耳。且三字姓，其無音者尚如此之多，况自死獨膊、井强六斤等以四字爲姓者耶？以是知音姓相屬，真同戲論。

「用爽厥師」，則「爽」爲明。「女也不爽」，則「爽」爲昧。「父母昆弟」，則「昆」爲長，「垂裕後昆」，則「昆」爲後。「驩虞如也」，則「虞」爲喜。「間於憂虞」，則「虞」爲懼。「貴介公子」，則「介」爲大。「憂悔吝者存乎介」，則「介」爲小。「亂臣十人」，則「亂」爲治。「亂邦不居」，則「亂」爲危。「媚兹一人」，則「媚」爲忠。「取媚於上」，則「媚」爲佞。「秉心塞淵」，則「塞」爲實。「茅塞子心」，則「塞」爲蔽。「飲酒温克」，則「克」爲良。「克伐怨欲」，則「克」爲很。「降之百祥」，則「祥」爲吉。「亳有祥桑」，則「祥」爲凶。「汩作」，則「汩」爲治。「汩陳五行」，則「汩」爲亂。「擾兆民」，則「擾」爲安。「庸人擾之」，則「擾」爲煩。「必有忍其乃有濟」，則「忍」爲怨。「忍人殘忍」，則「忍」爲暴。「皇極」，則「極」爲大中至正之道。「六極」，則「極」爲貧窮大惡之稱。因知古人文字，字無定論，惟所從言之異。案此條見卷一，第少釋虞、塞、祥、汩五字。

今人以有書借人、借書還人爲二癡。此出於殷芸《小説》。云杜預書告兒：「古詩『有書借人爲可嗤，借書送還亦可嗤。』」雖「癡」「嗤」兩字不同，而意則同之。

李白《寄遠》云：「一日望花光，往來成白道。」注云：一作「日日采蘼蕪，上山成白道」。小本云「百里望花光，往來成白道」。三聯意各不同。予謂前聯爲勝。

東坡詩：「安得道人殷七七，不論時節使花開。」按《古今詩話》云：韋七七每醉，歌云「解醖逡巡酒，能開頃刻花」。又《詩史》載殷七七事，云七七有異術，嘗與客飲，云某有藝，成賓主歡。即顧屏上畫婦人曰：「可唱《陽春曲》。」婦人應聲隨歌曰：「愁見唱《陽春》，令人離腸結。郎去未歸家，柳自飄香雪。」如此者十餘曲。然則「使花開」者，乃韋七七，非殷七七也。東坡此詩，誤以「韋」爲「殷」耳。不然，二事所載，果有一誤也。

淵明《責子》詩云：「雖有五男兒，總不好紙筆。」又云：「天命苟如此，且進杯中物。」而杜子美以爲「陶潛避俗翁，未必能達道」。黄魯直《書淵明責子詩後》乃云：「觀淵明之詩，想其爲人。豈弟慈祥，戲謔可觀也？俗人便謂淵明諸子皆不肖，而淵明愁嘆於詩。可謂『痴人前説不得夢』也。」如魯直此言，則子美爲俗人，淵明而果未達道乎？子美而果俗人乎？乃知子美之言，亦戲言耳。陶、杜兩公之詩，本皆出於一時之戲，誠不可以輕議也。當爲知者言之。

周天十二次二十八宿，有以兩宿爲一次者，有以三宿爲一次者。或者謂四正之位，其所據不得不大。故占三宿。其餘各居一偏，故止二焉。此果有定論否？《前・律曆志》云：東方七十五度，北方九十八度，西方八十度，南方一百一十二度，東方七宿至少較南方少三十七度。又逐宿較之，觜宿不及井宿者三十二度。雖其測望之時，遠近疏密之不同，上下旁側之有異，亦不應相懸如是之甚也。《月令》：仲春之月，日在奎，昏弧中，旦建星中。按《天文志》：弧星在輿鬼南，建星在斗上。今不取鬼、斗，而取弧、建者，孔穎達云：「弧星近井，建星近斗，以井、斗度多，其星體廣，不可的指昏星之中。故舉弧、建定爲中也。」審如孔説，則星有相近於正中者，皆得與于四七之列也。夫古先聖哲以天體本無可驗，于是但視諸星運轉，即謂之天。凡十二舍、二十八宿、三百六十五度及九道之類，率皆强名之。故謂其術爲綴術。所謂綴者，非實有物，但以數强綴輯之，使相聯絡，可以求得其處所而已。故星之近乎赤道，當乎正中，取易見而可以指名者，而强名之曰此二十八宿也。不如是，無以考七緯、殷四時。亦既名之爲宿矣。又從而分配四方爲鳥獸之象焉。此所以各占之度，或以甚多，而或以甚少也。是則天體可以强占，天星可以强分。其于二十八宿之内，亦可以減之，而其外亦可以增之也。設令今人有自我作古者出，分周天爲二十四宿，方别居六，定之爲九十度有奇，次别居二，定之爲三十度有奇。其誰曰不可。若然則次舍乃更易分，中星乃更易見。弧、建之類，皆可以爲列宿。而列宿之度數，亦必不至於多寡之懸絶也。然而聖人不爲是截然易曉之術，而反立參糅難明之數，何者？蓋其妙達無方，以神道設教，奇耦錯綜中有深意，于其測望之時，略取其易見者而强名之，以詔後世耳。

《月令》：日在營室。疏：周天三百六十五度四分度之一。辰有三十度，總三百六十度。餘有五度四分度之一，度别爲九十六分，總五度有四百八十分。又四分度之一，爲二十四分，併之爲五百四分。十二辰分之，辰各得四十二分，則是每辰有三十度九十六分度之四十二，計之日月實行，一會惟二十九分過半，若通均一歲會數，則每會有三十度九十六分度之四十二。李子曰：度不别爲一百分，而别爲九十六者，取分下之全數耳。若以一度爲一百分，則五度四分度之一，通分内得五百二十五，却以十二辰分之，則辰各得四十三分七釐五毫，亦爲四十三分四分分之三也。曆法雖有小分小秒，然此四分度之一，本以零數難計，故分割之時，欲得全分。今於分下又帶零數，則無再分。必欲再分，則其數轉煩。所以度別爲九十六分，而於除之時，每辰之下，各得其全數也。

《屈原傳》：原勸楚懷王殺張儀，其事纖悉備盡。《楚世家》載勸殺張儀者，乃謂昭睢。而屈原没不復見。若以爲簡册繁多，要使姓名互著，則在《左氏春秋傳》有之，在《遷史》故無此例。若以爲昭睢本主此事，原特副之，則《屈原傳》略無昭睢一言，而原之事迹明白乃爾。兩者皆無所據，何耶？此蓋舊史去取失當，馬遷筆削時不暇前後照顧，隨其所載，各自記之，遂使世家與列傳異辭。

「乘輿」之「乘」，經、史、音釋，俱去聲讀。老杜詩《巴山》云：「巴山遇中使，云自陝城來。盜賊還奔突，乘輿恐未迴。」而「乘」字作平聲用之，似誤。

《詩·采芑》篇：「伐鼓淵淵，振旅闐闐。」「淵淵」，自爲鼓聲。「闐闐」，自爲軍旅衆多之狀。闐闐，猶俗所謂駢闐也。而鄭氏以爲戰止將歸，又振旅伐鼓闐闐然。詩意恐不其然。

《雨無正》篇：「哿矣能言，巧言如流，俾躬處休。」鄭以「巧言」爲善言，謂以事類風切凱微之言。非也。此乃《巧言》篇所謂「巧言如簧，顔之厚矣」之「巧言」也。

《巧言》中「蛇蛇碩言，出自口矣」，此乃當篇所謂「往來行言，心焉數之」之「行言」也。而毛以「蛇蛇」爲淺意，鄭以「碩言」爲言不顧行。皆非也。

《信南山》「疆場翼翼」，自是疆畔比次整齊之意。毛以「翼翼」爲讓畔。疏又以爲所生百穀之處。其農人理之，使疆場之上翼翼然開整讓畔。然則下文「黍稷彧彧」，亦當云黍稷所生之地，其農人皆彧彧然有文禮也。尋文觀義，寧有如是之理乎？

《角弓》：「無教猱升木，如塗塗附。君子有徽猷，小人與屬。」猱之性善登，教之登木，則登必高。塗之性善附，以之附物，則附必固。以喻小人之性喜讒佞，而幽王好之，則讒佞必愈甚。故詩人曉之曰：王其勿教猿猱之升木也。若教之升木，是猶以塗塗物。豈有不附著者乎？言小人不可昵近，惟當信任君子耳。今王不知其然，於其九族之中，號爲君子。有徽美之道者，可親而不親。乃於讒諂邪佞之小人與之連屬也。鄭氏箋以爲人心皆有仁義，教之則進。又謂君子得聲譽，小人樂與連屬。實所未喻。

《白華》篇：「嘯歌傷懷，念彼碩人，實勞我心。」正指申后爲碩人。如「碩人其頎，衣錦絅衣」，皆指美者而言。理明白而辭婉順，無一毫可疑。而説者乃以爲褒姒，一何所見之偏耶？

《詩·大明》篇「會朝清明」。毛云：會，甲也。疏謂會值甲子之朝，不終此一朝。而伐殺虐紂，天下乃大清明，無復濁亂之政。毛云會甲者，非訓會爲甲，以會朝爲會甲也。

以會朝爲會甲者，謂共會于甲子之朝也。《泰誓》曰：「惟十有三年春，大會於孟津。」又曰：「群后以師畢會。」皆會集之明文也。「會朝清明」，言所會甲子之朝，不待前徒倒戈，已翦殷殺紂，天下翕然。變濁亂而爲清明也。疏謂甲子之朝，則誠是。而云「會值」，則與毛傳悖矣。

《生民》：「或簸或蹂。」毛云：或簸糠者，或蹂黍者。箋云：蹂之言潤也。春而杵出之，簸之又潤濕之，將復春之，趨於鑿也。疏：孫毓云「詩之叙事，率以其次，既簸糠矣，而傳以蹂爲蹂黍。當先蹂乃得舂，不得先舂而後蹂也。既蹂即釋之烝之，是其次也。箋義爲長。李子曰：孫毓之言，非也。蹂者，挼抄之也。今之舂者，既已簸去其糠矣，必須重爲蹂挼，然後復投臼中而舂之。先蹂後簸，自爲次第，然今蹂字次簸而言，則是未簸以前，將舂之際。蹂雖不舉，其蹂自明。又既簸且蹂，必將復舂。再蹂舂，足以見趨鑿之意矣。孫取鄭説爲長，則必以蹂爲潤濕當之。以蹂爲潤，匪治攸聞。

《既醉》篇：「威儀孔時，君子有孝子。孝子不匱，永錫爾類。」李子曰：群臣助祭之時，更相攝斂，濟濟然威儀其是，可謂人有士君子之行矣。群臣所以皆然者，豈非君子之成王有孝子之行，以感動之乎？成王之有孝子之行也，無有匱竭，常能錫予汝之族類。德教所漸，天下成風，故使群臣化之。威儀如此。今鄭氏以爲王之群臣，威儀甚得其宜，皆爲君子之人，皆有孝子之行。則此説失之矣。其實經中君子皆斥王而言，鄭祇以序稱人有士君子之行，遂誤箋此句。直指群臣，若必謂之群臣，則下云「其類維何，室家之壼。君子萬年，永錫祚胤」。果何屬歟？疏家既申毛説，復與鄭同，又以謂群臣有此孝行，不有匱竭，能以此道轉相教化，則天長賜予汝王以善道。意謂臣行大孝，天錫人君。以理推之，一何乖異？蓋天子之孝，莫大於使天下太平。以此錫類，則宜乎當世人有士君子之行。此詩之本意也。

愆、過、尤，皆甚之之辭。故「愆」從衍從心。《詩》云「不愆不忘，率由舊章」，不愆，非揠苗也。不忘，非舍田也。兹成王所以爲令德也夫！

《卷阿》篇「似先公酋矣」，鄭云：嗣先君之功而終成之。説者曰，成王之所繼嗣者先王也。而云「先公」，公是君之别名。説者之言，非也。士，事也。公，功也。先達例有此解。蓋先公即是先王之功。

揚子《重黎》篇：「或問淳于越曰：伎曲，請問。曰：始皇方虎列而梟磔，士猶腊肉也。越與抗眉，終無橈辭，可謂伎矣。仕無妄之國，食無妄之粟，分無妄之橈，自令之間而不違，可謂曲矣。」黈曰：始皇之世，是古非今者族。而越請之事，援古證今，可謂有才技矣。然而君子之出也，必仕無妄之國、食無妄之粟，則然後可以分無妄之橈也。令，美也。間，際也。違，去也。始皇自謂德兼三皇，功備五帝，所謂自美者也。於此之際，越不違去之，則亦不直矣。「自令」，舊注，李軌謂越自令與始皇并以爲無道，宋咸謂秦無道如是，越自使令之間，不能違去於秦。皆非。

桓帝時，渤海王悝，多不法。史弼上書事曰：「陛下隆於友于，不忍遏絶，恐遂滋蔓，爲害彌大。」據「隆於友于」一句，似不成語。今詞賦家用此等，謂之透字。俚俗人道此等，謂之歇後。是皆破碎之極，輕佻之甚，固非爲文者之所貴也。况君臣相與都俞之際，可如是之俳乎？史筆此章，若曰「隆友于之情」，則猶爲典雅也。

東坡《贈王子直》詩首云：「萬里雲山一破裘，杖端閑挂百錢游。」其第三聯云：「水底笙歌蛙兩部，山中奴婢橘千頭。」晉阮修，字宣子，常步行，百錢挂杖頭。至酒店，便獨酣暢而飲。今改云杖端，蓋避下句「橘千頭」之「頭」也。孔稚圭門庭之内，草萊不翦，中有蛙鳴。或問之曰：「欲爲陳蕃乎？」稚圭曰：「我以此當兩部鼓吹，何必效蕃耶？」鼓吹者，所謂鹵簿之鼓吹也。稚圭自以蛙鳴爲鼓吹。今以蛙鳴爲笙歌，亦似與本事不類。

相於，相爲也，俚俗語耳。而老杜詩兩用之。《贈李八秘書》云「此行雖不濟，良友昔相於」，《奉贈盧五丈參謀》云「老矣逢迎拙，相於契托饒」。

《馬援傳》：「乘下澤車。」注云：《周禮》曰「車人爲車，行澤者爲短轂，行山者欲長轂。短轂則利，長轂則安」也。然則短轂則狹車也。下澤車，言低且狹也。又「御款段馬」，注云：款，猶緩也，言形段遲緩也。注非是。款段，蓋連緜語，猶今世俗言骨董云耳。

五星聚，非吉祥，乃兵象。故高祖入關，五星聚于東井，則爲秦亡之應。考之書傳，五星之聚，不獨漢世有之。在唐世爲尤多。武德元年七月，鎮星、太白、辰星聚于東井。二年三月復然。是年關中分裂。天寶九載八月，五星聚于箕尾。燕分也。占曰「無德則殃」。至德二載四月，歲星、熒惑、太白、辰星，聚于鶉首。元和十年六月，四星復合于東井。皆占中外相連以兵。乾元元年四月，熒惑、鎮星、太白，聚于營室。太史南宮沛奏其地戰不勝。營室，衛地。大曆三年七月壬申，五星并出東方，占曰「中國利」。中國利則四夷被兵也。貞元四年五月，歲星、熒惑、鎮星，聚于營室，占曰「其國亡，地在衛分」。元和十一年十二月，鎮星、太白、辰星，聚于危。危，齊分。又十四年八月，歲星、太白、辰星，聚于軫。軫，楚分。占曰「兵喪」。開成四年正月，熒惑、太白、辰星，聚于南斗。推曆度，在燕分。占曰「内外兵喪，改立王公」。咸通中，熒惑、鎮星、太白、辰星，聚于畢、昴。在趙魏之分。詔鎮州王景崇被衮冕，軍府稱臣以厭之。文德元年八月，歲星、鎮星、太白，聚于張。張，周分。占曰「内外有兵，爲河内、河東地」。大約星聚少則其用兵少，星聚多則其用兵多。天變人事，有若符契焉。或曰星變偶然耳，隨變隨應，未必然也。或者之言，非也。姑以唐事驗之，其大者有徵，則其餘概可見矣。太宗貞觀年中，天下太平，不聞有星聚之異。天寶九年，五星聚燕。後數歲，安史煽禍中國，塗炭至累世不息。是何得爲偶然哉？

卷六

渭上翁《公論》:《史記》子政説云:邯鄲姬自匿有身,至大期時,生子政。期,音基。大期者,周歲十二月也。《太史公》傳特著此者,所以證諸侯之史之妄、世傳之非。李子曰:「大期」之「期」,止當如字讀,不當音基。期,謂生産時限耳,今音基,而解作十二月,甚與本文相戾。渭上翁長于史學者也,所著《公論》誠公不誣,但此段可削去。

《晉書》王獻之爲謝安長史,太極殿新修成,欲使獻之題其榜,難言之。試謂曰:「魏時凌雲殿榜未題,而匠者誤釘之。乃使韋仲將懸橙書之。比訖,鬚髮盡白,裁餘氣息,還語子弟,宜絶此法。」獻之揣知其旨,正色曰:「仲將,魏之大臣。寧有此事?使其若此,有以知魏德之不長也。」《書法録》云:魏明帝凌雲臺初成,令韋誕題榜,高下異好,就點正之,因危懼,以戒子孫無爲大字楷法。王僧虔《名書録》云:魏明帝起凌雲臺,誤先釘榜,而未之題。籠盛韋誕,鹿盧引上書之,去地二十五丈。誕甚危懼,乃戒子孫絶此楷法。李子曰:魏明帝之爲人,人主中俊健者也。興工造事,必不孟浪。况凌雲殿非小小營構,其爲匠氏者,必極天下之工。其爲將作者,亦必極當時之選。樓觀題榜,以人情度之,宜必先定。豈有大殿已成,而使匠石輩遽挂白榜哉?誤釘後書之説,萬無此理，而《名書録》載之，《晉史》又載之。是皆好事者之過也。《名書録》又謂去地二十五丈，以籠盛誕，鹿盧引上書之事，果可信耶？《晉書》雖引此事，而復著獻之語，謂「寧有此事」，則亦自不信也。《書法録》言高下異好，令就點定，誕因危懼以戒子孫，則此說其或有之。《晉書》又稱誕書比訖，鬚髮盡白。此尤不可信者。前人記周興嗣一夕次千文成，鬚髮變白，已屬繆妄。而誕之書榜，特荼頃耳。危懼雖甚，安能遽白乎？

《世本》云：「奚仲作車。」或謂《虞書》云：「車服以庸。」奚仲，夏之車正，乃在唐虞之後。何以謂之始作車乎？予以爲不然。蓋奚仲以前，雖已有車，殆皆椎輪制。至奚仲，則加改而新之。亦得謂之作也。

八音曰金、石、絲、竹、匏、土、革、木。若金、石、竹、匏、土、革、木，七音，乃世間自有之物，惟絲不然，必蠶於桑者之手而後成焉。《世本》及桓譚、許慎皆云神農作琴，而蔡伯喈《琴操》云伏羲作琴。夫有琴則必有弦，有弦則必有絲。絲之爲用，當不專於弦索。蓋以織縑帛，製衣服，而爲之主也。《易》曰：「黄帝、堯、舜，垂衣裳而天下治。」說者曰：軒轅以前衣皮，其制短小。今衣絲麻布帛，所作衣裳，其制長大。故云垂衣裳也。然則羲、農之世，其無絲也審矣。此時無絲，又焉得以爲弦索者乎？吾謂蔡邕及《世本》諸家之說，皆妄也。弦索之音，必自夫黄帝時有之。或者難予曰：羲、農之世果無絲，則《易》胡云乎庖羲氏作結繩而爲網罟？曰：邃古悠遠，是之與非，非我輩所能悉。大概囊之所爲繩，非若今之所爲繩也。菅蒯之類，皆得爲之。豈可以網罟而擬弦索哉？

相如《上林賦》曰：「丹水更其南，紫淵徑其北。終始灞滻，出入涇渭，酆鎬潦潏，紆餘委迤，經營乎其內。蕩蕩乎八川分流，相背而異態。」「然後灝溔潢漾，安翔徐回，翯乎滈滈，東注太湖，衍溢陂池。」李善曰：「太湖在吴縣，《尚書》所謂震澤也。」沈存中駁之曰：「按八水皆入大河，如何得入震澤？」渭上老人蕭公，復爲辨云：此自賦客誇大之辭，廣張瑰瑋、奇怪之説，以動蕩人心，然後列其諫諷之言耳。固非法度之言也，安可以圖經、地志，責其物産所生成、山川所終始哉？沈存中獨譏相如，亦自强解事也。李子曰：沈存中雖似强作解事，相如亦自强爲文，蕭公亦與强出理。文人誇誕，固其常態，然要不可以悖理。賦雖主于華掞，何至使秦川之水，曲折行數千里，以入東南之震澤乎？存中以正譏之，而蕭公以權直之。吾見直者之私，而譏者之公也。

滹南王先生病淵明《歸去來辭》「樂琴書以消憂」，謂既云樂琴書矣，復何憂之可消乎？王先生亦過論矣。《語·述而》篇：「葉公問孔子於子路，子路不對。子曰：『女奚不曰：其爲人也，發憤忘食，樂以忘憂，不知老之將至。云爾。』」孔子自言樂以忘憂，自謂樂道以忘憂也。孔子樂道以忘憂，淵明樂琴書以消憂，惡乎不可？

《爲政》篇：「居其所而衆星拱之。」疏云：「衆星共尊之。」故《釋文》共音去聲。鄭玄作拱俱勇反。鄭説實優。故學者皆讀從上聲。

「先行，其言而後從之。」孔曰：「疾小人多言而行之不周。」疏曰：「君子先行其言，而後以行從之。」治曰：孔注是，邢疏非。此蓋謂先德行而後言語也。先行斷句，其言而後從之者，猶云而後其言從之。邢乃謂先行其言，而後以行從之。殊無義理。

「奚其爲爲政。」疏云：「此外有何事其爲爲政乎？」依疏此説，是二「爲」字俱平音也。予謂不然。「奚其爲爲政」者，此言孝友便是爲政之實，何必爲人復爲政乎？上「爲」字，于僞反。

《述而》篇：子曰：「文，莫吾猶人也。躬行君子，則吾未之有得。」此言當時貴文章而賤德行。「文，莫吾猶人也」，猶言文章，吾不能如當時之人，身行君子之道者，則吾未之有得也。「未之有得」，猶言未之見也。

《史記》：伊尹處士，湯迎之。五反，然後往從。湯以爲相。李子曰：君子之道，或出或處，然則必有道，而不肯以輕出者，謂之處士可也。中無所有，而尸處士之名者，索隱而行怪者也。故杜牧之《送薛處士序》云：「處士之名何哉？潛山隱市，皆處士也。其在山也，非頑如木石也。其在市也，亦非愚如市人也。蓋有大智不得大用，故羞恥不出。寧與市人、木石爲伍也？國有大智之人不能大用，是國病也。故處士之名，自負也，謗國也。非大君子，其孰能當之？」論人若牧之，則所謂不失名實者矣。而今也，畫工、鑷師，人人得而稱之，人人得而與之。彼其畫工、鑷師，果皆伊尹之徒哉？

前人辨開元通寶錢，爲高祖時鑄，歐陽詢書，後來無再鑄者。此考核之不精也。案《唐·食貨志》云：武德四年，鑄開元通寶錢，其文以八分、篆、隸三體。又云：乾封元年，改鑄乾封泉寶錢，徑寸，重二銖六分，以一當舊錢之十。踰年而舊錢多廢。明年以商賈不通，復行開元通寶錢，天下皆鑄之。又云：開元二十六年，宣、潤等州，初置錢監，兩京用錢稍善，米價益下。其後錢又漸惡。詔出銅所在置監，鑄開元通寶錢，京師庫藏皆滿。是則高祖時已置此錢。高宗時又鑄之。玄宗時又鑄之。不得獨云高祖時鑄此錢也。錢又舊有三等，曰八分，曰篆，曰隸，不得獨云歐陽詢書之也。今所存，止見詢書者，蓋爲分、篆二體者甚少耳。

《漢書·李廣傳》：元狩四年，大將軍等大擊匈奴，廣爲前將軍。大將軍出塞，捕虜，知單于所居，乃自以精兵走之。而令廣併於右將軍軍，出東道，東道回遠，少水草。廣辭曰：「臣部爲前將軍，臣願居前，先死單于。」大將軍陰受上指，毋令廣當單于。廣固辭，大將軍勿聽，令長史封書與廣之莫府，曰：「急詣部，如書。」廣不謝大將軍而起行，意象慍怒。又廣與右將軍食其趙十合軍出東道，惑失道，後大將軍。大將軍還，使長史持糒醪遺廣，因問其失道狀。廣未對。長史急責廣之莫府上簿。廣曰：「諸校尉亡罪，乃廣自失道。吾今自上簿。」至莫府，謂麾下曰：「廣結髮與匈奴大小七十餘戰，今幸從大將軍出接單于兵，而大將軍徙廣部行回遠，又迷失道。豈非天哉！且廣年六十餘，終不能復對刀筆之吏矣。」遂引刀自剄。「之莫府」三字，凡兩見。顏師古注曰：之，往也。莫府，衛青行軍府。顏説非也。之，語佐。此「廣之莫府」，謂李廣之莫府也。若以「之」爲往，以「莫府」爲衛青莫府，則何爲曰「急詣部如書」也？其下文「長史急責廣之莫府上簿」，其意與此不殊。廣以長史責其莫府上簿，因拒之曰「諸校尉亡罪，乃自我失道。吾今自上簿」，已而廣身至已莫府中，乃謂其麾下云云。前以廣不從，故令急詣部，後以廣失道，故令急上簿。長史之責廣者，此二事耳。俱非使廣親往大將軍府也。莫府，雖將軍所居，其下諸校尉并參佐等皆得言之。上文「莫府」省文書是也。

衛青父鄭季，以縣吏給事平陽侯家。平陽侯曹壽，尚武帝姊陽信長公主。季與主家僮衛媼通，生青。青有同母兄衛長君及姊子夫。子夫自平陽公主家得幸武帝。衛媼長女君孺，次女少兒，次女則子夫。霍去病，青姊少兒子也。其父霍仲孺，先與少兒通，生去病。及衛皇后尊，少兒更爲詹事陳掌妻。《史》又云：子夫幸，有身。少兒故與陳掌通，上召貴掌。李子曰：衛、霍，皆淫婦人所生，夤緣中宫爲侍中。至封侯，乃知功名之來。初無分于君子小人，而恒在夫逢與不逢之間。世之人有少才力，輒抗志自負，必期一日攫取富貴于霄漢之表，以致敗衂者多矣。寧知運有通塞，數有奇偶者乎？故孟堅備録二子始終之事云。青爲平陽侯家人，少時歸其父。父使牧羊，先母之子皆奴畜之。嘗至甘泉，居室一鉗徒相青曰：「貴人也。官至封侯。」去病所將常選，然亦敢深入。常與壯騎先其大軍，軍亦天幸，未嘗困絶。觀史筆所著，則二子之所遭遇，概可見矣。

《衛青傳》：「斬輕鋭之卒，捕伏聽者三千一十七級。」師古曰：「本以斬敵一首，拜爵一級，故謂一首爲一級。因復名生獲一人爲一級。」治曰：生獲不當言級，此顧上斬字爲文。而顏顧捕字爲解。誤也。既言斬，復言捕者，先捕得而後斬耳。

《霍去病傳》：「爲票姚校尉。」服虔曰：音飄摇。師古曰：票音頻妙反，姚音羊召反。票姚，勁疾之貌也。荀悦《漢紀》作「票鷂」字。去病後爲票騎將軍，尚取票姚之字耳。今讀者音飄遥，則不當其義也。師古雖破服音，然依服音讀，其義亦通，而顏直不取者，正用荀紀文耳。此二字，《集韻》亦皆收入去聲。蓋與顏意同也。老杜詩悉作平聲，則實用服注也。「驃騎」之「驃」，今世皆作去聲讀。又不作飄音，而直作票音，則又異于服音矣。

又「捕斬首虜過當」。師古曰：言計其所將人數，則捕首虜爲多，過於所當也。一曰漢軍失亡者少，而殺獲匈奴數多，故曰過當也。師古兩説俱通，然「當」字不著音切，後人無所適從。據「當」字亦有兩音，平聲讀者謂其過相當之數，則師古之後説也。去聲讀者，猶今世俗言「其太甚」者，則師古之前説也。又下文「殺傷太當」，師古曰：各大相殺傷。治以爲不然。「殺傷太當」，止是殺傷大率相當。此「當」字乃從平聲讀。

「捷首虜八千九百六十級，收休屠祭天金人，師率減十七。」師古曰：「祭天金人，今之佛像是也。屠音儲。」「師率減十七」者，言其破敵，故匈奴之師十減其七也。一曰漢兵失亡之數。鼾曰：捷，捷報也。首虜言級者，言虜得而斬之。師率減十七，言漢兵少而匈奴兵多也。去病能以少勝衆，故嘉之。師古謂師爲匈奴之師。史法，匈奴兵不得言師。又謂所減爲漢兵失亡之數，武帝此語本欲褒賞去病之功，不宜復言漢兵有失亡也。二説俱不安。

「渾邪王等謀歸漢，使人先要道邊。」師古曰：「道，猶言也。先爲要約來言之於邊界。」鼾曰：道音導，使人先要約，令漢軍導引入邊界。

「薄暮，單于遂乘六驘，壯騎可數百，直冒漢圍西北馳去。」師古曰：「驘者，驢種馬子，堅忍。單于自乘善走驘，而壯騎隨之也。」治曰：今回紇人善畜騾，騾有日行七八百里，不必驢種馬子，乃自有騾種耳。其騾生時，須剖母腹，亦有不剖而生者，然其力不及殺母者。單于所乘，必此輩也。以騾堅耐，馬易乏，故不乘馬，而但乘騾也。「驘」字，按《韻》作驘，或者「驘」與「裸」字同音。驘、驘聲又相近，故借用之。不爾乃印本之誤。

「右王迺去單于之號。」師古曰：「去，除也，音邱呂反。」以是推之，「去病」之「去」，亦應上聲讀，而音發不著，蓋闕。

「約經賫，絶大幕。」治曰：絶字，《李廣傳》「南絶幕」。師古曰：「絶，渡也。」

「去病在塞外，卒乏糧，或不能自振。而去病尚穿穴蹋鞠也。」服虔曰：「穿地築鞠室也。」師古曰：「鞠，以皮爲之，實以毛，蹵蹋而戲也。蹋，音徒臘反。鞠，音鉅六反。」黈曰：鞠，今之氣毬也。古質樸不解著氣，故但實之以毛。「穿穴蹋鞠」者，穿地築作場穴，蹴蹋毛毬其中。蓋古軍中之戲，非若今世築毬之巧也。

「最大將軍青【二】。」師古曰：「最亦凡也。」此説不通。下連言「大將軍青，凡七出」，則「最」不得爲「凡」。最者，功最之最，言功之最大者也。上文曰：「詔青尚平陽主，與主合葬。起冢象廬山云。」師古于此「云」字下發注。又以「最」字獨爲一句。恐不合班固意。愚以爲「云」字當下屬，不當上屬。云「最」者，云功之最大者也。故前「最」，最大將軍；後「最」，最票騎將軍。

《隋志》云：「晉自過江，凡貨賣奴婢、馬牛、田宅，有文券，率錢萬輸估四百入官，賣者三百，買者一百。」蓋西晉未有此法也，于南渡後始有之。今世定税錢，則每三十分中取一，與古不同。《隋志》云萬錢估四百，是三萬錢估一千二百也，據今法三萬止取錢千，是今輕於古六分之一也。《隋志》又云：賣者三百，買者一百。今法亦與此不同。今則應有市易而漏税者，有契坐買主，無契坐賣主，則今之法課之於古，大爲緻密而詳盡也。蓋古法意謂賣者得錢，故輸多，買者已費錢，故輸少。殊不知賣者爲不足，且無所事券劑，故不當輸。而買者爲有餘，且文契須在手，故當輸。至其買賣而無文契書，匿物不

【二】最大將軍青　底本脱文，據《漢書》補。

稅，則自是賣者之罪。此豈不爲緻密而詳盡于古乎？

楊子雲謂：餘、耳光初，竇、灌凶終。此語頗不類。子雲所謂「光初」者，謂有昧於卒也。所謂「凶終」者，則必謂有吉於始也。皆指交友之難，而言之。餘、耳初相與，爲刎頸交，可不先爲光乎？其後迭相魚肉，是於卒甚昧昧也。若王孫、仲孺則有異爲是矣。始嬰欲倚夫引繩排根生平慕之後棄者，夫亦得嬰通列侯宗室爲名高。兩人相爲引重，其游如父子，是其始相得甚驩也。厥後夫爲嬰故，遂怒武安侯蚡，駡臨汝侯賢，灌賢至衆辱程將軍。不識夫既繫居室，蚡遣吏分曹逐諸灌氏，嬰愧，爲資使賓客請。嬰之夫人諫嬰毋鋭救夫，恐併得罪。嬰曰：「終不令灌仲孺獨死，嬰獨生。」迺匿其家，竊出上書，盛推夫善，且言蚡短，卒與俱棄市。是二人始終之間，交友之分，無一毫之不盡也。若嬰之不知時變，夫之無術不遜，取禍之道，甚於自戕。則子雲謂之凶終亦宜矣。然是言也，特以答或者之問交也，不主爲修身慎行而發。前既言餘、耳，則後不當以竇、灌承之。竊謂竇、灌之問，當爲田、竇之問。則其言有緒可抽矣。蓋嬰爲大將軍，方盛，蚡纔爲諸曹郎，往來侍酒嬰所，跪起如子姓。丞相綰病，議置丞相、太尉。蚡又從籍福之説，讓魏其爲相，而已爲太尉。又俱好儒術，推轂趙綰、王臧迎魯申公，欲設明堂，以禮爲服制，以興一太平。此其始吉也。已而嬰一斥不復，墨墨不得意。蚡起爲丞相，驕横日甚，而灌夫粗疏，忿激其間。及夫得罪，嬰之東朝，盛推夫善，言其醉飽得過，迺丞相以它事誣之。復因言丞相短。武安迺言魏其、灌夫日夜招聚豪傑壯士與論議，腹誹心謗，不仰視天則俯畫地。辟睨兩宮間。幸天下有變，欲有大功。而嬰竟以蒙顯戮，蚡竟以被鬼誅。此所謂田、竇之凶終也。雄著書，以竇、灌比餘、耳。誤矣。

《素問》説精食氣，則謂精從氣中來。道家言精生氣，則謂氣從精中來。究竟論之，精氣自是一物。正因變化不常，遂復判而爲二。有能練是二者，復歸於一本，非古真人而何？

道家「三一説」，上一、中一、下一，是謂三丹田。達道者能使三復爲一，一復爲三。蓋三丹田，精氣神之舍也。曰下丹田，關元精之舍。中丹田，絳宫神之舍。則上丹田，泥丸爲氣之舍也。而上丹田果非氣之舍也。曰下丹田爲氣海，可爲氣之舍，則精之舍安在哉？以精舍諸中丹田固不可，若以舍諸上丹田，尤不可者也。乃知下丹田雖名氣海，實精舍也。況下丹田不專在氣海，蓋在脾臍與兩腎之間，以臍腎爲人受命之始，則下丹田爲精之舍，可無疑也。又氣海有二，舊説氣海在臍下，《素問》則謂膻中氣海也，直兩乳間。準《素問》所言，則中丹田爲氣之舍，可無疑也。精舍諸下丹田矣，氣舍諸中丹田矣，神不舍諸上丹田，將安所寓乎？此三一之正處也。道家雖以三丹田爲精氣神之舍，而不著所處，故爲别白之。

黄太史《莊子内篇論》不取向、郭，以爲二子陷《莊周》爲齊物之書。其爲《黄幾復墓志》亦云：《莊周》雖名老氏訓傳，其斬伐俗學，以尊黄帝、堯、舜、孔子，自揚雄不足以知之。又曰：予嘗問以《逍遥游》。幾復曰：嘗恨魏晉以來，誤隨向、郭，陷《莊周》爲齊物。至謂尺鷃與海鵬，之二蟲又何知？是則魯直之得《莊》旨者深矣。然其《内篇論》首云：「鵾鵬之大，鳩鷃之細，均爲有累於物。」則此言反與向、郭輩同之。是又何耶？蓋將取彼以證此，舉粗以及精，而用意過差，賓主不明，遂使前後之辭，自相爲戾耳。讀者不可以不審思之。

歐陽永叔作詩，少小時頗類李白，中年全學退之，至于暮年則甚似樂天矣。夫李白、韓愈、白居易之詩，其詞句、格律各有體，而歐公詩乃具之，但歲時老少差不同，故其文字亦從而化之耳。

歐詩「歡時雖索寞，得酒便豪横」。老蘇詩「佳節屢從愁裏過，壯心還傍酒中來」，二老詩意正同。

歐公《黄楊樹賦》首云：「若夫漢武之宫，叢生五柞；景陽之井，對植雙桐。」疑此以前别有語。古人文字，無有鑿空便云「若夫」者。《禮記·曲禮》「於疑事勿質，直而勿有」下即云「若夫坐如尸，立如齋。禮從宜，使從俗」。鄭氏釋「若夫」云：「言若欲爲丈夫也。《春秋傳》曰：是謂我非夫。」原鄭氏於此注釋者，意謂上下文本不相屬，無用此句相發，故别引先穀語。以夫爲丈夫，鄭之此説，亦强爲解耳。其實「若夫」二字，衍文耳。且《曲禮》泛説爲人之禮，前已有語，尚不須此二字。況歐賦聲律文字，專以華藻鏗鏘爲美？前無一言，遽以「若夫」一言爲唤句。豈爲文之體哉？歐公一代儒宗，定無此失。故予謂此賦，其「若夫」之前，必別有語也。

又《準詔言事書》論禦戎之策曰：「契丹與朝廷通好僅四十年，不敢妄動。今一旦發其狂謀者，其意安在？蓋見中國頻爲元昊所敗，故敢啓其貪心，伺隙而動耳。今若敕勵諸將，選兵秣馬，疾入西界，但能痛敗昊賊一陣，則吾軍威大振，而虜計沮矣。此所謂『上兵伐謀』者也。」此策前既言中國頻爲元昊所敗，而後云但能痛敗昊賊一陣則軍威大振。何其言之戾耶？此殆繫鈴却猫之説，爲可哂也。而公言之者，知西北二敵通謀，急於隳壞兩國之勢，不覺言之之失也。又以此爲「上兵伐謀」，亦非是。此乃伐交者也。

「就吏」有二説。《蕭望之傳》：「弘、石建白：『非頗詘望之於牢獄，塞其怏怏心，則聖朝無以施厚恩。』上曰：『蕭太傅素剛，安肯就吏？』」此「就吏」謂從有司追攝繫囚也。《晉・阮籍傳》：「太尉蔣濟辟之，籍詣都亭奏記云：『乞回繆恩，以光清舉。』濟遣卒迎之，而籍已去。濟大怒，鄉親共喻之，乃就吏。」此「就吏」謂入仕也。

《石林過庭録》第四卷，説「虞仲有三」，而其第九卷《論語》「虞仲乃仲雍也。仲雍初本隱者，然則虞仲止有二人矣」。蓋貪論議之多，所以前後自相亂。

「不有祝鮀之佞，而有宋朝之美。」王滹南辨「而有」二字羨文。此説甚善。然有此二字亦通。蓋二「有」字皆繫上一「不」字爲義。鮀之佞，巧言也。朝之美，令色也。苟無祝鮀之巧言，宋朝之令色，在於今世，必不能免。蓋言時世濁亂，莫不惡君子而喜小人。而邢昺云：子魚有才，故時世貴之。朝美人而善淫，故時世疾之。如是則苟有祝鮀之佞者，便可以爲子朝之淫矣。因文考事，大害義理。

《易》曰：「天下雷行，物與无妄。」《史記》：朱英曰「代有無望之福，亦有無妄之禍。」揚雄《法言》論淳于越曰：「仕无妄之國，食无妄之粟，分无妄之橈。」《吴志》王、樓、賀、韋、華傳評曰：「此數子處无妄之世而有名位，强死其理，得免爲幸。」朱英所謂「無望」與《易》不同。揚雄所謂「无妄」，正用卦名。予既辨之矣。而陳壽所謂「无妄之世」，則當爲傳寫之繆。王、樓等當孫皓昏酗之際，豈得爲无妄之世哉？此正無望之時也。范曄，博達之士，苟以「無望」爲「无妄」，是進昏皓於三代令王之列也，寧有是理乎？以「無望」爲「无妄」，其爲傳寫之誤，較然可知矣。

《乾》卦「利見大人」者二。此謂天下利見之也。以其龍見去聲，故天下得以利見之。或者以爲二與五□相見。非其説也。

《詩序》「哀窈窕」云：「哀，蓋字之誤也，當爲衷，謂中心恕之。」鄭康成箋《詩》，其所改字多矣，無如此説之疏。

「關關雎鳩」，傳云：「雎鳩，王雎也。鳥摯而有别。」箋云：「摯之言至也。謂王雎之鳥，雄雌情意，至而有別。」按《釋鳥》注：郭璞曰「鵰類，今江東呼之爲鶚」。陸機云「幽州人謂之鷲」。而揚雄、許慎皆曰「似鷹，尾上白」。數家說雖不同，而俱以爲搏擊之鳥也。摯、鷙古字通用。鷙鳥以搏鷙爲雋，正雎鷹之屬也。今鄭轉以鷙爲至，言雌雄情意，至而有別。然則亦穿鑿甚矣，決不可從。

又「窈窕淑女，君子好逑」，毛以爲后妃既有關雎之德，是幽閑貞專之善女，宜爲君子之好匹。此正合詩人之旨及此篇之序也。鄭乃謂善女能爲君子和好衆妾之怨者，言皆化后妃之德，不嫉妒。謂三夫人以下。此說殊無巴鼻。《序》言后妃樂得淑女以配君子。憂在進賢，不淫其色。哀窈窕，思賢才，而無傷善之心，則是窈窕淑女宜爲君子之嘉配也。毛傳極爲明白，而鄭以三夫人、九嬪化后妃之德，又能爲君子和好衆妾之仇怨。此其爲辭，無乃太宛轉而不明乎？且「君子好逑」一句，何緣該此數節？後之言《詩》者，復不當致疑於其間也？

又「左右流之」，流者，流之於水中也。荇菜流在水中，可以爲薦宗廟。如淑女居幽閑之處，可以配君子。故后妃寤寐之時，常且求之。毛萇直以「流」爲水。無此義。

又「思服」之「服」，「悠哉」之「悠」，毛俱釋之爲思。非也。悠，遠也。「悠哉悠哉」者，言所思之遠又遠，而莫之得焉。悠，蓋思之意，而非思也。鄭說「寤寐思服」之「服」，事也。求賢女而不得，覺寐則思己職事，當誰與共之乎？此說是。

卷七

近世宋九嘉自言平生有三恨：一恨佛老之説不出于孔氏前，二恨詞學之士多好譯經潤文，三恨大才而攻異端。佛老異端，固所當恨。至于學士大夫譯經潤文，雖有異于顔子之「若愚」、曾子之「一唯」，本諸故訓，開釋奥義，是亦儒學之所先務。又何足訾乎？今飛卿一切以此爲恨，殆見世之爲文之士，大章短篇，略無自己一字，第剥削詩書中一二語，重摹而複寫之，以爲文之至。則此誠可恨耳。所見有疑似，所恨有當否。吾恐後生輩泥飛卿之説，便以爲準繩，則必有棄經之實，而專從事于詞藻之華者。故爲别白之。

陶淵明：「夏日卧北窗下，清風颯至，自謂羲皇上人。」羲皇上人謂宓羲以上人。杜子美《陪鄭廣文游何將軍山林》詩云：「看君用幽意，白日到羲皇。」蓋用陶語也。杜詩本或作「白日到羲黄」，謂伏羲、黄帝時，意亦同之。近世劉迎無黨《題歸去來圖》云：「餘子風流空魏晉，上人談笑自羲皇。」劉所謂上人者，果何等語耶？又以「羲皇」對「魏晉」，則亦疏矣。編纂時，有如此者，便可削去。

《四氣調神大論》曰：「道者，聖人行之，愚者佩之。」王砅注云：「聖人心合于道，故勤而行之。愚者性守于迷，故佩服而已。」砅説非也。佩，背也，古字通用。果能佩服于道，是亦聖人之徒也。安得謂之愚哉？

《景帝子傳》：河間獻王立毛氏《詩》、左氏《春秋》博士。黈曰：爲朝廷立之，又被服儒術。師古曰：「被服，言常居處其中也。」黈曰：被服，其身衣被之也，非居處。

又「對三雍宫及詔策所問三十餘事【一】，其對推道術而言，得事之中，文約指明」。黈曰：應劭于「三雍宫」下注云云。據書傳章句，當于「三十餘事」下注釋。

又《中山靖王勝傳》：「每聞幼眇之聲，不知涕泣之横集也。」師古曰：「幼，音一笑反。眇音妙，精微也。」黈曰：幼音窈，眇如字。幼眇，猶言幽咽也。

《家語·本姓解》云：叔梁紇求婚于顏氏。「顏氏有三女。其小曰徵在。顏父問三女，二女莫對，惟徵在曰：『從父所制。』」已而生孔子。「孔子三歲，而叔梁紇卒，葬于防。」而《史記·孔子世家》乃云：「叔梁紇與顏氏女野合而生孔子。」孔子，聖人也。紇則聖人之父也，徵在則聖人之母也。其始成婚，《家語》載之如此其詳。司馬遷輕以所聞誣之，其罪大矣。

又孔子十九娶于宋之并官氏。一歲而生伯魚。伯魚年五十，先孔子卒。王肅注云：顏回死時，孔子年六十一；伯魚死時，孔子且七十。而《論語》云：顏回死，顏路請子之車以爲之椁。子曰：「鯉也死，有棺而無椁。」或以爲誤。李子曰：此非誤也。後人誤解《論語》耳。顏回死時，鯉實未死。孔子因路之請車，遂設言之。設使鯉死將葬，

【一】對三雍宫及詔策所問三十餘事　「詔」原作「語」，據《漢書·景十三王傳》改。

我但作棺而已，不必有槨也。孔子之志，亦未必然，但拒路之辭云然。

《春秋穀梁傳》曰：「雩之必待其時窮人力盡【二】，何也？雩者，爲旱求者也。古人重請。何重乎請？人之所以爲人者，讓也。請道，去讓也。」鼪云：四時之雩，禮之常也。旱而雩，人之情也。以請爲去讓，是賤雨而貴旱也。穀梁子之言何若是迂耶？果以請爲去讓，則《雲漢》之「靡愛斯牲」，《噫嘻》之「祈穀上帝」，孔子不當録之于《詩》也。凡祀事有三：曰告，曰祈，曰報。今以祈請爲非禮，則告之與報之者，舉皆棄之可也。借曰告則示其所以尊敬之至，報則示其所以酬賽之勤，若請則近于鬼，于褻，于貪，是以爲不可也。以是言之，理愈乖矣。夫人事盡廢，惟怪之依，則鬼也。朝夕巫覡，男女雜沓，則褻也。妄意徼覬，禱非其福，則貪也。今而暵旱極矣，齋心滌慮，而請命于天，何爲而不可也邪？穀梁以爲人之所以爲人者，讓也。請道去讓，有是其迂哉！予于是乎不取。

三山《書解序》曰：漢儒聞孔氏之書有五十八篇，遂以張霸之徒所造僞書二十四篇爲《古文尚書》。晉齊之間，真古文漸出。至隋開皇二年，求遺書，然後始大備，而霸書遂廢。鼪曰：按《漢書·儒林傳》云：「世所傳《百兩篇》者，出東萊張霸。分析合二十九篇以爲數十。又采《左氏傳》《書叙》爲作首尾，凡百二篇。或數簡，文意淺陋。成帝時，求其古文者，霸以爲能《百兩》徵，以中書校之，非是。霸辭受父，父有弟子尉

【二】雩之必待其時窮人力盡　「力盡」原作「盡力」，據《春秋穀梁傳·定公元年》乙正。

氏樊並。時，大中大夫平當、侍御史周敞勸上存之。後樊並謀反，迺黜其書。」《儒林傳》雖云其文淺陋，與中書不合，然霸所造書，初非鑿空，敢爲臆説。要是綴緝諸家之言以成之，雖不得爲純是，亦不得爲純非。故平當、周敞勸上存之。徒以樊並謀反，迺黜其書。況其後真古文復出乎？真古文既出，則此書廢之可也。而直與之以僞造之名，霸亦屈矣。政以壁書未出，霸説先傳。一旦壁書復行，則此書不免爲僞也。《春秋》三傳，董仲舒、劉向治《公》《穀》至向子歆始治《左氏》。《左氏》復立學官，而《公》《穀》二傳，曾不以爲僞而黜之也。三家至今卒以并行于世。何霸書泯歿而無傳而《公》《穀》竟與《左氏》鼎峙于今邪？亦幸不幸存乎其間耳。始霸書以樊並反，故黜之，而其學者無或廢之也。何以驗之？趙岐之注《孟子》，杜預之注《左傳》，韋昭之注《國語》，至若劉歆之博聞，賈、馬、鄭、服之通經，未嘗有以一言僞霸者。迨乎壁書再耀，衆口嚻嚻，而因以僞之，則霸之書豈真爲僞哉？第見而知之，聞而知之，聞于所聞而知之，間有異同及純駮而已。彼《公》《穀》兩家，繆誤皦然，而世希復言之者，初不敢以訾《公》《穀》，大率畏舒、向之名，而不敢以議之也。班固《藝文志》云：仲尼以載籍殘缺，思存先世之舊。故與左邱明觀魯史記。因興以立功，就敗以成罰。有所褒諱貶損，不可書見。口授弟子，弟子退而異言。邱明恐弟子各安其意以失其真，故論本事以作傳。及末世口説流行，故有公羊、穀梁、鄒、夾之傳，然則《公》《穀》乃道聽之學也。道聽之學而鼓行，幾何而不爲僞也。以霸則未必僞而廢，以《公》《穀》則道聽而與左氏并。此豈非幸不幸存乎其間哉？

《政和本草》盧會條下，本經云：「俗呼爲象膽，以其味苦如膽故也。」雷公云：凡使，勿用雜膽。其象膽，乾了，上有青竹文斑【三】。此物是胡人殺得白象取膽，乾，入漢中是也。而《藥譜》云：盧會，樹脂也。《本草》不細委之，謂之象膽。殊非也。《藥譜》破《本草》不細委，謂盧會爲象膽爲非。此説不明。《本草》正言俗以盧會味苦如膽，故呼象膽。則《本草》非指此物是象膽，特名象膽耳。其言盧會本胡人殺象取膽爲之，凡使勿用雜膽者，乃雷公之謬也。而《藥譜》不專指雷公之謬，而但言《本草》之非。無別白甚矣。

東坡論黄霸以鶡爲神爵云：「黄霸本尚教化，乃復用烏攫小數。陋哉！潁川鳳凰，蓋可疑也。」治以爲不然。夫兩漢風俗，經歷五霸之雜、七雄之詐、孤秦之暴，仰望文、武、成康之世，猶之霄漢之邈，況欲求如堯、舜於變之時哉？有能以利和義、以智行仁、以權濟道者，君子所不棄也。班固云：「南陽好商賈，召父富以本業。潁川好爭訟分異，黄韓化以篤厚。」漢世親民之吏，以爲治若黄次公者，蓋無幾。必謂化民成俗，不應用小小之智數。真過論矣。盍亦思夫霸之時，得爲稷、契之時乎？潁川之民，得爲堯、舜之民乎？以時則五霸、七雄、孤秦之後，以民則率皆爭訟、分異、猾亂之俗，將以變而化之，使人

【三】上有青竹文斑　「文斑」原作「艾班」，據《政類本草》改。

人而爲善人。不用小數以引以翼，何以抑其獷驁之氣、易其視聽之習哉？小數之假，所以爲大道之歸也。蘇子以此陋霸，至以疑潁川之鳳。幾何其不爲洗垢求痕歟？

「喓喓草蟲，趯趯阜螽。」注云：「興也。喓喓，聲也。草蟲，常羊也。趯趯，躍也。阜螽，蠜也。」箋云：「草蟲鳴，阜螽躍而從之。異種同類，猶男女嘉時以禮相求呼。」疏曰：「以興以禮求女者大夫，隨從君子者其妻也。正義曰：釋蟲云：草蟲、負蠜。郭璞曰：常羊也。陸璣云：小大長短如蝗也。奇音青色。好在茅草中。釋蟲又云：阜螽、蠜。李巡曰：蝗子也。陸璣云：今人謂蝗子爲螽子。兖州人謂之螣。許慎云：蝗，螽也。蔡邕云：螽，蝗也。明一物。」李子曰：草蟲正言草中蟲耳。阜螽即蝗類。草蟲喓喓而鳴，阜螽躍而從之，蓋以類相求也。説者既以草蟲爲螽，又以螽爲蝗，又雜以常羊、負蠜、蠜、螣、蝗子之屬，卒無定名。師説相承，五經大抵如此。學者止可以意求之。膠者不卓，不膠則卓矣。又《中華古今注》曰：結草蟲一名結葦。好于草末折屈草葉以爲巢窟，處處有之。

又《小星》詩云：「三五在東。」注云：「三心五噣，四時更見。」疏云：「柳五星，釋天，咮謂之柳。《天文志》云：柳，謂鳥喙。鳥喙者，柳星也。以其爲星之口。故謂之喙。」李子曰：三五者，言其星或三或五耳。天星三五者多矣，定以爲心噣。非也。

左思《吴都賦》：「猿父哀吟，𤟤子長嘯。」李善曰：《山海經》曰「獄法之山有獸，狀如犬，人面，見人則笑，名猙」。治曰：《山海經》曰猙見人則笑，而賦言「猙子長嘯」，當是「常笑」。而賦作「長嘯」者，板本錯。

又《吴都賦》云：「其竹則篔簹林箊，桂箭射筒。」劉逵曰：「箖是猿公、越女所與試劍者也。」賦曰林箊，劉止解箖而不解箊字。箖、箊必一物，或單稱箖，或單稱箊。而此賦板本誤以「箖」爲「林」耳。

《左傳·僖公六年》：許僖公見楚子，面縛銜璧，大夫衰絰，士輿櫬。楚子問諸逢伯。逢伯對曰：「昔武王克殷，微子啓如是。武王親釋其縛，受其璧而祓之，焚其櫬，禮而命之，使復其所。」又《史記·宋世家》云：武王克殷，微子啓乃持其祭器，造于軍門，肉袒面縛，左牽羊，右把茅，膝行而前。武王乃釋微子，復其位如故。而孔穎達疏《尚書》，于微子之命，不信《史記》，以爲遷之書，辭多錯謬。面縛，縛手于後，故口銜其璧。又安得左牽羊，右把茅也？余以爲穎達之言未必是，遷之言未必非。蓋大夫衰絰，非著衰絰，必賫持之也。許公使大夫賫衰絰、士輿櫬。微子所以如是，則賫而輿之者，必其從者也。《宋世家》又謂持祭器造于軍門，所謂祭器者，雖不必備計，不一而足，亦當令從者持之。喪服、櫬柩、簠簋之類，皆屬諸從者。則左牽羊，右把茅，亦從者之事，决非微子兩手牽把之。穎達以手縛不能爲用爲司馬遷之失，此非遷之失，乃孔氏之失也。然《史記》與《左傳》所載不同者，蓋其所采録，有或詳或略云耳。

《上古天真論》曰：「男子五八腎氣衰，髮墮齒槁。八八天癸竭，形體皆極。」此謂古今之人皆然也。然復云：「上古之真人，爲能呼吸精氣，獨立守神，故壽敝天地。中古之至人，爲能去世離俗，積精全神，亦歸于真人。其次有聖人者，以恬愉爲務，以自得爲功，則亦可以百數。」前説男子四十已衰，六十已老，後説古之人皆壽。是豈古人之形、神、精、氣其所禀受者與今人異耶？何壽夭相懸之甚也？竊嘗考自黄帝、堯、舜以降至于周之文、武之時，其君臣無不壽者，蓋皆如《素問》所論「知道而能行」者也。不惟壽考、康寧，又其創功、造事以利于生民者，若與元化語，若與鬼神接。非後世人耳目心智所能彷彿者。是又何哉？余以謂惟精與明能壽。惟得壽，故精者愈精，明者愈明耳。今之人一切反是，是亦可哀也已。

濟南先生李廌方叔《將心論》曰：「白起爲將，以書考之，不言斬首坑卒者勿論，論其直書斬首若干、坑卒若干而計之，凡殺敵國之兵八十四萬人。」黈曰：兵固有實一而號十者，若起殺敵之類，恐皆計其所號者書之。敵始張虚名以待我，我既勝之矣，我又從而大吾之功。是以若此甚也。雖然，就使以十爲百、以百爲千，起之所殺猶近于十萬人，則亦酷矣。况其中亦有以實書者乎？詩人有「勸君莫話封侯事，一將功成萬骨枯」之句，以起言之，萬骨之枯，斯固無足恤者也。伐國不問仁人，仁人不可以伐國乎？伐人之國，雖曰能之，要非仁者之心也。俗人以材論將，方叔以心論將。方叔其仁哉！

許渾《灞上逢元處士東歸》詩云：「何人更結王生襪，此客空彈禹貢冠。」薛逢《上崔相公》云：「公車未結王生襪，客路空彈禹貢冠。」二人所對皆同，然許語似暢于薛。

唐德宗嘗自謂本好推誠，亦能納諫。及與李泌語，則云：「朕好與人較量理體。崔祐甫性褊躁。朕難之，則應對失次。朕常知其短而護之。楊炎氣色粗惡，難之則輒勃然怒，無復君臣之禮。所以每見令人發憤，餘人則不敢復言。盧杞小心，朕所言無不從，又無學，不能與朕往復，故朕所懷常不盡。惟與卿言，使朕中懷已盡，而屈服不能不從。」然李泌所論與回紇可汗合骨咄祿和親，終不許，因乞骸骨。上乃曰：「朕非拒諫，但欲與卿較理耳。」事在貞元三年。 鼪曰：□哉，德宗之爲君也。自謂好推誠而喜折難，□□以察察爲明；自謂能納諫，而喜人之從己。以諸諸爲小心，既不誠矣。既愎諫矣，復自謂與人較量理體。夫理所以定國是也，體所以正朝端也。欲定國是而正朝端，乃以非理而奪人之理，以非體而屈人之體。何如是悖乎？自古人君拒諫飾非者，代皆有之，未有如德宗之甚者也。

張文潛書《鄒陽傳》云：《鄒陽傳》稱梁孝王用羊勝、公孫詭之説殺袁盎。事覺，孝王懼誅，使陽入關内求解。陽見齊人王先生，用其計，説王長君。長君入言之。及韓安國亦見長公主。事果得不治。此則陽與安國同救孝王殺袁盎事也。而《韓安國傳》所稱見長公主事，自以孝王僭天子游戲，天子聞之，心不喜。太后乃怒梁使者，弗見，按責梁王。安國爲梁使，見大長公主而泣。長公主具以語太后，事乃解。其後安國坐法。久之，復用爲梁内史，乃有勝、詭説王殺袁盎等事。安國諫王，王乃殺勝、詭。漢使還報，梁事解，無安國見長公主事。此則安國見長公主，自以梁王游戲事在前，非勝、詭事也明矣。《鄒陽傳》中所載，誤記安國所解前事爲今事耳。李子曰：凡人行事，有主之者，有篮從者，有遂事者。據二傳所載，蓋安國兩見長公主。但所以見之者不同也。其救游戲事，必主安國。在他人無所與，故獨見于本傳。其求解殺盎事，必主鄒陽，而安國特遂事焉。故安國之見長公主，不具于本傳，而略附于《鄒陽傳》中也。宛邱以此爲班固之誤。治以爲不然。二事較然明白，班固良史，不應遺忘至此。

陳後山《送趙承議德麟》云：「林湖更覺追隨盡，巾帽猶堪笑語頻。」此「更」字意，恰如近世李屏山所謂：「更道劉王量如海，怎生容得辟陽侯。」

儒翟先生碑，其篆文作「斆」。歐陽公疑之，以爲「斆」字無所出。治謂「斆」乃學字之誤，故又轉而爲「翟」也。爲儒不得爲翟，爲翟不得爲儒。豈以先生兼是二者，而當世從學者推美而稱之歟？無是理也。故予以學字爲斷。

陶穀詩：「尖簷帽子卑凡厮，短勒韡兒末厥兵。」歐公云：「末厥亦當時語。予景祐間已聞此語。時去陶公未遠。人皆莫曉其意。王原叔博學多聞，見稱于世，最爲多識前言者，亦云不知爲何説也。第記之，必有知者耳。」治曰：末厥，蓋俗語也。歐公雖以此爲當時語，亦自不知爲何義。大抵「末厥」者，猶今俚語俗言「木厥」云耳。木厥者，木强刁厥之謂。

歐公所撰《王德用神道碑》，康、邦、熲、人、衛、議皆同押。又《晏元獻碑》，氏、裔、洛、學、詔、後皆同押。歐公去今纔百餘年，其文律寬簡，猶有古人風氣。今世作文，稍涉此等，便有譏議。乃知律度益嚴，而其骨格益以弱也。

卦有六爻，初、二、三、四、五、上也。卦有六德，剛、柔、仁、義、陽、陰也。自下而上，以之相配，則初爻剛，二爻柔，三爻仁，四爻義，五爻陽，六爻陰也。只以《乾》一卦推之，便盡此理。

《乾》卦具四德。四德，元、亨、利、貞。雖云四德，然元亨者，又合而爲一事也。利貞者，又合而爲一事也。故爲《文言》，前段則云：「元者，善之長。亨者，嘉之會。利者，義之和。貞者，事之幹也。」而後段則云：「乾元者，始而亨者也。利貞者，性情也。」又《坤》之繇云：「坤元亨，利牝馬之貞。」是亦以此四德析之爲兩事也。

《論語》：「朝聞道，夕死可矣。」注曰：「將至死不聞世之有道。」疏云：「此章疾世無道也。設若早朝聞世有道，暮夕而死，可無憾矣。」黈曰：聞道，謂身自聞道耳。舊說以聞道爲聞世有道，舛矣。然舊說云然者，意謂孔子天縱將聖，秉生知之質。豈不聞道乎？出此言者，蓋因衰世敗俗發之。殊不知孔子之言，其爲人者多，其爲己者少。此實教人者之言也。而説者以爲疾世。非也。

子美《送韋書記赴安西》云:「白頭無籍在,朱紱有哀憐。」舊注云:「無籍,謂無籍在朝列也。籍如通籍之籍。」此説殊繆。蓋籍在,顧賴之意。子美自言身已衰老,無所顧籍矣,而韋書記有哀矜于我也。「籍在」之「籍」,音去聲。若言無籍在爲無籍在朝列,則何得以「有哀憐」爲對耶?

子美《夔府書懷》云:「南内開元曲,常時弟子傳。法歌聲宛轉,滿座涕潺湲。」按《明皇雜録》云:天寶中,上命宫中女子數百人爲梨園弟子,皆居宜春北院。然則弟子所傳者,乃《天寶曲》,非《開元曲》也。而子美謂爲《開元曲》者,意以爲其曲雖盛于天寶,而原其所自來,則開元時已有之矣。故雖天寶之曲,命爲開元,亦自無傷也。

《陸賈傳》:「名聲籍甚。」注云:「狼籍甚盛。」非是。籍甚,謂若編籍然甚隆盛也。狼籍,則猥亂之意。故孟子謂狼籍人也,于其名聲言之,非所以爲美矣。

《内經》言:「腎者作强之官,技巧出焉。」技雖不至于道,亦游于藝者之所貴。巧雖未至于神,亦妙萬物而爲言。不作强,則何以得之?故知「作强」者,乃精力之謂。

《唐・藝文志》次第絶無法式,甲部經録禮類中,載《周禮》《儀禮》,自可以類推。而于樂類中,乃載崔令欽《教坊記》、南卓《羯鼓録》。夫《教坊》《羯鼓》,何得與雅樂同科乙部史録?雜傳記類中,載圈稱《陳留風俗傳》三卷,而于地理類中亦載之。崔豹

《古今注》，于儀注類中言一卷，于雜家類中言二卷。《世説》，則小説之屬也。劉義慶《世説》八卷，劉孝標《續世説》十卷，既載之小説類中矣，而王方慶《續世説》十卷，復載諸雜家類中。是不可曉也。丙部子録道家類中，既載神仙三十五家，又載釋氏二十五家，無乃太泛濫歟？此等自合各立一類收之。又道家類中，既純載老子及列、莊、文、庚四輔等書，以符咒、修攝、靈驗、變化等爲神仙。然于神仙類中，復載玄景先生《老子道德要義》五卷、賈參寥《莊子通真論》三卷，此又雜之甚者也。又道家類中，載張志和《玄真子》十二卷，而于神仙類中載之，則云二卷而已。張志和一人之身也，一人之口也，豈十二卷者惟説清净無爲，而此二卷者多説金丹大藥、飛昇隱化事？皆不可得而考之也。

《豐卦·彖》曰：「豐，大也。」注云：「大，音闡大之大。」大止一音耳，至于是發音爲闡大之大。豈大小之大别有反切乎？疏云：「凡物之大有二種，一者自然之大，二者由人之闡弘使大。」原孔疏意，祇是附王注云爲之説耳。夫訓詁與音韻不同，王立此説，孔申此説，固無不可者。余但不知王所謂音者，何音也。

《琴賦》：「間遼故音痺，弦張故徽鳴。」所謂痺者，猶今之敓聲也。《東坡志林》【四】。黈曰：嵇康賦琴，自説琴德，必不得説琴病。若謂音痺爲敓撒，則正是説琴病耳。嵇旨必不其然。竊意「間遼」爲徽外，「音痺」爲聲緩。其或近之。

【四】東坡志林　底本爲正文格式，誤。據全書体例，改爲注文格式。

《旅卦》六二：「旅即次，懷其資，得童僕貞。」王輔嗣以懷爲來，以童僕貞爲得童僕之所貞。疏因言懷來資貨，又得童僕之正，不同初六賤役。皆未爲得。伊川以懷爲蓄，以得童僕貞爲童僕亦盡其忠信。誠得之矣。于羈旅之中，懷蓄資貨。苟不有忠信之僕，則害或及之。惟得童僕之貞，故終無咎。

又九四：「得其資斧。」輔嗣謂客于所處，不得其次，而得資斧之地，故其心不快。是也。伊川以爲得貨財之資、器用之利。其義似短。既得貨財之資、器用之利，則我心奚爲而不快乎？又以「資斧」爲二字，大是牽强。「資斧」不相爲對。

又六五：「射雉一矢，亡。終以譽命。」羈旅于外，艱苦備嘗，其志意無所稱遂，是將射雉而忘其矢也。然六五有文明之德，每事居中，則其爲矢也多矣。射雉而但亡一矢，餘矢尚多，故矢雖少詘，志不能伸，而終以譽而獲其爵命焉。晉重耳在外者十九年，而卒以得國。蓋類此爻。始小亡而終大獲也。

又「上逮也」，疏謂羈旅不可處盛位。然處文明之内，能照禍福之幾，不乘下以侵權，而承上以自保，故終得美譽而見爵命。此説解釋王注甚明，而伊川以爲逮與也。上逮則上下與之，且經止言上逮，初無及下之文。不知伊川何以發上下之義也。必不可從。

又上九：《象》曰「喪牛于易，終莫之聞也」。輔嗣謂喪稼穡之資，不在于難。而無有一言以告之者。伊川謂喪順德于躁易，而終不自聞知。程説喪順德於躁易，誠優於王。

但以爲終不自聞知，則却與本文不合。其「終莫之聞」，此一句，蓋對終以譽命爲辭。六五、上九，俱在羈旅之時，但六五則以柔處中，故終以見譽。上九則用剛過亢，故終以莫聞。上九言凶，而六五不言吉者，互文。

《巽卦》：「利見大人。」王氏以爲大人用巽，其道愈隆。程氏以爲巽順雖善道，必知所從。能巽順于陽剛中正之大人，則爲利。如五二之陽剛中正，大人也。巽順不于大人，未必不爲過。如王説則是利在于大人，如程説則是利在于見者。二説程氏爲長。大人之號不一，或聖人，或君子，或長者，或王公，皆得稱之。

又六四：「悔亡。」王氏：「乘剛，悔也。」程氏云：「陰柔無援，而承乘皆剛，宜有悔也。」李子曰：巽順之時，能乘乎剛，未必有悔。但此六四乘三之剛，故有悔焉。二説，王氏爲長。

又「田獲三品」。王氏云：「三品，乾豆、賓客、充君之庖。」程氏云：「一爲乾豆，一供賓客與充庖，一頒徒御。」李子曰：三品具見于《王制》。蓋一如王氏之説，而程氏乃于乾豆之外，併以賓客充庖爲一品，又以徒御爲一品。夫頒賚徒御，自當在獲禽之始。已而分爲三品，若復以徒御參之爲品，則是有四品也。恐不宜然。

又九五：「悔亡」之「悔」。王謂以陽居陽，損于謙巽，故有悔。程謂巽順之道，所利在貞，此戒五也。程説長。

又「无初有終」。王云：「卒以剛直用加于物，故初皆不説，終于中正。邪道以消，故有終。」程云：「命令之出，有所變更也。无初，始未盡也。有終，更之使善也。若已善，則何用命？何用更乎？」此説甚好。蓋盼下文先庚後庚之語。

又上九：「喪其資斧。」疏謂所用之斧是也。程氏：「資，所有也。斧，以斷也。」是以資斧爲二物矣。蓋程于《旅卦》已解于貨財器用。于此不得不爲是説耳。

又「貞凶」。《象》曰：「正乎凶也。」王謂失其威斷，是正之凶。程謂過極于巽，至于自失，得爲正乎？乃凶道也。李子曰：程于爻辭，已注正道爲凶，則是與王意脗合。于象辭乃再改爲疑而斷之之辭。蓋止因乎字而發。

《巽》之九二「以陽處陰」，故曰「巽在床下」。《巽》之上九，過極于巽，亦曰「巽在床下」。是皆以不得其位，雖于巽順而反獲其罪者也。但二以履正居中，故用巫而終吉。而上以損威失斷，故喪斧而貞凶。

「子罕言利與命與仁。」注云：「寡能及之，故希言是也。」罕言非絶口不言，但希及之耳。三千之徒，惟顔子爲能知十。曾子能悟一貫，雖子貢猶自言。夫子之言性與天道，不可得而聞之。則夫群弟子之中，可與言極而語至者，蓋已少矣。性命之事，宜子言之罕也。然其于仁利，亦復罕言者，何哉？蓋利有二，有便利之利，有利欲之利。二者雖不同，而莫逃于聖人之至道。仁有二，有愛人之仁，有克己之仁。二者雖不同，而莫外于聖人之至德。子罕言利與仁者，非罕言利與仁也。正罕言其道德云耳。而説者乃曰利謂利益萬物，仁謂愛人及物。則夫利與仁者，一而已矣，安得而爲二事乎？因知利者欲利周于天下，《易》所謂顯道。仁者克己復禮，以爲萬善之長，《易》所謂神德行。

《晉書·天文志》説天徑者凡數家，皆言不及三十六萬里。而又有云：「日徑千里。」夫以天體之廣，不應東西相直，不能容三百六十日也。考之度數，足知説者之妄。

卷八

孔安國《尚書序》曰：「秦始皇滅先代典籍，焚書坑儒。天下學士，逃難解散。我先人用藏其家書于屋壁。」此《家語》所謂「子襄以秦法峻急，壁中藏其家書」是也。然予讀《史記·孔子世家》及班固《漢書》，則有少疑焉。《世家》云：孔子生鯉。鯉生伋。伋生白。白生求。求生箕。箕生穿。穿生子慎。子慎生鮒及子襄。子襄年五十七，嘗爲孝惠皇帝博士。子襄生忠。忠生武。武生延年及安國。安國爲今皇帝博士，至臨淮太守，早卒。《西漢書》云：惠帝除挾書之律，立學興教，招聘名士。文、景以後，儒生更衆，且子襄藏書于屋壁，爲歲已久，亦曷嘗一日而不欲復大耀于世哉？自高皇帝過魯，以太牢祀孔子，則此時已可以發。顧國家萬事草創，日不暇給，而挾書之禁猶存焉，則不敢以輕舉者，良有以也。逮孝惠時，挾書之律既除矣。學校庠序既興矣。天下名士既聘矣，身而既爲博士矣。子襄自合出其所藏之書，就使子襄未及是而死，則繼之爲文、景之世，于雅莘莘，天下文明，又非孝惠時比。其爲子襄之子孫者，亦合出之。何待景帝之子魯恭王餘壞孔子宅，然後有傳也？豈藏書之時，雖其子孫，亦不使之知耶？豈子孫雖復知之，時移代换，恐爲勢家所有，不敢以自陳耶？豈以歲月緜邈，不敢必其有無，而故不言耶？抑懲秦禍難，姑欲存書壁中，庶幾得以傳遠，故不廢也。夫爲聖人之子孫，幸遇文治蔚興之時。埋没祖先之光澤，使帝王之遺書，泯泯焉而莫之恤者，豈人之情也哉？予竊疑焉。博洽君子，當有以辨之。

又「經籍道息，用不復以聞」。穎達解前史籍云【一】：「籍者，古書之大名。由文而有籍，謂之文籍。因史所書，謂之史籍。可以爲常，謂之典籍。」然則經籍者，其六經之籍歟？《漢書》言「尺籍」「通籍」，籍以竹爲之。蓋簡策之類，穎達謂爲古書之大名，亦隨文解之耳。「用不復以聞」，用字與前「用藏其家書于屋壁」同。用，由也，言由此也。

如、若，一也，然有時而爲異。彼如是，吾亦如是，因之以如爲往，「如棠觀魚」之類是也。彼若是，吾亦若是，因之以「若」爲「順」，「欽若昊天」之類是也。是以讀書者，貴反覆求之。

《復》卦：「反復其道，七日來復。」王輔嗣云：「陽氣始剥，至來時，凡七日。」王解至甚簡徑。而孔穎達復引鄭康成所取《易緯》六日七分之説，以謂陽氣剥、復，隔此純陰一卦。卦主六日七分，舉其成數言之。故云七日來復。又云以六十卦當六日外，餘有五日四分日之一。每日分爲八十分，合四百二十分。六十卦分之，六七四十二，卦別各得七分，是謂每卦得六日七分。《易》固象數之學，然亦不必如此其拘也。《繫辭》云：「乾之策，二百一十有六。坤之策，百四十有四。凡三百有六十，當期之日。」其五日四分之

【一】穎達解前史籍云　「史」原作「叟」，據《尚書注疏·尚書序》改。

一，亦自略而不言。則六十卦分期之日，是每卦只得六日也。始爲純《乾》之體䷀，陽氣漸消，陰氣漸長，一變而爲《遘》䷫，再變而爲《遯》䷠，三變而爲《否》䷋，四變而爲《觀》䷓，五變而爲《剥》䷖，六變而爲《坤》䷁，七變而爲《復》䷗也。由是而言，則輔嗣之解豈不至甚簡徑乎？又何必傍取《易緯》之數以附會之也？《易緯》猶不足取，若楮氏、莊氏改日爲目，謂欲見陽長須速者，尤可笑也。疏又謂「觀，注之意」，亦用《易緯》，細究王旨，實與《易緯》不同。穎達此意，取爲康成所挩，而不覺從其説耳。康成深于數者也，然過泥算數，每每如此。故其説多不能通。

《坎》卦《彖辭》「水流而不盈」，第五爻辭「坎不盈」。王輔嗣以前爲險陷之極，以後爲險難未盡。雖彖、爻各爲之説，而中間自有條貫，不可亂也。知此水流而不盈，專指九二言之。

《爾雅·釋詁》云：「初、哉、首、基、肇、祖、元、殆、俶、落、權輿，始也。」是皆以一字爲一義。自「初」至「落」，固不必論。夫所謂「權、輿」者，何爲而爲始也？蓋五量皆生于權衡，故謂權爲始。若輿則載也，運行莫先于此，故謂輿亦爲始。《孟子》云「朕載自亳」，意出于此。然考之經史，必「權輿」二字雙舉者，以初、哉、俶、落等皆見始意，而「權輿」外無所發，故連屬以命之。

鄰韻而協者，詩家間用之，謂之轆轤格，又謂之出入格。或以爲宋人始。非也。此自有詩以來有之。蓋古人文體寬簡，不專以聲病爲工拙也。然爲律詩則其格有二，有前後相錯者，有前後兩疊者。如李賀《詠竹》云：「入水文光動，抽空緑影春。露花生筍徑，苔色拂霜根。織可承香汗，裁堪釣錦鱗。三梁曾入用，一節奉王孫。」則其相錯者也。如《示弟》云：「别弟三年後，還家十日餘。緑醽今日醉，緗帙去時書。病骨獨能在，人間底事無。何須問牛馬，抛擲任梟盧。」則其兩疊者也。

晁迥《法藏碎金》：「秦人帶劍，彼人相笑。」「人」當作「楚」。

唐羅鄴《牡丹》詩云：「可憐韓令功成後，辜負濃華過一春。」韓令，謂韓弘也。弘嘗除去所居牡丹，故云。濃華，當作穠華。《詩》「何彼襛矣」，襛如容切。毛云：襛猶戎戎也。按《廣韻》：襛、穠同音醲。又而容切。襛，衣厚貌。穠，華多貌。然《詩》既言棠棣、杕杜、桃李，則自當作穠。而作「襛」者，蓋古字通用。

楚郟敖，左氏則名之麇，公穀則名之卷，司馬遷則名之員。其名之也且如是，其迹安可盡信哉？

《左傳·莊公十一年》：「宋大水，公使吊焉，曰：『天作淫雨，害于粢盛。若之何不吊？』」言「若之何不吊」，所以致不敢不吊之意耳。以文勢觀之，其旨自見。杜注「不吊」乃云「不爲天所愍吊」。誤矣。襄十四年，衛獻公出奔齊。公使厚成叔吊于衛曰：「寡君使瘠，聞君不撫社稷，而越在他境。若之何不吊？」曰：「以同盟之故，使瘠敢私于下執事。有君不吊，有臣不敏。君不赦宥，臣亦不帥職。增淫發洩，其若之何？」厚成叔所謂「若之何不吊」，與吊宋之語，其意一也。杜于衛獻公無所釋，而于宋則遽謂不爲天所愍吊者，豈以爲莊公之傳已有此解，而襄公之傳不煩複説歟？以爲衛獻播越，乃其自取，而宋之大水，天實爲之，故獨謂宋公不爲天所吊歟？求之二説，俱不可得而通也。迹夫「吊宋」之語，至于「若之何」一句，則止容有天不愍吊之義。而厚成叔既云「若之何不吊」，而其下方致吊辭，則不吊之語，必不主於天也。且客吊主人，必先指彼事，次道己愬，以相慰諭，然後吊禮成焉。謂「天作淫雨，害于粢盛」，指彼事也。謂「若之何不吊」，道己愬也。今俱以爲指彼事，無乃闕乎哉？若曰淫雨由天降災，上天所當愍悼，若之何天不吊宋。播越由人失德，上天不當垂恤，若之何魯不吊衛？宜事異而辭同。此又兒童之見也。夫天降災害，所以警人君也。播越固由于失德，而天作淫雨。安知其不由于宋君之失德乎？論事初不當如此。但因天作淫雨，輒以不吊主天。徵之事則有窒，審之文則不完。故爲辨之。

今人以不達權變者爲慕古，蓋謂古而不今也。《左氏傳》曰「君子以爲古」。《書·無逸》曰「昔之人無聞知」。皆是意也。

李白《尋陽紫極宫感秋》云：「何處聞秋聲，翛翛北窗竹。迴薄萬古心，攬之不盈掬。」魯直《和和甫得竹》云：「陰雨打葉時，曲肱自晏息。心游萬物初，何處尋轍迹。」

竹雖一草木，而二公賞詠乃如此。因知「不可一日無此君」，非徒一時語也。

王逸《離騷章句》，本文雖復倒複較，然迄不敢去取一語。鄭氏注《禮記》，删竄改革，惟意所如。純于爲逸，則似大拘，純于爲玄，則似不讓。不讓則師也之過，太拘則商也之不及。二子苟能抑所長而進所短，則可以無憾矣。

世以三命推運行者，謂遇值本命及相衝之宫則凶咎不祥。是不然。相衝而凶，固自其宜也。我以木而處夫木之位，我以水而行夫水之時，當有大來之吉。又奚凶咎爲哉？究其大旨，亦所以儆戒乎太盛云耳？夫憂善相尋，吉凶同域。福或基于危駭之中，禍或胎于通達之會。庸庸者誠不足以及此，惟明智之士，于是乎深致力焉，夕惕若厲，雖休勿休。故能安而益安，尊而益尊，蔑有一朝之患也。本命之説，實出于此。

《禮·少儀》：「尊、壺者，面其鼻。」蓋推敬嚮仰之義。卑者之于尊者所當如是。而今俚俗無問老幼，無擇賓主，悉以爲不當然，卑者輒爲尊者背之，曰「自有耳以來，人以爲不當然」。此甚可鄙也。予每深求其故，此亦有所自來。「尊、壺者，面其鼻。」本以敬尊者，然客有執謙者，不敢擅居尊者之禮，因以爲之辭曰「不敢當此盛意」，後生不悟，轉相傳承，遂以面鼻爲不當焉。

「高祖隆準龍顔。」《漢書》注：「準音拙。」今韻中準字亦兩音。果兩音俱通，《漢書》注自當重出。今不重出而單發拙音，是亦好異之蔽也。譬如「閉門」之「閉」，本讀音篳，又方結切。苟與人語，專以閉門爲入聲，不惟他人不省，亦未有不笑者矣。字類此者甚多，正可隨俗呼之。

老杜《送高三十五書記師字韻》詩，言意娓娓不盡。予嘗欲作一篇，自顧淺陋，不敢措手。人言「百尺竿頭，更進一步」，予謂此詩「百尺竿頭，更進百尺」。

孔安國《尚書序》曰：「伏羲、神農、黃帝之書，謂之三墳。少昊、顓頊、高辛、唐、虞之書，謂之五典。」是以三墳當三皇，五典當五帝也。然考之司馬遷《史記》則云：嫘祖爲黃帝正妃，生二子，其後皆有天下。其一曰玄囂，是爲青陽，青陽降居江水。其二曰昌意，降居若水。昌意生高陽，是爲帝顓頊也。顓頊崩，而玄囂之孫高辛立，是爲帝嚳。嚳父曰蟜極。蟜極父曰玄囂。玄囂父曰黃帝。自玄囂至蟜極，皆不得在位。至高辛即帝位，高辛于顓頊爲族子，娶陳鋒氏女，生放勛，娶娵訾氏女，生摯。帝嚳崩而摯代立。摯立，不善，崩。而弟放勛立，是爲帝堯。又曰：顓頊生窮蟬。窮蟬生敬康。敬康生句望。句望生橋牛。橋牛生瞽叟。瞽叟生舜。自窮蟬以至帝舜，皆微爲庶人。司馬遷所記止此，而所謂少昊者，絶不稱道。甚可疑也。按《帝繫》《本紀》《家語》《五帝德》皆云少昊即黃帝子青陽是也。又《春秋左氏傳》：少昊有不才子，天下之民謂之窮奇。杜預注云：少昊，金天氏之號，次黃帝。然則黃帝崩後，少昊即位，爲得其實。故孔安國以黃帝爲三皇之末，以少昊爲五帝之首，而次及高陽、高辛氏也。今司馬遷乃云：黃帝崩，葬橋山。其孫昌意之子高陽立，是爲帝顓頊。顓頊崩，帝嚳立。帝嚳崩，帝摯立。帝摯崩，而帝堯立。帝堯崩，而帝舜立。是黄帝歿後，殊無名少昊者也。則諸書何爲備數以爲五帝乎？蓋玄囂即少昊氏，而司馬遷謬誤不載録耳。司馬遷又謂玄囂是爲青陽，降居江水。此又妄也。當是昌意先降江水，後降若水。司馬遷既不以玄囂爲少昊，謬謂青陽降江水、昌意降若水也。皇甫謐云：黄帝在位百年而崩。而《通鑑舉要曆》云：黄帝在位六十五年。謐又云：顓頊在位七十八年。《舉要曆》云：顓頊在位一十八年。豈少昊在位之年，或在黄帝六十五年之後，或在顓頊一十八年之前也耶？

陶弼詩《冬日喜許陟見過》云：「扁舟興盡且休去，五嶺以南皆洞庭。」按五嶺横列于虔郴、桂道之間，北望洞庭甚遠。弼謂五嶺以南皆洞庭，何耶？大抵詩家立意貴縱奪，造語貴激昂。弼之此意，亦以見一時相慕戀云耳。

「絜矩之道。」鄭云：「絜，猶結也，挈也。矩，法也。君子有挈法之道，謂常執而行之。」《釋文》：「絜，音結。」其注中挈也之挈，苦結反。晦庵則復援引《莊子》《荀子》之注云：「絜，圍束也。謂以物圍束爲之則也。音户結反。」李子曰：鄭、朱兩説俱未爲得。絜直當作挈字讀之。矩者，方正之具。物有四隅，吾挈矩以度之。于此而得一隅，則彼之三隅猶是也。故曰「所惡于上，毋以使下。所惡于下，毋以事上。所惡于前，毋以先後。所惡于後，毋以從前。所惡于右，毋以交于左。所惡于左，毋以交于右。此之謂絜矩之道也」。鄭説本甚明白，而益以絜結矩法之説，遂有蛇足之患。晦庵乃引《莊》《荀》以絜爲圍束。圍束其矩，是何等語耶？借曰以物圍束爲則，而其「則矩」二字，亦不可相屬。借又曰絜爲則而矩爲法，倒言之以爲法則，而其法則之道，亦不成語也。

《晦庵語録》：「或問：大學知止便是知至否。曰：知止則知事之所當止。知至則心之知識無不盡。」李子曰：知止則所謂「知止而后有定」，知至則所謂「物格而后知至」。兩者意不得以相通。不惟意不相通，其語亦不相類。蓋知止者謂知其所止也。若知至則吾之所當知者自至耳。且知止云者，猶治國、齊家、修身、正心、誠意、格物之辭也。知至云者，猶物格、意誠、心正、身修、家齊、國治之辭也。此其語又安得以一類推之？大抵晦庵之論，佳處極多。然窒礙處亦不可以毛舉也。學者正當反覆與奪之。若《乾》卦之「知至」，則又别矣。

《宣和畫譜》載李公麟作畫，以立意爲先，布置緣飾爲次。蓋深得杜甫作詩體制。甫作《茅屋爲秋風所破嘆》，雖衣破屋漏非所恤，而欲「大庇天下寒士俱歡顔」。公麟作《陽關圖》，以别離慘恨爲人之常情，而設釣者于水濱，忘形塊坐，哀樂不關于其意。其他種種類此。予姪婿張子敬云：「公麟此筆，當取杜牧《齊安郡晚秋》詩意。蓋其詩末句云『可憐赤壁争雄渡，惟有蓑翁坐釣魚』。」此論甚好。

淵明《歸去來辭》「或命巾車」。吕延濟云：「巾，飾也。」《周禮》注云：「巾，猶衣也。」然則所謂「巾車」者，命僕使巾其車也。或者以爲小車，非也。《齊宗室傳》：衡陽王鈞，常手自細書《五經》，置于巾箱中。巾箱五經，自此始也。或者以爲舉子以小本文字著巾幘中，謂以巾幘如箱篋然。非也。

《荀子·儒效》篇：充虚之相移易也，堅白同異之分隔也。「雖聖人之知，未能僂指。」楊氏云：「僂，疾也。言雖聖亦不可疾速指陳。僂，力主反。」楊氏又引《公羊傳》曰「夫人不僂」，何休曰：「僂，疾也，齊人言也。」李子曰：楊説宛轉不著明，大抵僂，曲也，未能僂指，言未能曲指以一二數也。或以僂、縷古字通用，謂不能覼縷而指數之也。楊氏以僂指謂爲疾速指陳者，特牽何休之説耳。

李陵詩：「行人難久留，各言長相思。安知非日月，弦望自有時。」李周翰曰：「我心相思如日月，當有弦望無極時。」翰説非是。弦則月半之明也。望則月滿之時。朔則日月相合也。李陵意謂今雖相别，各出相思之言，安知人生之離合，非若日月之有離合乎？日月之弦望有時，人生之聚散亦自有時也，但當期遠久耳。故下云「努力崇明德，皓首以爲期」。

謝靈運《擬魏太子鄴中集詩序》云：「不誣方將，庶必賢于今日爾。」「方將」，猶方來及將來也。謂丕自以爲不敢妄欺方來，必期後世追議今日之事。使言賓主風流，賢于昔日也。而張銑以爲所述不作誣誑，庶使後代以我爲賢。誤矣。

《兩都賦序》：「道有夷隆，學有麤密。」呂延濟曰：「夷，平也。隆，盛也。言代有平盛，學者隨時精麤，不可齊也。」李子曰：平非對盛之辭，夷言陵夷也。

《衛國風・碩人》「手如柔荑」，音啼。毛傳云：「如荑之新生。」正義曰：「荑，所以柔，新生故也。若久則不柔，故知新生。」又《邶風・静女》：「自牧歸荑，洵美且異。匪女之爲美，美人之貽。」毛傳曰：「牧，田官也。荑，茅之始也。本之于荑，取其有始有終。」箋云：「洵，信也。茅，潔白之物。自牧田歸荑，其信美而異者，可以共祭祀，猶貞女在窈窕之處，媒氏達之，可以配人君。」又《文選・郭景純游仙詩》云：「臨源挹清波，陵岡掇丹荑。」善曰：「掇，拾也。」「丹荑，赤芝也。」「凡草之初生，通名曰荑。」又顔延年《和謝監靈運》云：「倚巖聽緒風，攀林結留荑。」向曰【二】：「留荑，香草。」「緒風，相續不斷之風。」善曰：《楚辭》「畦留荑與揭車」，王逸曰：「留荑，香草也。」又《車駕幸京口侍游蒜山》云：「春江壯風濤，蘭野茂荑茵。」銑曰：「荑茵，初生草也。」又梁邱遲希範《侍晏樂游苑送張徐州應詔》云：「輕荑承玉輦，細草籍龍騎。」良曰：「荑，草之初生者。」又謝靈運《登石門最高頂》云：「心契九秋幹，目玩三秋荑。」銑曰：「九秋幹，松之類。荑，草之類。」又《從游京口北固應詔》云：「原隰荑緑柳，墟囿散紅桃。」銑曰：「荑，嫩枝也。」善曰：「《大戴禮・夏小正》曰『正月柳稊』，稊者，發乎也。荑與稊音義同。」又《易・大過》：「枯楊生稊。」王輔嗣云：「稊者，楊之秀

【二】向曰　「向」原作「尚」，據《六臣注文選・和謝靈運》改。

也。」疏云：「稊者，楊柳之穗。」已上諸説，大抵以爲草木之始生者，皆得謂之荑。而應邵《風俗通》乃云：「荑者，茅始熟中穰也，既白且滑。」近世渭上翁蕭真卿辨者，以爲荑者芽生纖嫩可愛，手指纖柔，亦如荑之初生可愛，非取荑之硊折而不柔也。應説爲非。然細考之，應固爲非，而蕭亦未爲純是也。手如柔荑，本謂如初生之草，而應謂茅始熟中穰，似無所據。而蕭謂非取荑之硊折而不柔，則是過論也。應説曷嘗有取硊折之意乎？

《荀子·修身篇》：「凡治氣養心之術，莫徑由禮，莫要得師，莫神一好。」楊氏説云：「一好謂好善不怒惡也。」楊説疏矣。一好謂純一其好，思慮不雜也。用志不分，乃凝于神。此神一好之説也。

《荀子·勸學篇》曰：「君子知夫不全不粹不足以爲美也，故誦數以貫之，思索以通之，爲其人以處之，除其害者以持養之。使目非是無欲見也，使耳非是無欲聞也，使口非是無欲言也，使心非是無欲慮也。及至其致好之也，目好之五色，耳好之五聲，口好之五味，心利之有天下。」楊倞注云：「致，極也。謂不學極恣其性，欲不可禁也。心利之有天下之富也。或曰學成之後，必受貴而能盡其欲也。」楊説非是。荀卿本勸學者，使純一而無雜。言其致好之者，謂其好學之極者也。致好之，則譬如目之于五色，耳之于五聲，口之于五味，心之有天下之富。所以承上「使目非是無欲見也」等語，故其下文繼云「是故權利不能傾也，天下不能蕩也。生乎由是，死乎由是，夫是之謂德操」。如倞所釋，則前後之文，舉不類矣。倞又云：學成之後，必受貴而能盡其欲也。此尤害理，覽者自當見之。

杜牧《晚晴賦》「睹八九之紅芰」，芰，菱屬也。菱花色黄而不紅。杜既言紅，又以比美女，則當指芙渠也。杜誤以芰爲蓮。

左太冲《三都賦》其自序曰：「相如賦《上林》而引盧橘夏熟，揚雄賦《甘泉》而陳玉樹青葱。班固賦《西都》而嘆以出比目，張衡賦《西京》而述以游海若。假稱珍怪，以爲潤色。」又云：「考之果木，則生非其壤。校之神物，則出非其所。于辭則易爲藻飾，于義則虛而無徵。」又自以爲所著，「其山川城邑，則稽之地圖。鳥獸草木，則驗之方志」。左序如此，然自今觀之，亦未能免此弊也。于《蜀都》則云：「試水客，漾輕舟，娉江妃，與神游。」又云：「吹洞簫，發棹謳，感鱏魚，動陽侯。」此與《甘泉》之玉樹，《西京》之海若，復何所異？至于談《吴都》之賦，則云：「巨鼇贔屓，首冠靈山，大鵬繽翻，翼若垂天。」雖詞人之語，詭激誇大，可以理貸。亦其秉筆之際，遐探雄擢，偶忘己之所稱也。方之盧橘之誤，比目之誕，豈不更甚矣乎？

蕭氏《公論》載《魏書》郭祚謂李彪曰：「爾與宋弁心交，豈能饒爾而獨怨我乎？」此則今人所云「饒你」「饒人」之所出也。饒，優也。李子曰：饒者，相寬假之意。今世俚語謂「假寬前人，則爲與些田地」。此甚有理。

「子貢方人。」或云以他人比方人。或云以己比方人。又人者，或今人，或古人，皆得言之。

李賀「雲裾數幅蹋雁沙」，謂裾似雲，步似蹋沙之雁也。或云「沙」當作「紗」，衹言裾之長也。

張平子《二京賦》云：「北闕甲第，當道直啓。程巧致切，期不陁(豖)陊(豸)。」注云：「陁，崩也，壞也。陊，落也。」賦又云：「河渭爲之波盪，吴嶽爲之陁(雉)堵。」注云：「陁堵，崩落也。」賦又云：「既定且寧，焉知傾陁。」左思《吴都賦》云：「其于珍賂則云精曜潛熲(古迥)，晢(敕力)陊(直氏)山谷。」劉逵注云：「晢者，言其有如晢擿而陊落山谷者。」然則陁字或音豖，或音雉。陊字或音豸，或直氏反，皆崩壞墮落之謂也。

又《二京賦》：「天命不謟，疇敢以渝。」杜預注《左傳》，以謟爲疑。今劉良以謟爲善，誤矣。賦謂高祖西都關中，蓋天啓其心，人惎之謀，天命在所不疑。誰敢復變此議？賦又云：「超殊榛，摕飛鼯。」薛綜曰：「摕，捎取之也。」李善曰：「摕，大結切。」今人作墨竹者，皆謂之摕竹，或是此字。賦又云：「天子有道，守在海外。守位以仁，不恃隘害。」薛綜曰：「《淮南子》曰『天下無道，守在四夷。天下有道，守在海外』。」平子言狩，薛綜引《淮南》言守。其義亦同。然《左傳》謂天子守在四夷，而《淮南》謂天下無道，守在四夷。語不類者，蓋《淮南子》道家者流，誇言之也。

曹子建《公宴》詩：「公子敬愛客，終日不知疲。」應瑒德璉《侍五官中郎將建章臺燕集詩》云：「父子敬愛客，樂飲不知疲。」左太冲《詠史》詩云：「吾希段干木，偃息藩魏君。吾慕魯仲連，談笑却秦軍。當世貴不羈，遭難能解紛。功成耻受賞，高爵卓不群。臨組不肯緤，對珪寧肯分。」謝靈運《述祖德》詩云：「段生藩魏國，展季救魯人。弦高犒晉師，仲連却秦軍。臨組乍不緤，對珪寧肯分。」按《魏志》云：「文帝爲五官中郎將，瑒爲文學。」瑒爲丕文學，則必非碌碌者。而靈運之文章，沈約稱美，以爲江左莫及。二君製作，必不剥掠前人，然瑒則全用子建語，靈運則全用太冲語。何也？當是愛賞之極，時時諷詠，不覺誤爲己有耳。謝詩復云「惠物辭所賞，厲志故絶人」，一篇之中，押兩人字，在古雖有此體，終不免爲疵纇。此豈率爾而爲之耶？陳述祖德，固無率爾之理。是又何哉？

曹子建《上責躬應詔詩表》云：「晝分而食，夜分而寢。」分音扶問反。張銑曰：「晝分，日中時也。夜分，夜半時也。」分字别無他義。此語亦甚易解。字既不必發音，語亦不必下注。今加音注，真爲蛇畫足也。若據此音，則春秋二分，亦合作去聲讀之。無乃太僻耶？

左太冲《詠史》云：「金張藉舊業，七葉珥漢貂。」善曰：「班固《漢書·金日磾贊曰：『夷狄亡國，羈虜漢庭。七葉内侍，何其盛也。』七葉，自武至平也。又《張湯傳》

贊曰：『張氏之子孫相繼，自宣元以來，爲侍中中常侍者凡十餘人。』」侍中中常侍固珥貂矣，然言七葉珥漢貂者，乃金氏，非張氏也。與其貴寵，因連言之。詩又云：「陳平無產業，歸來翳負郭。」善曰：「《漢書》曰『陳平家貧，好讀書。其家負郭窮巷，以席爲門』，鄭玄《禮記》注之曰『負之言背也』。」李善以負郭爲背，良是。然亦不必援引鄭玄語也。負大概言其靠城郭爾。

孫子荆《陟陽侯亭》詩云：「三命皆有極，咄嗟安可保。」又左太冲《詠史》詩云：「俛仰生榮華，咄嗟復凋落。」李善同注云：「《蒼頡篇》曰『咄，啐也』，《說文》曰『啐，驚也』，王弼《周易注》曰『嗟，憂嘆之辭。啐，蒼憒切。然則咄嗟者，驚嘆之謂也』。」或改《石崇傳》「咄嗟而辨」爲「啐嗟而辨」者，强爲說耳。

顔延年《五君詠·阮步兵》末云：「物故不可論，塗窮能無慟。」物故，世故也。一世之事，舉不可論。憤激之極，理勢窘蹙，不能無慟。或云物故即古人也。前書音義謂人死爲物故。顔以嗣宗謂古人不必論議，所當論者，惟在當世之事。而魏晉之交，一時人物，又皆不足論。故托迹獨駕，不由逕路。至于車迹所窮，不能不慟哭也。

卷九

開元間，吕延祚苦愛《文選》，以李善注解徵引載籍，陷于末學，述作之由，未嘗措翰。乃求得吕延濟、劉良、張銑、吕向、李周翰再爲集注。然則凡善所援，理自不當參舉。今而夷考，重複者至居十七，殆有數百字前後不易一語者。辭劄兩費，果何益乎？延祚始嗤善注，祇謂攬心。予竊嗤延祚，徒知李善之攬心，而不知五臣之競攬也。

徐悱敬業酬到溉詩云：「寄言封侯者，數奇良可嘆。」數，音所具反。奇，音居宜反。按《前漢書·李廣傳》曰：「大將軍衛青陰受上指，以爲李廣數奇，毋令當單于，恐不得所欲。」孟康曰：「奇，隻不耦也。」如淳曰：「數爲匈奴所敗。」詳史所載，此則天子語。天子以廣連爲匈奴所敗，故不令獨當單于，所以言「數奇」也。若以「數」字爲去聲，則是運數不耦耳。豈有天子于將帥以命運敕之耶？從如説，音爲所角反。

子建之《七哀》主哀思婦，仲宣之《七哀》主哀亂離，孟陽之《七哀》主哀邱墓。吕向爲之説曰：「七哀者，謂痛而哀，義而哀，感而哀，怨而哀，耳目聞見而哀，口嘆而哀，鼻酸而哀。」且哀之來也，何者非感？何者非怨？何者非目見而耳聞？何者不嗟嘆而痛悼？吕向之説，可謂疏矣。大抵人之七情，有喜怒哀樂愛惡欲之殊。今而哀戚太甚，喜怒愛惡等，悉皆無有。情之所繫，惟有一哀而已，故謂之七哀也。不然，何不云六、云八，而必曰七哀乎？

陸士衡別士龍詩云：「分塗長林側，揮袂萬始亭。佇盼要遐景，傾耳玩餘聲。」謝靈運與從弟惠連詩云：「中流袂就判，欲去情不忍。顧望脰未悁，河曲舟已隱。」東坡既別子由，復寄詩云：「登高回首坡隴隔，惟見烏帽出復没。」文章氣焰，天機所到，雖云古今一轍，至其寫手足之愛，道違離之苦，千載而下，讀其詩，則猶能使人酸鼻。此豈真有物以觸之？特詩人能道人情之所同然者，人易爲之感動耳。

顔延年《答鄭尚書》詩云：「何以銘嘉貺，言樹絲與桐。」桐固可以言樹也。絲亦可以言樹乎？古人之文類此者不可以枚舉。大概古人爲文，主意而不主辭。辭散意涣，意至則已。今人之文，專以辭爲主。少不緊密，則共嗤點。立法太苛，求備太甚。是以文彩焕發，觀之可愛，而氣質萎索，了無餘味也。

范蔚宗《樂游苑應詔》詩末云：「聞道雖已積，年力互頹侵。探己謝丹雘，感事懷長林。」又顔延年《和謝監》詩云：「伊昔遘多幸，秉筆侍兩闈。雖慚丹雘施，未謂玄素睽。」吕延濟、吕向皆以丹雘爲榮禄，而李善又以爲君恩。皆非也。丹雘所以爲國家之光華也。范意謂揣己空疏，不足以華國，故感事思歸。顔意謂雖無文章可以華國爲慚，亦未至始素終玄，如絲之改色也。

傅咸長虞《贈何邵王濟》詩云：「雙鸞游蘭渚，二離揚清暉。」李善曰：「《漢書》注『長離，靈鳥也』。」善既以離爲靈鳥矣，而又以爲日月。何也？揣咸詩意，靈鳥爲得。

謝惠連《獻康樂》詩云：「成裝候良辰，儀舟陶嘉月。」善曰：「《楚辭》：『陶嘉月兮總駕，搴玉英兮自修。』《爾雅》曰：『陶，喜也。』」又靈運酬惠連詩云：「儻若果歸言，共陶暮春時。」濟曰：「言當共暢樂暮春之時也。」然「陶」之一字，本出《檀弓》子游之語。子游曰：「人喜則斯，陶陶斯詠。」「陶」自暢説之意，而康成之注以爲鬱陶。非也。

陸士衡《赴洛》詩云：「親友贈予邁，揮泪廣川陰。撫膺解攜手，永嘆結遺音。」以陸詩言之，則解當音佳買反。自爲從已字也。或音胡買反，其義雖通，然終不若前音。

鮑明遠《擬古》云：「兩説窮舌端，五車摧筆鋒。」劉良以「兩説」爲本末之説，言舌端能摧折文士之筆端。非也。「兩説」者，兩可之説也，謂兩可之説，能窮舌端。而五車之讀，能摧筆鋒云者，猶言秃千兔之毫者也。李善又以魯連説新垣衍及下聊城爲兩説，則益疏矣。

又《代君子有所思》云：「蟻壤滿山阿，絲泪毀金骨。」蓋謂事有可憂者，雖小可以喪生。故下云「器惡舍滿敧，物忌厚生没」。而李善指讒邪之人，似不類也。按《家語》，孔子曰：「吾聞宥坐之器，虚則敧，中則正，滿則覆。」此詩當云舍滿覆，而謂舍滿敧者，又明遠之誤也。

杜子美《秋雨嘆》云「闌風伏雨秋紛紛」，或者謂「闌風」二字無出處。偶讀《文選》詩，謝靈運《初發都》云：「述職期闌暑，理棹變金素。」翰曰：「闌暑，夏末暑闌也。」「闌風」當用此語，謂薰風闌盡，將變而爲涼風也。一本「闌」作「蘭」，古字通用。

杜牧《皇風》詩：「迒蹊巢穴盡窒塞，禮樂刑政皆弛張。」「弛」當作「施」。

古人文字多實□，後世不可援以爲例。古人胸中有全學，筆意所到，隨即發見，故無奇無俗，舉皆混然。吾學未力，吾業未精，苟復曰：「古之作者，尚未免淺陋之病。其在我輩，何所不可？」有若然者，真所謂不知其本者矣。張平子《南都賦》，其説厨傳則曰「酸甜滋味，百種千名」。退之之詩亦有「蝦蟇跳過爵兒落」及「偶上城南土骨堆」之句。諸若此類，又豈可以爲例哉？

草亦稱林。《楚辭》曰「游蘭皋與蓮林」。又陸士衡《招隱》詩云：「結風佇蘭林。」蘭、蓮，皆草也。

西方之書與中國之書，往往更相假借以爲誇。《韓詩外傳》曰：「人死曰鬼。鬼者，歸也。精氣歸于天。肉歸于土。血歸于水。脉歸于澤。聲歸于雷。動作歸于風。眼歸于日月。骨歸于木。筋歸于山【一】。齒歸于石。膏歸于露。髮歸于草。呼吸之氣復歸

【一】筋歸于山　「山」原作「白」，據《法苑珠林》改。

于人。」《圓覺經》四大之説，大概與此同之。但《韓傳》所謂「歸」者，一十有三，而《圓覺》之所謂「歸」者，止四而已。顧韓説之繁重，實不若圓覺之約且足也。然不知《韓傳》竊彼書耶？抑彼書之竊《韓傳》耶？韓嬰在圓覺前，不應掠取浮屠語。吾意譯潤者盜嬰語耳。

阮嗣宗有《詠懷》詩十七首。宋顔延年、梁沈約爲之注。《三百五篇》之後，詩之有注者，當始于此。

《國風》「方秉蕑兮」「贈之以芍藥」「貽我握椒」之類，皆以爲外藉芳香可翫之物，持贈所懷。既以盡其交結往來之歡，且以表其深相愛慕之情也。《楚辭》曰：「折疏麻兮瑶華，將以遺兮離居。」王逸曰：「疏麻，神麻也。」棗據《逸民賦》曰：「沐甘露兮餘滋，握春蘭兮遺芳。」謝靈運《越嶺溪行》詩云：「想見山阿人，薜蘿若在眼。握蘭勤徒結，折麻心莫展。」又《南樓遲客》云：「瑶華未堪折，蘭苕亦萎擿。路阻莫贈問，云何慰離折。」凡此一本於詩人之意。乃知後世寄柳折梅，未必真有實事也。

《戰國策》劇辛諫楚頃襄王曰：「黄鵠其小者也，蔡聖侯因是已。蔡聖侯其小者也，君王之事因是已。」此與《莊子·山木篇》「睹雕陵異鵲」，其説頗相類，但立意殊别耳。戰國時，縱横之學盛，家自爲師，人自爲徒，所趣雖各不一，而于言語撰著之間，遞相仿托。故其辭旨雷同者甚多，不獨是事也。此「因是已」三字，亦見之于《莊子·齊物論》，然語同而意二。劇辛所謂「因是已」者，謂由此事遂至于如此。延叔堅《戰國策論》曰：「『因是已』，因事已復有是也。」延論近之。若《莊子》之所談則大異于是矣。《莊子》以爲道隱于小成，言隱于榮華。故有儒、墨之是非，遂有因是因非之說。又繼之以指馬之喻、莛楹厲施之譬，且舉狙公之賦芧，而以昭文之鼓琴、師曠之枝策、惠子之據梧結之。喻以指馬，則無物不然，無物不可矣。譬以莛楹厲施，詼佹譎怪，道通爲一矣。舉狙公之賦芧，則以明夫聖人之所休。終之以三子之無成，以明夫聖人之所圖，則盡矣，蔑有以加矣。此其所以能齊物乎？《秋水篇》因其所大而大之，則萬物莫不大。因其所小而小之，則萬物莫不小。因其所有而有之，則萬物莫不有。因其所無而無之，則萬物莫不無。因其所然而然之，則萬物莫不然。因其所非而非之，則萬物莫不非。正與《齊物論》相爲表裏。蓋皆究竟言之，初非劇辛之所能知也。劇辛之徒，徒借其語以簧鼓云耳。

《莊子》説佝僂丈人承蜩。嘗讀至此而疑之。蜩，蟬也。佝僂者承之，則亦安用而取之耶？後讀《禮記》及《荀子》，始得其説。《禮記·内則》：數庶羞則有爵、鷃、蜩、范等物。鄭氏注云：「蜩，蟬也。范，蜂也。」又《荀子·致仕》云：「耀蟬者務在明其火、振其樹而已。火不明，雖振其樹無益也。」楊倞注曰：「南方人照蟬，取而食之。」則知承蜩者，所以取供食用耳。

「決」字，俗皆作「決」。蓋爲《韻》所誤。此字正當作「決」，而《韻》解「決」則謂水流行，解「決」則謂決斷。不知有何所據而別爲二義也。《易》：「夬，決也。剛決柔也。」《曲禮》：「濡肉齒決，乾肉不齒決。」決，斷也。乾肉堅，宜用手，不以齒決之。古書中無有作「決」者。顏元孫《干禄字書》，分通、正、俗三等。如「決」等字，乃所謂俚俗相傳而非正者也。學者不可不知。

《列子·湯問》：「帝命夸娥氏二子，負二山，一厝朔方，一厝雍南。自此冀之南、漢之北，無隴斷焉。」《孟子·公孫丑》篇：「有賤丈夫焉，必求龍斷而登之。」趙云：「龍斷，謂堁（課）斷而高者。」丁云：「按龍與隆聲相近。隆，高也。蓋古人之言耳，如胥、須之類是也。」張云：「斷如字。或讀如斷割之斷。非也。」陸云：「龍斷，謂岡斷而高者。」詳審衆說，張音、陸解正與《列子》合。今當從之。斷則斷絶之處，俯臨低下，所以爲高也。丁說雖通，而于斷義稍疏。

前漢趙過始用牛耕。石林援冉伯牛、司馬牛皆名耕，以證過以前耕非用牛則名字何取以相配乎？古蓋耕而不犁，後世變爲犁法。耦用人，犁用牛。過特爲之增損其制，非用牛自過始。又云：孔子言犁牛之子騂且角。孔子時固已用犁。李子曰：石林說趙過以前已用牛耕。誠是。然方說冉伯牛、司馬牛名字，而復遽云犁牛之子云云。何其說之不倫也？犁自是雜文，今呼貓、犬之類，毛色之雜者，皆謂之犛。古字少，凡音相近者，皆得通用。而石林以駁雜之犁同之耕犁之犁。是真誤矣。

《詩・采苓》篇云云，其義以爲吾將采苓于首陽之顛。人或爲言此山之有苓也，當遽往之。亦無苟信斯人之言，爲有苓而遽往之。必審其實有，而後往之可也。人或爲言此山之無苓也，當舍之哉？亦無苟然斯人之言，爲無苓而遽舍之。必審其實無，而後舍之可也。如是則人之爲無實之言者，何得而至于前乎？苟，猥也。人之爲言，復言之者。上句通言言有無者，下句言爲無實之言者。此詩指切晉獻公聽人之言，虛亦信之，實亦信之。故《序》謂「好聽讒」焉。鄭以苓之有無爲似是而非，乃贅辭也。于本旨甚不緻密。

班孟堅論六經曰：「《樂》以和神，仁之表也。《詩》以正言，義之用也。《禮》以明體，明者著見，故無訓也。《書》以廣聽，智之術也。《春秋》以斷事，信之符也。五者，蓋五常之道，相須而備，而《易》爲原。」考之班氏之說，俱爲未允。獨以《春秋》爲信之符，似可附著。然其意亦未能盡。大抵《詩》之教主于温柔敦厚，則《詩》近于仁也。《書》長于政，爲政者惟斷乃克，則《書》近于義也。《樂》之爲物也，廣博易良，而入人也深，則《樂》近于智也。《春秋》屬辭比事，可筆則筆，可削則削，所以明示萬世而無惑，則《春秋》有近于信也。今固以《樂》爲仁，以《詩》爲義，以《書》爲智，而又以《春秋》斷事爲信之符，則俱誤矣。

《舊唐書》武后問狄仁傑曰：「朕要一好漢任使。有乎？」仁傑乃薦張柬之。《新史》則云「朕要一奇士」。《通鑑》則云「朕要一佳士」。佳士則風流蘊藉者也。奇士則懷材抱藝者也。皆不盡好漢意，然好漢字大爲涉俗，非史書語，但曰奇男子可也。

曹彬伐江南還，入見，以榜子進曰「句當江南公事回」。此舊説也。《宋實録》避高宗諱，遂改「句當」爲「幹當」，而《東都事略》則曰「但奉敕江南幹事回」，然「句當」則本語也。《新唐書》：盧文藻盗庫財，高宗以職主幹當，自盗罪死。諫議大夫蕭鈞諫，上詔原死。予以職主幹亦當止，是句當字。子京喜新奇，故改之耳。

《史記》載四凶事。《堯本紀》云：「舜言于帝，請流共工于幽陵，以變北狄。放驩兜于崇山，以變南蠻。遷三苗于三危，以變西戎。殛鯀于羽山，以變東夷。」《舜本紀》則云：流渾沌、窮奇、檮杌、饕餮于四裔，以禦螭魅。全引左氏語。或曰欲其事互見。予以爲非是。《春秋左氏傳》及《國語》皆邱明筆。中間事同而語異者幾半。蓋當纂集之時，其文字重複，不能具載。或具于此而闕于彼。或著于彼而没于此。緝之爲《春秋傳》《國語》二書，各自爲義。所以一事二説爲互見也。今《史記》一書而所載不同，其意雖若互見，然于文字實爲冗複。此在史筆，最關利害。不可不深察也。

《書·皋陶謨》：「翕受敷施，九德咸事。」孔氏以爲合受三六之德，而用之以布施政教，使九德之人皆用事。《史記·夏本紀》亦載此言曰「翕受普施」。然則敷當訓普，不當訓布。

東坡《水調歌頭》：「我欲乘風歸去，只恐瓊樓玉宇，高處不勝寒。起舞弄清影，何似在人間。」一時詞手多用此格。如魯直云：「我欲穿花尋路，直入白雲深處。浩氣展虹蜺，祇恐花深裏，紅露濕人衣。」蓋用坡語也。近世閑閑老亦云：「我欲騎鯨歸去，只恐神仙官府，嫌我醉時真。笑拍群仙手，幾度夢中身。」

平價買物曰和買。《新唐書》：吴湊言宫市事曰：宫市大抵强買民間物，「宜料中官年高謹信者爲宫市令，平價和售」。按《韻書》：賣物出手曰售。今云平價和售，則却是以平價和賣，非和買也。

經、史意一而體二。經可言命而史自不可言之。史雖不可言命，至于家人相與之際，一嚬一笑，小或係于女氏之貴賤，大或係于邦國之盛衰。是必有數存乎其間，未能遽以人事斷也。如薄姬一遇而得子，元后之享國六十餘年。得非天歟？《史記·外戚世家序》及《西漢·外戚傳序》，論夫妃匹之合，俱以爲在命。則此誠爲得。自餘皆不可以言命。蓋作史之體，務使聞之者知所勸戒而有以聳動之。故前世謂史官權與宰相等。苟一切以聽之命，則褒貶之權輕。褒貶之權輕，則聳動之具去矣。又安用夫史筆爲哉？

《孟子》：「自反而縮，吾不惴焉。」「吾不惴焉」者，謂不使之恐懼我也。古人爲文，有此等語。今詎能容爾耶？

《中庸》：「君子之道費而隱。」鄭云：「言可隱之節也。費，猶佹也。道不費則仕。」《釋文》云：「費，本又作拂，同扶佛反，猶佹也。」佹，九委反。鄭以費爲佹，佹即違拂之意。謂世道相違則君子隱而不仕。《過庭録》説費即顯也，讀如「惠而不費」之「費」，出而被乎外之名。此所以爲闇然而日章。意謂雖隱而能顯云爾。康成則全屬上文，故獨明隱操而改其字。《過庭》則兩屬上下，故推廣隱德而倒其語。費實費用。今改讀拂音，而訓之爲佹。《中庸》本無此義。「君子之道費而隱」，不言隱而費，又何以爲闇然而日章乎？二説俱不得其當。晦庵謂：費，用之廣也。隱，體之微也。以首下章而爲之説曰：「君子之道，近自夫婦居室之間，遠而至于聖人天地之所不能盡，其大無外，其小無内，可謂費矣。然其理之所以然，則隱而莫之見也。」若晦庵之説，是真得子思之旨者也。《易》曰：「神无方而易無體。一陰一陽之謂道，繼之者善也，成之者信也。仁者見之謂之仁，智者見之謂之智。百姓日用而不知。故君子之道鮮矣。」理蓋與此同之。

漢元帝時，西域初置戊校尉、己校尉。説者或云戊己土也，土無正位。或云土居中央，校尉亦居西域之中，以治諸國。李子曰：前説非是，後説近之而不得焉。戊、己居中，政取中國之象以制四夷耳。何但居西域之中以治諸國乎？

陳無己每登覽，得句即急歸，卧一榻，以被蒙首，謂之吟榻。金國初，張斛德容作詩，亦必以被蒙首，須詩就乃起。詩未成，或比日不食。

陳師錫云：「溪門寂寞無人到，只有清風獨自來。」楊萬里詩云：「越王歌舞春風處，今日春風獨自來。」皆本于李白「春風不相識，何事入羅幃」。

原壤夷俟，謂其放蕩無禮也。馬融説以夷俟爲踞待，姑見其無禮之狀爾。至邢昺又以爲伸兩足箕踞以待孔子，故孔子以杖叩其脛，令不踞。此雖有理，其實未必然也。

《中庸》：「素隱行怪，後世有述焉。吾弗爲之矣。」鄭氏謂素讀如「攻城攻其所傃」之「傃」。傃，猶鄉也，言方鄉辟害隱身，而行佹譎，以作後世名也。班孟堅《藝文志》作「索隱行怪」。顔師古注云：「求索隱暗之事。」石林先生以班、鄭俱爲臆決，云素當作「素王」之「素」，謂無所爲而行怪也。李子曰：夫有所爲而行怪，則固姦人也。無所爲而行怪，則直下愚耳，安能使後世有述乎？此素當同「不素餐兮」之「素」。孔子曰：隱居求志，未見其人。舉逸民，天下歸心。又曰：作者七人。説者以爲石門荷蕢之徒。又曰：逸民伯夷、叔齊、虞仲、夷逸、朱張、柳下惠、少連。則隱逸者初非孔子之所擯也。然而孔子之所與者，非庸庸者也。必也身有其德，而退藏于密，始得謂之隱者也。彼無一德之可取，而徒窮蹙于寒鄉凍谷之中，是則素隱者耳。素隱而行怪僻之事，庶乎後世之有傳焉。宜吾夫子之弗爲也。行怪者不主于佹譎誕幻之屬。凡怪僻崖異，有不近于人情者，皆得以言之。

宋齊邱《化書·德化》中，説「聰明」曰：「天下之主，道德出于人；理國之主，仁義出于人；亡國之主，聰明出于人。」善本「出于人」皆作「出于一人」，止較一字，意思徒異。今俗本皆脱此字。

《孟子》云：樂歲子弟多賴。賴者，有所恃而爲善者之稱也。漢高祖自言「始大人常以臣亡賴」。《張釋之傳》言文帝謂上林尉亡賴，乃不善之稱。然今人反以凶惡無所顧籍者，詆其人爲賴子。是又不知何説也。《五代史·南平世家》云：荆南地狹兵弱，介于吴、楚，爲小國。自吴稱帝，而南漢、閩、楚皆奉梁正朔。歲時貢奉，皆假道荆南。高季興、從誨父子，常邀留其使，掠取其物，而諸道以書責誚。或發兵加討，即復還之而無愧。其後南漢與閩、蜀皆稱帝，從誨所嚮稱臣。蓋利其賜予。俗俚語謂苟得無愧耻者爲賴子，猶言無賴也。故諸國皆目從誨爲高賴子。即歐公所論以無賴爲賴子者，當是俚俗略言之耳。非復本孟子所謂「多賴」之「賴」也。許慎又謂賴，利也。無利入于家，故云無賴。此説予所不取。

老杜詩自高古，後人求之過當，往往反爲所累。如「紈袴不餓死，儒冠多誤身」，乃云本乎天者親上，本乎地者親下。「旌旗日暖龍蛇動，宫殿風微燕雀高」，謂爲藩鎮跋扈，朝多小人。「老妻畫紙爲棋局，稚子敲針作釣鈎」，謂爲縱横由婦人，曲直在小兒。如此等類，又豈足與言詩耶？

王滹南先生謂韓退之送李愿序「其于爲人賢不肖何如也」，多却「于」字。予思之，此亦不妨。前史多書「其爲人」云云，大抵爲人云者，謂其平生行事耳。下「于」字「其」字，自不必校【二】。文至于韓退之，天下之能事畢矣。况文章之工拙，初不在此乎？

東坡云：「治目如治民，治齒如治軍。治目如曹參之治齊，治齒如商鞅之治秦。」醫者韓義之曰：東坡此語，强爲説爾。其實不然。治目、治齒自當有緩急，時不可必也。且治目者，燒、烙、渫、浸、鈎、割、針、鐮，無所不用。又其所用藥如石膽、石中黄、鷄子白、銅青、碙青、硼砂、白丁香之類，性俱有毒，豈盡如東坡所言乎？予竊謂韓説雖有理，亦未敢以爲至論也。比見張鍊師幾道道及此，因舉其里中一農家叟病目，已不治。適有客來過，既去，遺一銀藥餅子，開視，其藥滿中。或者試令病者點之，或以爲不知何藥，不可點。或又謂叟病已不治，政復不效，何傷？遂試以少許點之，痛不可忍。然二三日後，目似見物。叟因更點少許，痛亦如前。又三五日，見物頗明。乃連點數日，其患良愈。他日客還，曰：「前别時，遺一藥餅子，曾收得否？」主人問是何藥。客云此射生藥，箭所用。蓋取生烏頭汁，雜諸毒物熬成者，他無所施，乞以見付。予聞張言，始知韓子之言爲可信。

魏明帝大修宫室，至使公卿負土。董尋上疏諫曰：「陛下既尊群臣，而使穿方負土，面目垢黑，沾體塗足，衣冠了鳥。毁國之光以崇無益。甚無謂也。」穿方者，穿土爲方也。《黄帝九章》：「五曰商功以御功程積實。」其術皆以立方定率。穿土爲方，則穿空

【二】自不必校　「不」原作「下」，據聚珍本改。

作立方以程功也。又「衣冠了鳥」，「了鳥」當并音去聲，今世俗人謂腰膂四支不相收拾者謂之了鳥，即此語也，音料掉。

《曲禮》：「行，前朱鳥而後玄武，左青龍而右白虎，招搖在上，急繕其怒。」鄭云：「以此四獸爲軍陣，象天也。急，猶堅也。繕讀曰勁。又畫招搖星于旌旗上，以起居堅勁軍之威怒，象天帝也。招搖星在北斗杓端，主指者。」疏云：「招搖北斗第七星也【三】。」北斗居四方宿之中，以斗末從十二月建而指之，則四方宿不差。今軍行法之，亦作此北斗星在軍中，舉之于上，以指正四方，使四方之陣不差。故云「招搖在上」也。又云：「知招搖在北斗杓端者【四】，《春秋運斗樞》云：北斗七星，第一天樞，第二璇，第三璣，第四權，第五衡，第六開陽，第七搖光。第一至第四爲魁，第五至第七爲標。按此搖光即招搖也。在下云端者，明魁以上爲首，標以下爲端也。」又云：「急繕其怒者，此舉士卒之用也。急，堅也。勁，利也。其怒，士卒之怒也。軍行既張四宿于四方，標招搖于中，上象天之行，故軍旅士卒，起居舉動，堅勁奮勇，如天帝之威怒也。」李子曰：按諸《星經》無有招搖爲搖光之文，但云招搖一星在梗河北，欲與天棟、梗河、北斗相直，則胡當來受命于中國。入氐三度，去北辰四十一度。又云梗河三星，在大角帝座北，主天子鋒。然則斗杓指所建之方，梗河主天子之鋒，而招搖在北斗、梗河兩間，又主四夷受命之象。則是北斗一座七星，招搖一座一星，梗河一座三星，三座併以晝于一旗之上，而高張于四獸之中

【三】招搖北斗第七星也　「第」字原闕，據《禮記·義疏·曲禮》補。

【四】知招搖在北斗杓端者　「杓」原作「標」，據《禮記·義疏·曲禮》改。

也。所繪者三，所呼者一。何也？招搖一星，不能單畫。梗河三星，雖能單畫亦難遽曉。而三座之名，又不能以併舉。故併繪三座以詳其狀，獨稱招搖，以略其名也。不然，則招搖必搖光之誤云耳。鄭求其説而不能得，乃徑以招搖爲搖光。是亦未足憑也。又以「急繕其怒」爲「堅勁士卒之怒」，是又誤之甚者。古者，君行師從，卿行旅從。以行爲行軍，則其説良是。然以怒繫士卒則過矣。「王赫斯怒，爰整其旅。」「君子如怒，亂庶遄沮。」此安可以士卒當之？蓋怒者，威也。事有儀則，故曰威儀。神明其德，故曰威靈。是故天子之事也。夫所謂「急繕」者，在夫一動一止之間。常居有所警戒，急繕威猛之容，務使進退悉□□法度，左右無□于部分耳。言急，則不敢慢也。言繕，則若繕修然。則訓急爲堅，改繕作勁，此何等語耶？

《晉書·天文志》云：「天棓五星在女床北，天子先驅也。」又《七曜》中引《河圖》云：「歲星之精，流爲天棓。」又《雜星氣》中説妖星，其三曰天棓謂爲天子先驅者恒星也，謂爲歲星之精者，歲星主福德，流而爲天棓，則吉凶特未定也；謂爲妖星，則專主災異矣。夫爲星者一，而爲説者三。豈星家各自爲名，而各自爲占耶？不應天星一座，而善惡如是之頓乖也。

卷十

陸士衡《君子有所思行》末云：「宴安銷靈根，酖毒不可恪。」意謂宴安酖毒不可恪耶？然「不可恪」三字太徑庭，不似詩家語。「不可」當倒。恪，慎也。可不恪則言不可不慎。

皇甫士安《三都賦序》云：「二國之士，各沐浴所聞。家自以爲我土樂，人自以爲我民良。皆非通方之論也。」張銑曰：「二國，吴蜀也。沐浴，洗滌也。所聞，謂聞其美也。謂其所習穢濁，一聞美事，若洗滌其耳也。」此説大謬。沐浴所聞，乃浸漬乎本國所聞之語也。吴蜀之人沐浴所聞，不知中區之大，故家自以爲土樂，人自以爲民良。此甚易曉也。而銑説乃爾，不亦謬乎？大抵《文選》之注，往往反累本文。李善指明出處，中間雖有牴牾，亦足以發。而銑輩諸人妄意箋釋，乖背指意，若是類者，甚可厭也。

魏文帝《典論》謂班固小傅毅而無所取也，故載其《與弟書》所云，則其小之之驗也。説者以武仲下筆不休爲文章之美，則既非孟堅之意，而又與魏文之旨忤矣。大抵謂毅下筆不能自休者，正斥其文字汗漫而無所統云耳。若果以下筆不休爲美之之辭，則固之于毅乃推重之也，魏文何爲而有小之之言乎？

《後漢・祭祀志》云：「孝武帝欲求神仙。以扶方者言黃帝由封禪而後仙【二】。于是欲封禪。」元封元年四月，封泰山，恐所施用非是，乃秘其事。語在《漢書・郊祀志》。似是牴牾，既舉《漢書》，則前後并包之矣。但謂在前書可也。

李白詩「玳瑁筵中懷裏醉，芙蓉帳底奈君何」「朝共琅玕之綺食，暮宿鴛鴦之錦衾」，已極淫媟矣。至云「秋草秋蝶飛，相思愁落暉。何由一相見，滅燭解羅衣」，若此等類，又可謂不可道者也。其何以示子孫？

詩人多用王粲依劉事。按傳記所載，粲避亂，依荆州牧劉表。表以貌寢，不甚禮焉。是其于賓主，俱不得爲美事也。然後人承用不改。可笑。

孟郊《失志夜坐思歸楚江》詩云：「死辱片時痛，生辱長年羞。青桂無直枝，碧江思舊游。」又《失意歸吴寄劉侍郎》云：「至寶非眼別，至音非耳通。因緘俗外辭，遠寄高天鴻。」夫窮通得失，此固有命。郊一躓踣，便爾忿懟欲死。又自以至寶、至音，非人耳目所能及，因之綴緝語言，布露當世。則郊之爲丈夫也，何其淺邪？人言郊及第後有「一日看盡長安花」之句，知其必不遠到。然何待已第時語，但觀此未第時語，已足以見其人矣。

司馬温公詩：「太白大如李，東方三丈高。」又：「雨不成游布路歸，逢花值柳倍依依。」于「李」字、「路」字下，俱注云恐誤。此實不誤。而云誤者，本自裝板之時，無

【二】以扶方者言黃帝由封禪而後仙　「扶」原作「挾」，誤，據《後漢書・祭祀志》改。

人校讐，偶不知所出，而便自以爲誤也。

阮籍《詠懷》詩：「三楚多秀士，朝雲進荒淫。」翰曰：「三楚，謂文王都郢，昭王都鄂，考烈王都壽春。」善曰：「孟康《漢書》注云『舊名江陵爲南楚【二】，吴爲東楚，彭城爲西楚』。」東坡論三楚，亦據孟氏爲正。按《史記》，楚之先熊繹，居丹陽。徐廣曰「在南郡枝江縣」。至文王熊貲立，始都郢。其後昭王之十二年，吴復伐楚，取番，楚恐，去郢，北徙都鄀。最後考烈王之二十二年，與諸侯共伐秦，不利而去。楚東徙都壽春，命曰郢。今翰以楚王徙都，謂其所都爲三楚。似可通，然數之以三者，非指其都。蓋主其地也。翰舍地取都，又不論東西南之別，則大與孟説異矣。又稱昭王北徙都，而翰謂北徙鄂。豈謂鄀即鄂耶？項羽自立爲西楚霸王，都彭城，以地里考之，則孟説良是。

《晉書·山簡傳》：襄陽人歌曰：「日暮倒載歸，茗艼無所知。復能騎駿馬，倒著白接籬。」人説「倒載」甚多，俱不脱灑。吾以爲倒身于車中無疑也。言倒，即倒卧。言載，即其車可知。倒載來歸，既而復能騎駿馬也。蓋歸時以茗艼之故，倒卧車中。比入城，酒稍解，遂能騎馬。雖能騎馬，終被酒困，故倒著白接籬也。上倒上聲，下倒去聲。著，入聲。

太白詩《寄遠》云：「三鳥别王母，銜書來相過。」又云：「念此送短書，願同雙飛鴻。」又云：「本作一行書，殷勤坐相憶。一行復一行，滿紙情何極。瑤臺有黃鶴，爲報

【二】舊名江陵爲南楚　「南」字原闕，據《漢書·高帝紀》顔師古注改。

青樓人。朱顔凋落盡，白髮一何新。」又云：「寄書白鸚鵡，西海慰離居。」《代内》云：「安得秦吉了，爲人道寸心。」《寄内》云：「北雁春歸看欲盡，南來不得豫章書。」《代别》云：「天涯有度鳥，莫絶瑶華音。」《答元丹邱》云：「青鳥海上來，今朝發何處。口銜雲錦字，爲我忽飛去。」《酬岑勛》云：「黄鶴東南來，寄書寫心曲。倚松開其緘，憶我腸斷續。」此皆以禽鳥寄書見意，其原出于蘇子卿上林雁及漢武帝故事。蓋以爲相思契闊，無由寄聲，而行空度遠，莫若飛鳥之疾，願托勁翮，猶或可以致我萬一之心焉。是故詩人陶寫性情，言嘆不足之餘旨也。

《春秋左傳》：鄭人畏其又遷也承。或以承爲語佐。非也。古字通用。蓋承即懲也。懲義雖近于畏，然所畏者在後，而所懲者在前。故兩言之讀者，當以「承」一字爲句。

「料理」之語，見于《世説》者三。韓康伯母聞吴隱之兄弟居喪孝，語康伯曰：「汝若爲選官，當好料理此人。」王子猷爲桓温車騎參軍，温謂子猷曰：「卿在府日久，比當相料理。」衛展在江州，「知舊投之，都不料理」。料理者，蓋營護之義，猶今俚俗所謂照顧覰當耳。石林以爲料理猶言誰何。料多作平音。當作平音，石林固是。其言誰何則非也。誰何，乃訶喝禁禦之謂。

《孟子》曰：「不能三年之喪，而緦小功之察。」石林先生引《禮記·三年問》云

「三年以爲隆，緦小功以爲殺。期九月以爲間」，「察」當爲「殺」字之誤。此説非是。孟子之意，以不能其大而謹其小，謂之不知務。非以論隆殺也。《禮》之隆殺，自各有所宜。當隆而殺，固禮之失。當殺而隆，又豈禮之得歟？察之爲言，正類「問無齒決」之「問」，不煩更改本字。

「海外逢寒食，春來不見餳。洛陽新甲子，何日是清明。」沈佺期詩也。黄魯直極愛此詩，以爲二十字中，婉而有味，如人序百許言者。而石林乃云：今曆家論節氣，有清明無寒食，流俗但以清明前三日爲寒食。既不知清明，安能知寒食？此不可解也。石林此説，左矣。沈詩止述南北風俗之異，及夫遠客思歸之意。今以爲不知清明，安能知寒食。一何所見之僻耶？

柳公權與文宗聯句。文宗云：「人皆畏炎熱，我愛夏日長。」公權云：「薰風自南來，殿閣生微凉。」東坡以爲君臣用心太偏，俱爲未得，乃續云：「一爲居所移，苦樂永相忘。願言均此施，清陰及四方。」如此則其意足矣。一本云：「一爲居氣移，苦樂永相忘。願言施此心，清陰均四方。」此其所傳，視前本劣矣。

《過庭録》云：孟子辨孔子于衛不主癰疽。是已。而引「彌子謂子路曰」至「有命」，不知此語亦好事者之爲之也。孔子不以衛卿之故而主彌子，雖三尺童子其猶知之。子路乃受其言以告，是疑孔子之或從也。孰謂子路不知孔子乃如是乎？李子曰：子路以所聞告孔子，直以其言告之耳，非以有疑而卜其從與否也。今夫人因其所遇，以彼言而語此者多矣。其間亦自有以卜之，亦自有以直之，豈必其皆有以卜之歟？過矣此論。置之可也。

天城田氏室吕，病寒，日昔率取十數石以燔之，迭著懷中，少選須亟易，不爾即内疠絞不可任。平定趙氏室尚，病熱，日昔取十數石以冰之，迭著懷中，少選須亟易，不爾即内煩愁不可任。田氏，予姻婭。趙氏，余往還。人之所禀，既自千萬，所感所變，遂至如此。醫家者流，診候之際，一切以同之，則中間夭閼者，曷勝數耶？

予寓趙，在攝府事李君座。坐客談詩，或曰必經此境則始能道此語。余曰不然。此自其中下者言之，彼其能者則異于是。不一舉武，六合之外，無不至到。不一捩眼，秋毫之末，無不照了。是以謂之才。才也者，猶之三才之才。蓋人所以與天地并也。使必經此境，能到此語，則其爲才也陋矣。子美詠馬，則云「所向無空闊，真堪托死生」，子美未必曾跨此馬也。長吉狀李憑箜篌，則云「女媧煉石補天處，石破天驚逗秋雨」，長吉豈果親造其處乎？惟其不經此境，能道此語，故子美所以爲子美，長吉所以爲長吉。一坐爲之嘿然。

子曰：「麻冕，禮也。今也純儉，吾從衆。」孔曰：「冕，緇布冠也。古者績麻，以三十升布爲之。純，絲也。絲易成，故從儉。」按鄭注《喪服》云：「布八十縷爲升。」升三十，計爲縷二千四百。此布之極細者也。古以此布爲冕，故謂之麻冕。當孔子之時，其冕務爲純質儉約而已。所用之布，不必如古。孔子尚純儉，故違古而從衆也。孔氏以純爲絲，不知別有所出否。

《莊子·養生篇》：「爲善無近名，爲惡無近刑。」毋爲善以取名，毋爲惡以取刑。近，親附之謂。

歐公《五代史·李存孝傳》云：「康君立素與存信相善，方二人之交惡也，君立每左右存信以傾之。」事雖可見，語殊不甚明。蓋《存信傳》云：「存信與存孝俱爲養子，材勇不及存孝。而存信不爲之下，由是交惡。」歐公因存信傳已用「交惡」二字，故疊用之，以爲間無他事，但舉二人，則知其爲存信與存孝。其實二人各自爲傳，文勢不當如此。

李白《留別送十六》云：「我非東床人，令姊忝齊眉。」齊眉必別有所出。若用孟光字，則全不成語。

《述而篇》子曰：「默而識之，學而不厭，誨人不倦，何有于我哉？」鄭曰：「無是行于我，我獨有之。」疏曰：「它人無是行于我，我獨有之。」晦庵曰：「『何有于我』，言何者能有于我也。三者已非聖人之極至，而猶不敢當，則謙而又謙之辭也。」《晦庵語録》又曰「何有于我哉」，「此語難説。是聖人自謙。我不曾有此數者」。南軒曰：汲郡吕氏曰「言我之道，舍是三者之外復何有」。此説于文義爲順。《子罕篇》子曰：「出則事公卿，入則事父兄。喪事不敢不勉，不爲酒困，何有于我哉？」疏與《述而》同，更無別説。晦庵曰：説見第七篇。然此則其事愈卑，而意愈切。《語録》又曰：問「不爲酒困，何有于我哉」。曰：「語有兩處，此説皆不可曉。尋常有三般説話：一以爲上數事我皆無有。一説此數事外，我皆復何有。一説云『于我何有』。然皆未安。熹今聞之南軒曰：『此章觀之若易能，然行之而無憾，則未易也。蓋于天理之當爲者，求盡其道。而于人情之易動者，不踰其則。雖聖人亦極乎是理而已。夫子之教人，每指而示之近，使之有履踐之實，人人皆可勉焉。行而有至，則存乎其人。充實則聖矣。』」李子曰：「于我何有哉」一句，凡有四説。其一鄭説，淺陋不足論。其二晦庵云，謙而又謙之辭也，説似顯而幽，且如前三事。夫子過謙以爲不敢當，已涉迂疏。如不爲酒困，夫子曷嘗爲酒所困而自謂不敢當乎？又于《子罕篇》言事愈卑而意愈切，如事公卿，勉喪事，猶不得卑之。如事父與兄，庸安得謂之卑乎？晦庵自量其説不弘，故于問答之際，既謂此語難説，又云義皆未得，熹今聞之。其三《語録》最後説云「于我何有」。此説似純而駁。所謂「于我何有」者，猶云于我何難耳。意者謂不爲酒困等，皆所當行之事。吾行所當行之事，則于我又何有哉！此似有理，然施之于《子罕篇》，意或可通，施之于「默而識之」，則理又相違矣。其四吕氏曰，言我之道，舍是三者之外，復何有。此説似是而非。據吕氏意，當謂孔子謂我衹此是耳。南軒既從吕説，于《述而篇》略爲解釋，復于《子罕篇》深致其意。《晦庵語録》所舉第二説，即吕説也。晦庵舉之而不與之者，亦以與己頗異故也。以予觀之，吕説雖云近理，其實不能盡理。朱先生謂此爲過謙之辭，詳吕意，亦以此爲謙辭。過爲謙退，自聖人之常事。但于謙退之中，言動各自有主。初不敢以一切論也。据此雖主謙辭，亦主諸弟子言之。蓋謂有人能爲此等數事足矣。在我更復何求，猶俚語曰「恁麽儘得，我更要甚」。夫聖人之道，如登天然。于此數者之外，大有可爲之事。而孔子謂如此足矣者，疾時人于數者，皆不能以行之也。

「氓之蚩蚩」。毛以「蚩蚩」爲敦厚之貌。此殊害義。且此篇序云：「宣公之時，禮義消亡，淫風大行，男女無别，遂相奔誘。華落色衰，復相棄背。」考其詩，則「氓之蚩蚩，抱布貿絲。匪來貿絲，來即我謀」，及「女也不爽，士貳其行。士也罔極，二三其德」，此皆指言奔誘棄背之事也。夫其人也，又豈有敦厚者哉？若曰氓之始來也，詐爲是敦厚之貌，而實相誑誘，意或可通。然按《字書》，蚩，蟲名。亦輕侮也。則蚩蚩者，乃薄賤媮淫之態，非敦樸謹厚之容也。是故事之可鄙者曰嗤，貌之至陋者曰媸。又古無道之君，有蚩尤者，蓋以其蚩蚩之尤者而名之，如渾敦、窮奇、檮杌、饕餮之比。毛氏乃以「蚩蚩」爲敦厚，則真臆説耳。不足據也。

宋明帝好爲慘毒，周顒不敢顯諫，但誦因緣罪福事，亦爲之小止。耶律德光入汴，馮道見之，且曰：「天下百姓，佛亦救不得。惟皇帝救得。」故所賴全活者多。破執化愚，有力也如此。吾但懼其燎原耳。

靜生于動，而復歸于動。則所謂靜者，特須臾之靜耳。惟動亦然。昧者不知，作力以止動，刻意以求靜，然後是非相繆，動靜兩失。甚者或喪其心，或亡其身。孝義有某生者，宗邱、劉學，主太原城西一民家。塊坐環堵者幾十年。主氏翁媪，奉事日益勤篤。庚子春正月望日，道人來，乃舊識生者。請生暫出，生不可。主氏强之，生不得已出。少間，急來歸環堵中。主人又强之，生又不得已，留坐一室。既張鐙，道人者辭去。獨翁與生坐，坐久，翁倒寢其傍。丙夜，生遽收案上菜刀，亂斫翁死。媪駭愕起救，生又斫殺之。有婢竊視，噤不敢動。生復瞑目端坐。鄰者怪有争鬬聲，而尋復無聞。噭問翁媪，翁媪莫應。蹋門入視，鐙火煌煌，生坐兀然，而翁媪二尸狼籍于血中矣。鄰者縛生，生始開目曰：「汝何事收我？」鄰者曰：「汝殺主氏翁媪。復何言！」生曰：「我適夢中見一偷將害我主翁。我倉卒以菜刀斫去。又有一偷來，我亦斫之仆。便謂無事，乃復坐靜。殊不知有他。」鄰者執詣有司，府掾范貞之始謂曰：「汝善人，寧有害物心？恐鄰者殺是翁媪，而以汝當之。可實語我，我有以解釋汝。」生曰：「我固殺翁媪。雖夢中不知所爲，尚能記其髣髴。此殆宿債，豈可濫及無辜？其亟刑我。」竟棄市。其徒皆以爲生本非道者，與媪前有私，冀再通，故坐環堵俟其便，久而不得滿所欲。遂怨媪殺之，而及其翁。或曰先殺翁，將逼媪。媪不從，故又殺之。是皆非生之情也。蓋其徒耻其醜聲，而故爲是説，以誑外人耳。此生雖愚，豈有苦心兀體，如是之久，而圖通一媪耶？又豈有十年之間，略無斯須之隙，而遽發惡意于此時耶？又既殺翁媪時，何爲不即逃去，顧乃瞑目端坐而待縛也，又當有司透問之際，何爲不妄抵冒，而乃蕲速死也？然則，此生竟何爲者耶？就道家之説，照此生之心，則得其實矣。此生本自昏愚，擇善不能了了。癡坐成頑，陰魔來舍。强制情欲，常若夢寐。乍出蔀屋，恍若殊境。既見鐙火滿室，精爽交亂。又驚人物在側，猜忍百至。及其妄動云滅，妄静復來。動静往來，總非由己。揮刀袖手，俱一妄中。此與《老子》「致虚極，守静篤，萬物并作，吾以觀其復」無異。但《老子》于動静中，知其所以來，又知其所以去。時動時静，莫不在我。故能觀萬物之復。若生等輩，罔罔然，舍静求動，排動索静，沈冥于妄動、妄静之坎。雖未至于殺人也，其去殺人能較幾何？又豈可以殺人爲有罪，而以不殺人爲無罪也哉！

世傳《筆》詩，「使盡好心無所用，只因閑管得人憎」。又「蚤知今日成閑管，痛悔當時用好心」。又「自從蒙管束，轉覺用心勞」。此三聯，語雖不甚婉，格雖不甚高，而皆以心對管，其意各有所主，亦以見風人托物，靡不至到。

《公》《穀》謂《春秋》日之者，皆有事。竊未敢必。《春秋》雖經，其實史耳。史固有應日而不得不日者，有不應日而自不須日之者，亦有二事而俱在一日者，有事大而非日所能攝之者。固不可一概論之。況年世寖遠，簡編蠹壞，不無脱逸重複。又安可盡以日與不日執爲《春秋》大旨乎？

聃字，《韻注》他酣切。耳漫無輪。又老氏名也。耽字，《韻注》丁含切。耳垂也，又好也，樂也。今畫塑家作老子像，輒長其耳，或以過項，或以被肩，甚則至有爲數尺，而以兩手承之者。是則不得號爲老聃，當以號爲老耽也。然古今傳聞，并作聃而無爲耽者，獨畫塑家爲之長其耳，垂至以兩手承之。蓋世俗無知，喜爲怪誕。以老子上聖，當有此奇表云爾。按《史記》：「老子姓李氏，名耳，字伯陽，謚曰聃。」則此説又異矣。古人以謚易名，取其平生所謂善惡以爲目，必不取其相表妍媸短長也。今老子謚之爲聃，不知謚法果主何義？豈非謚法不專於善惡，而又兼以狀貌目之耶？史載老子名耳。《韻注》老子名聃。吾意老子或名耳或名聃，而聃之名行於世，當時史書所録，不見聃名，惟見耳名。故馬遷定名爲耳，而以行於世者爲之謚也。

王羲之《蘭亭詩》：「仰視碧天際，俯瞰緑水濱。寥闃無涯觀，寓目理自陳。大矣造化功，萬殊莫不均。群籟須參差，適我無非親。」陶淵明《雜詩》云：「結廬在人境，而無車馬喧。問君何能爾，心遠地自偏。采菊東籬下，悠然見南山。山氣日夕佳，飛鳥相與還。此中有真趣，欲辯已忘言。」李太白《尋陽紫極宫感秋作》云：「何處聞秋聲，翛翛北窗竹。迴薄萬古心，攬之不盈掬。静坐觀衆妙，浩然媚幽獨。白雲南山來，就我簷下宿。懶從唐生訣，羞訪季主卜。四十九年非，一往不可復。野情轉蕭洒，世道有翻覆。陶令歸去來，田家酒應熟。」柳子厚《晨詣超師院讀禪經》云：「汲井漱寒齒，清心拂塵服。閒持貝葉書，步出東齋讀。真源了無取，妄迹世所逐。遺言冀可冥，繕性何由熟。道人庭宇静，苔色連深竹。日出霧露餘，青松如膏沐。澹然離言説，悟悦心自足。」予謂四詩同一機杼。所謂機杼者，非文章之機，直天機耳。

干令升《晉武革命論》云：内禪體文德，外禪順大名。内禪一出於心，外禪勢不得已云耳。而謝靈運以「無兵戈有翦伐」當之【三】。義雖相近，亦自不必兵戎翦伐論也。

《孟子》：「方里而井，井九百畝。其中爲公田，八家皆私百畝，同養公田。」二先生解養音去聲。誤也。上言「無野人莫養君子」，養固去聲。此言「同養公田」，公田何待野人供養乎？止合作上聲讀之。養則種蒔也。今人謂治田爲養種，未聞有供養云者。

《後漢·杜林傳》論曰：「趙孟懷忠，匹夫成其人。杜林行義，烈士假其命。《易》曰『天之所助者順』，有不誣矣【四】。」「順」字當作「信」，此非曄誤，後人傳寫者之誤。

詞人多用劃字。杜甫詩《久居夔府將適江陵》云：「勞心依憩息，朗詠劃昭蘇。」《荆南述懷》云：「得喪初雖失，榮枯劃易乖。」退之《聽穎師彈琴》云：「昵昵兒女語，恩怨相爾汝。劃然變軒昂，勇士赴敵場。」東坡《後赤壁賦》：「劃然長嘯，草木振

【三】而謝靈運以無兵戈有翦伐當之　「謝靈運」原作「謝惠連」，據《晉書》改。

【四】有不誣矣　「誣」原作「誤」，據《後漢書·杜林傳》改。

動。」「劃」之一字，蓋出于《莊子・內篇・養生主》內庖丁解牛，砉呼鵙然嚮許丈然，奏刀騞呼獲然。騞、劃雖不同，而古字音聲相近者皆通用。

名字之立，一以成身，一以辨等。成身則貴乎美稱，辨等則貴乎易別。漢賈徽，字元伯，而其子逵，字景伯。晉王羲之生五之。父子之嚴，而如是其瀆，則亦偪乎兄弟矣。近世縉紳之家，多用一單一複，使昭穆互見。雖年世寖遠，不相糅雜。法似拘，而意則通。事似疏，而理則密。誠爲得也。或者有以名繼姓，若管鮑、牛叶、馬希驥、殷獻臣之類【五】，如倡優家兒，此殊爲可鄙也。

《詩》曰：「人涉卬否，卬須我友。」《書》曰：「予恐來世以台爲口實。」《孟子》曰：「我善養吾浩然之氣。」予、台、卬、我、吾，五者一也。而於一二句之內言之，各異者，或指我身，或指我心。心身從異，輕重之辭。

「子言之：君子之道，辟則坊與。坊民之所不足者也。」鄭氏曰：「民所不足謂仁義之道也。」鄭説恐非。不足，止是無厭，謂人欲無厭，譬之大水，奔放衝激，必有以障之。此《坊記》所由作也。

蘇子瞻紀遊五百言：「峥嶸依絶壁，蒼茫瞰奔流。」蜀人趙次公，字彦林，注云「蒼茫」兩字，古人用之，皆是平聲，而先生所用，乃是仄聲。蒼，《廣韻》音鹿朗，而茫字則上聲之莽，去聲之漭皆不收。不知先生用之所出。以俟博聞。按《莊子》：適莽蒼者，

【五】海山仙館本、四庫全書本此處有案：「案牛叶二字文不相屬，當是斗牛之誤。」

三餐而反，腹猶果然。莽蒼并側聲。前人詩句亦多有用此二字者。蒼茫蓋本莽蒼，但以茫易莽而倒之耳。此亦何足致疑？

古今曆法所以參差不齊，且不能以行遠者，無他。蓋由布算之時，不論分秒之多寡，悉翦棄之。定位之時，不察入宫之淺深，遽强命之。積微成著，所以寖久而寖舛耳。前軌既差，後車復繼，而曾不知悟也，乃更過求小巧以取捷。七政何由而齊乎？

《前漢·董仲舒傳》：制曰「虞舜之時，游於巖廊之上」。文穎曰：「巖廊，殿下小屋也。」晉灼：「廊，堂邊廡。巖廊，謂巖峻之廊也。」師古曰：「晉説是。」案《後漢·百官志》：「武帝選六廊良家子爲羽林郎，掌宿衛侍從，以便馬從獵。還宿殿陛巖下室中。」文穎以巖廊爲殿下小屋，必牽於此殿陛巖室而爲之説也。因殿陛巖下作室，自是武帝時事。堯、舜豈復有此？且殿下小屋可與於巖。穎説誠誤。至於晉灼謂爲巖峻之廊，亦未爲得也。堯、舜時，茅茨不翦，土階三尺，亦豈有所謂巖廊者哉？然師古以晉説爲是者，特以其隨文解説。爲堯舜之時，世質民淳，雖三尺之階，已得謂之高明，故云巖廊也。

東坡詩：「九萬里風安税駕，雲鵬今悔不卑飛。」蓋出於阮嗣宗《詠懷》云「寧與燕雀群，不隨黄鵠飛。黄鵠遊四海，中路將安歸」。

《莊子·至樂》：「名止於實，義設於適。是謂條達而福持。」「福」當作「幅」。木之有條，其氣足以達之。布帛有幅，在人足以持之。

卷十一、十二

《晉書》王沈有四。其一自有傳，見列傳第九卷。其一亦自有傳，見《文苑》。其一爲劉聰中常侍，奢僭貪殘，賊害良善，與靳準同用事。其一慕容寶將，寶出奔，沈降魏。孫秀有三。其一權弟匡之孫，而歸命侯皓之從弟也，爲吴夏口督。建衡二年，皓遣何定將五千人至夏口獵，秀驚，將妻子、親兵數百人奔晉。晉以秀爲驃騎將軍，儀同三司，封會稽公。時泰始六年也。其一見《潘岳傳》，初爲琅邪小史，趙王倫輔政時，爲中書令。倫敗被誅。其一伏波將軍孫秀，以周處將死，勸之曰：「卿有老母，可以此辭者。」　劉胤有三。其一爲江州刺史，陶侃、郗鑒皆言胤非方伯才，而司徒導不從。後爲郭默所殺。其一曜之子，南陽王也，侵石生，次于雍，爲石勒將石季龍擊斬之。其一輿之子，爲劉琨領兵，路逢烏桓賊，戰没。　王鑒有三。其一自有傳，見列傳第四十一卷，以文章著稱。其一爲劉聰尚書令。其一爲苻堅將，救袁瑾于壽春者。　張茂有三。其一涼州牧張軌之子，而寔之弟也。其一載之《丁潭傳》中，字偉康，與孔愉字敬康，丁潭字世康，時人號曰「會稽三康」。茂少單貧，有志行，爲鄉里所敬信。起義兵討賊陳斌，一郡用全。元帝辟爲掾屬，後爲吴興內史。沈充反，與三子并遇害。其一見《石季龍傳》，季龍殺其太子宣，東宫衛士十餘萬人皆謫戍凉州。季龍僭即皇帝位，大赦境内。東宫謫卒高力等萬餘人，行達雍城，既不在赦例。又敕雍州刺史張茂送之。茂皆奪其馬，令步推鹿車，致糧戍所，高力督定陽，梁犢等因衆心之怨，謀起兵東還，逼張茂爲大都督、大司馬。　張華有二。其一自有傳，見列傳第六卷。其一見《慕容德傳》，德既據滑臺，置百官，慕容寶自龍城南奔至黎陽，遣趙思召慕容鍾來迎，德欲具駕奉迎，謝罪行闕。其黄門侍郎張華進曰：「陛下若蹈匹婦之仁，舍天授之業，威權一去，則身首不保。」又慕容超時，姚興拘超母妻，責超稱藩。超遣群臣計議，張華謂宜降大號，以申至孝之情。　徐邈有二。其一與宣帝同時。其一見于《簡文宣鄭太后傳》，其事在孝武太元十九年。　韓壽有二。其一賈充婿。其一爲慕容廆别駕。　王渾有二。其一自有傳，見列傳第一十二卷。其一爲凉州刺史貞陵亭侯，即戎之父也。　李陽有二。其一上黨武鄉人，與石勒鄰居，歲嘗與争麻池，迭相毆擊者。其一爲幽州刺史，京師大俠也。王衍患妻郭剛愎貪戾不能禁，因謂之曰：「非但我言卿不可，李陽亦謂不可。」郭氏爲之少損。《衍傳》又謂陽爲鄉人，或當爲琅邪臨沂人。其後温嶠軍食盡，貸于陶侃。侃難之。竟陵太守李陽説侃，侃乃分米五萬石以餉嶠軍者。即此李陽也。　胡威有二。其一見《良吏傳》，字伯武，壽春人，武帝時爲徐州刺史。其一義熙二年，秦王興徵王尚還長安，凉州人申屠英等遣主簿胡威詣長安，留尚鎮姑臧。　孫登有二。其一見《隱逸傳》，字公和，汲郡共人，無家屬，于郡北山爲土窟居之。又嘗往宜陽山，不知所終。其一見《孫楚傳》，楚之曾孫登，少善名理，注《老子》行于世，仕至尚書郎，早終。　解系有二。其一自有傳，見列傳第三十卷，字少連，濟南著人。與二弟結、育并清身潔己，甚得聲譽，歷豫雍二州刺史、揚烈將軍、西戎校尉、假節。趙王倫討叛羌，與佞人孫秀爭軍事。倫、秀譖之，系坐免官。及張、裴之誅也，倫、秀以宿憾收系兄弟，皆害之。倫所謂「我于水中見蠏且惡之」者。其一見《陶璜傳》，璜爲吴將，破晉九真太守董元于交阯，元有勇將解系，同在城内。璜誘其弟象，使爲書與系。又使象乘璜軺車，鼓吹導從而行，元等曰：「象尚若此，系必有去志。」乃就殺之。吴因用璜爲交州刺史。　王輿有二。其一趙王倫欲篡位，諸王公卿士咸勸進，左衛王輿入殿，譬諭三部司馬，示以威賞。及三王舉義，河北軍悉敗。輿乃收倫而殺許超、士猗、孫弼、謝惔、殷渾、孫秀等。後與東萊王蕤謀殺齊王冏，伏法死。其一成都王穎與張方伐京都時，常山人王輿合衆萬餘欲襲穎。會長沙王乂被執，其黨與斬輿降。　劉毅有二。其一自有傳，見列傳第一十五卷。其一亦自有傳，見列傳第五十五卷。　王愷有二。其一見《外戚傳》，恂之弟也，即與石崇競侈靡者。其一見簡文七子會稽王道子傳。時有人爲《雲中詩》以指斥朝廷曰：「王愷守常，國寶馳競。」又桓玄、殷仲堪等復至石頭，元顯馳還京師，遣丹陽尹王愷等，發京邑士庶數萬人，據石頭以拒之者，即坦之之子也。

王濬有二。其一自有傳，見列傳第一十二卷。其一在《王鑒傳》，堂邑人。鑒之父也。

仕至御史中丞。　王脩有三。其一濛之子也，字敬仁，明秀有美稱，善隸書，年十二作《賢全論》，爲琅邪王文學卒。其一見《石勒傳》，劉曜斬石勒使王脩。又劉裕克長安，殺姚泓留子義真守長安，使王脩、王鎮惡、沈田子輔之而還。　王祥有二。其一自有傳，見列傳第三卷。其一與郭黁叛吕光者。　石苞有二。其一自有傳，在列傳第三卷。其一季龍子。　劉裕有二。其一元海之子也。元海遷都平陽，汾水中得玉璽，改年河瑞，封裕爲齊王。及爲顧托之計，以爲大司徒。後爲呼延攸所殺。其一討桓玄者。　王瑜有二。其一爲李勢中書監。其一含之子也。　盧志有二。其一欽之從孫，見欽傳。其一爲劉聰弟乂太師，爲聰所誅。　劉宣有二。其一元海從祖也。元海即王位，皆宣之謀。其一青州刺史曹嶷執建威劉宣，而齊魯之間郡縣壘壁降者四十餘所。見《劉聰傳》。　劉弘有二。其一自有傳，見列傳第三十六卷，爲鎮南將軍。其一京兆人，挾左道，客居天梯第五山，然鐙懸鏡于山穴中爲光明，以惑百姓，受道者千餘人。見《張寔傳》。　王衍有二。其一自有傳，見列傳第一十三卷。其一石鑒時爲侍中，冉閔僭位後誅之。　王敦有二。其一自有傳，見列傳第六十八卷。其一見《李特傳》，特攻成都，趙廞死。惠帝以凉州刺史羅尚爲益州刺史，督牙門將王敦等七千餘人入蜀。　周撫有二。其一訪之子，破范賁斬蕭敬文者。其一爲彭城内史，殺周默以降石勒。詔劉遐、蔡豹、徐龕共討撫。太元二年破，斬于寒山。　苻弘有二。其一堅之子。其一桓玄將。【二】　王皮有二。其一劉聰時

【二】苻弘有二其一堅之子其一桓玄將　聚珍本此處有案語云：案《晉書·載記》，苻堅子宏，出奔晉，處於江州。歷位輔國將軍，桓玄以爲凉州刺史。義熙初被誅。與《桓玄傳》所云發江陵使苻宏爲前鋒檀祇斬之湘東者，當是一人。李治分而爲二，未詳所據。

爲大將軍從事中郎。其一秦丞相王猛之子。　張平有二。其一流民，在譙爲隝主，祖逖誘其部將，使殺之。其一苻堅所破者。　文鴦有二。其一欽之子，年十八，勇冠三軍。欽叛敗，同奔吴。事在景帝末年。其一姓段者，鮮卑人，匹磾之弟也。永嘉四年，石勒陷襄城，遂至宛。王浚遣鮮卑人文鴦帥騎救之，勒退。又玄帝時，救邵續于厭次，擄勒三千餘家，其後又嘗與匹磾攻敗勒于襄國。及匹磾殺劉琨，夷、晉兩怨，叛，遂帥其徒依邵續。續既爲石季龍所得，匹磾等嬰城拒寇，戰守疲苦，不能自立。匹磾及鴦等悉見獲。至襄國，匹磾被害。文鴦遇鴆而死。事詳見《段匹磾傳》。　張駿有二。其一凉州牧張駿，即軌之孫，而寔之子也。其一姚萇故將，殺江州都護趙毗，焚武昌，略府藏以叛者，爲江州刺史桓冲討斬之。事在哀帝興寧元年。　王遐有二。其一在《外戚傳》，即簡順皇后父驃騎將軍述之從叔也。少以華族仕至光禄勳。其一睢陵公祥之曾孫，始平太守肇之孫，永世侯俊之子也，仕至鬱林太守。　高柔有二。其一宣帝將誅曹爽，假柔節，行大將軍事，領爽營。其一見《王浚傳》，浚將僭號，司馬掾高柔與劉摶切諫，浚怒誅之。　王濟有二。其一自有傳，見列傳第一十二卷。其一元帝時，慕容廆遣其長史王濟浮海勸進。　段勤有二。其一鮮卑人。勤初附于慕容儁，其後復叛。儁遣慕容垂討勤于繹幕，及慕容恪進據常山，勤始懼而請降。其一常山樹根下得珪璧，慕容儁遣尚書郎段勤以太牢祀之。兩段勤俱見儁傳。　郭敬有二。其一見《石勒傳》，鄔人，資給勒者。其一見《苻健傳》，永和十年，桓温率衆四萬趨長安，遣别將攻上洛，執健荆州刺史郭敬。王述有二。其一湛之孫，承之子，而坦之之父也。其一簡順皇后父遐之從子。郭文有二。其一見《隱逸傳》。其一見《吕光傳》，王穆單騎奔騂馬，騂馬令郭文斬首送之光。王澄有二。其一字道深，辨慧有才藻，歷位清顯，即京陵公渾之子，而驃騎濟之弟也。其一字平子，即平北將軍乂之子，而太尉衍之弟。衍使澄爲荆州刺史，族弟敦爲青州，以備三窟。余讀史次録，其間不無謬誤，尚冀博雅君子見其遺佚者補之，舛錯者改之，重複者削之。

《孟子》：「不下帶而道存焉。」趙臺卿以爲帶近于心，意謂道不離心，心不離道云耳。然而道之在人心也，使孟氏而雖不言，其誰不知此乎？《禮》：「凡視上于面則敖，下于帶則憂。」孟子雖獨舉不下帶，而亦互明之。蓋謂于其上下兩間瞥而見之，道已有所在矣。此與孔子之見温伯雪子，「目擊而道存」，文則異而意則同。彼所謂「目擊」者，不待言語而得之者也。此所謂「不下帶」者，不待上下視而得之者也。

褚淵母，宋始安公主。繼母，吴郡公主。又尚巴西公主。王儉母，武康公主。又尚陽羨公主。齊高帝既受禪于宋，淵、儉以佐命功，進爵增户。處士何點謂人曰：「我作《齊書》已竟。」贊云：「淵既世族，儉亦國華。不賴舅氏，遑恤國家。」詳點大意，「遑恤國家」，當作「遑恤婦家」，然後上下意完。直云「國家」不惟意斷，語亦太露。必後人傳寫之誤。

宋武大明六年，策秀才于中堂。揚州秀才顔法對策曰：「源清則流潔，神聖則形全。」「神聖」當作「神勝」。

王弼既注《易》，又作《略例》上下二篇。唐四門博士邢璹爲之序，有云：「臣舞象之年，鼓篋鱣序。」按《禮記·内則》云：「十有三年，學樂誦詩，舞勺。成童舞象，學射御。」鄭玄云：「成童，十五以上。」又云：「擊鼓警衆，乃發篋出所治經業。」又《後漢·楊震傳》：「鸛雀銜三鱣魚，飛集講堂前。」「鱣」音善，然則璹自謂年十五始入學也。

魯直《喜見八叔父》詩云：「稍詢耆舊間，大半歸山邱。小兒攜婦子，襁褓皆裹頭。」東坡詩有云：「當時襁褓皆七尺，而我安得留康强。」蘇、黄所狀皆一類，而黄不若蘇之簡而詣理也。

俗語「作不露樸」，此出《馬援傳》曰：「援三兄況、余、員，并有才能。王莽時，皆爲二千石。援年十二而孤，少有大志。諸兄奇之，嘗受《齊詩》，意不能守章句，乃辭況，欲就邊郡田牧。況曰：『汝大才。良工不示人以樸。且從所好。』」「不示人以樸」，謂不令他人見其短長也。況此語謂援齒雖少，而才器遠大，不能窺其際。今雖不好學而欲就田牧，然將來或不可測，以故從所請。

《孟子》：「行有不慊于心，則餒矣。」《釋文》：「行如字。」「行有不得者，皆反求諸己。」則音下孟反。二字旨意，果同音否？《論語》：「弟子入則孝，出則弟。謹而信，汎愛衆，而親仁。行有餘力，則以學文。」先王之遺文，能行已上諸事，即在身之行去聲也。治以爲《論》《孟》此三字，皆當從下孟反。

「静言庸違。」「静言」，安静有理之言也。静則對亂言之。庸，用也。《書》中「庸」字，皆爲用義。言則甚美。及用之，則常自違之。

東坡《赤壁賦》：「此造物者之無盡藏也，而吾與子之所共食。」一本作「共樂」，當以「食」爲正。賦本韻語，此賦自以月、色、竭、食、籍、白爲協。若作「樂」字，則是取下「客喜而笑，洗盞更酌」爲協，不特文勢萎薾，而又段絡叢雜。東坡大筆，必不應爾。所謂「食」者，乃自己之真味。受用之正地，非他人之所與知者也。今蘇子有得乎此，則其間至樂，蓋不可以容聲矣。又何必言樂而後始爲樂哉？《素問》云：「精食氣，形食味。」啓玄子爲之説曰：「氣化則精生，味和則形長。」又云：「壯火食氣，氣食少火。」啓玄子爲之説曰：「氣生壯火，故云壯火食氣。少火滋氣，故云氣食少火。」東坡賦意，正與此同。

《後漢・光武紀》論曰：「皇考南頓君初爲濟陽令，以建平元年十二月甲子夜生光武于縣舍，有赤光照室中，欽異焉。」南頓君名欽，雖見于《光武紀》，而此論初無有也。此論方叙南頓君事，而據以稱欽，則欽謂誰乎？止云君異焉，可也。

葛稚川《西京雜記》：或問揚子雲：欲爲賦，何如？子雲曰：「讀賦千首乃能之。」以予思之，亦不待如是之多也。果擇其古今健筆可以爲法則者，得百能熟誦之，足矣。故今之學者，每相與語曰「賦百詩千」，若謂讀賦千首乃能爲之，則學者當云「賦千詩萬」，文章雖難事，那有此理？

歐陽棐，永叔第三子也。永叔嘗書以教之曰：「藏精于晦則明，養神以静則安。晦所以蓄用，静所以應物。善蓄則不竭，善應則無窮。雖學則可至，然性近則得之易也。」宣仁后崩，哲宗親政，蘇子瞻知定州，朝辭上書曰：「古之聖人將以有爲也，必先處晦而觀明，處静而觀動，則萬物之情畢陳于前。陛下欲有爲也，惟憂太蚤，不患稍遲。」近世趙禮部秉文周臣作《平定湧雲樓記》，全用歐、蘇語意，曰：「古之君子，内淵静而外昭曠。昭曠則悔吝不生，淵静則不蔽于物。其于居室也亦然。窔奥之處淵如也，高明之居曠如也。淵静所以存神，昭曠所以知政。静以養恬，動以應物。萬變之來，了然吾胸中而不惑。兹曠也，祇其所以爲達也歟！」趙禮部語雖出于歐、蘇，然歐、蘇大旨一本于《易》。《易》之《明夷》曰：「明入地中，明夷。君子以莅衆，用晦而明。」《繫辭》曰：「寂然不動，感而遂通天下之故。」

元稹《苦樂相倚曲》前云：「漢皇眼瞀飛燕時，可憐班女恩已衰。未有因由相決絶，猶得半年佯暖熱。轉將深意喻旁人，緝綴疵瑕遣讒説。」後云：「白首宫人前再拜，願將日月相揮解。苦樂相尋晝夜間，鐙光那得天明在。主今被奪心應苦，妾奪深恩初爲主。欲知妾意恨主時，主今爲妾思量取。班姬收淚抱妾身，我曾排擯無恨人。」詩人之口，夫亦何所不有。此作雖借班姬以命意，褒貶初不主姬，然謂姬曾排擯無恨人，則誣亦甚矣。按《漢書》，許皇后與班倢伃皆有寵于上。上嘗游後庭，欲與倢伃同輦。倢伃力辭。太后聞之，喜曰：「古有樊姬，今有班倢伃。」倢伃又嘗進待者李平，得幸，亦爲倢伃。又趙飛燕姊娣貴傾後宮，許皇后、班倢伃皆失寵。于是飛燕譖告許皇后、班倢伃「挾媚道，咒詛後宮，詈及主上」。許后廢黜昭臺宮，后姊謁等皆誅死。考問班倢伃，對曰：「妾聞『死生有命，富貴在天』，修正尚未蒙福，爲邪欲以何望？使鬼神有知，不受不臣之愬。如其無知，愬之何益？故不爲也。」上善其對，赦之，賜黃金百斤。趙氏姊弟驕妒，倢伃恐久見危，乃求供養太后于長信宮。婦人中，爲人如倢伃者，古今罕儔。曷嘗有排擯之事哉？文人貪爲誇辭，執此忘彼，救一失一。若是者不可勝數。學者固不可不知也。

退之詩《和盧雲夫》云：「閉門長安三日雪，推書撲筆歌慷慨。」王昌齡詩《秋山寄陳讜言》云：「感激不能寐，中宵時慨慷。」慨，口蓋切。慷音康。二字見《文選》【二】，云「中矯厲而慨慷」。

《公孫丑下》：「且比化者無使土親膚，于人心獨無恔乎？」比固親比之比，比化謂

【二】二字見文選　「選」原作「宣」，據《文選》改。

親其死者。□釋爲及亦通，謂比及變化銷鑠。晦庵解比爲爲，竊所未喻。

《荀子・正論》：「朱、象者，天下之嵬，一時之瑣也。」又《非十二子》云：「飾邪說，文姦言，以梟亂天下。矞宇嵬瑣，使天下混然不知是非治亂之所存者有人矣。」注云：「矞與譎同，宇，大也，放蕩恢大也。嵬謂狂險之行也。瑣謂姦細之行也。《說文》云：『嵬，高不平也。』」今此言嵬者，其行狂險，亦猶山之高不平也。《周・大司樂》云：『大傀裁則去樂。』鄭云：『傀猶怪也。』《晏子春秋》曰：『誇言傀行，自謹于饑寒。命之曰狂僻之民。』嵬當爲傀，義同，五每反、牛彼反【三】。」李子曰：嵬固爲高不平，然以嵬配瑣言之，乃細碎之義，故謂朱、象者，天下之嵬，一時之瑣也。嵬正當同猥讀之。按《韻》，嵬，五罪反。猥，烏賄反。其在十賄中同也。古人用字寬，雖它韻猶得叶。況一韻乎？且朱、象非有過高之行，不當以險爲譏。謂猥瑣，蓋得其實。猥瑣者，鄙猥瑣屑云耳。故至今謂人蹇淺卑污而不能自立者，皆謂之猥瑣。楊倞又引《周禮》傀字說之，贅矣。又一說，嵬太高，瑣太卑。義亦通，然非朱、象所得言。

温公詩《瞑目》云：「瞑目思千古，飄然一烘塵。山川宛如舊，多少未來人。」舊傳云「多少未歸人」，然公又有《逍遥四章》，其三云：「閉目念前古，飄然一烘塵。兩儀仍似舊，萬物互爭新。」詳後詩意，則前詩作「未來人」爲正。

漢順帝時，梁冀爲大將軍，皇甫規對策曰：「君者，舟也。民者，水也。群臣，乘舟者

【三】五每反牛彼反　「牛」字原缺，據《荀子集注》補。

也。將軍兄弟，操檝者也。」如規所言則利害在于群臣，而無繫于其君。正當云：「國者，舟也。君者，乘舟者也。民者，水也。將軍兄弟，操檝者也。群臣，其操檝之具也。」如此言之，則利害繫于其君矣。不然，止當削去「群臣乘舟」一句，語意自通。

《筆談》云：「算術多門，如求一、上驅、搭因、重因之類，皆不離于乘除。惟增乘一法稍異，其術都不用乘除，但補虧就盈而已。假如除欲九者，增一便是。八除者，增二便是。但一位一因之。」予因存中此說，乃悟算術無窮。存中去今未遠，特著此術于《筆談》中，是必前未有以爲新奇而纂之耳。然今之算家，自以此法爲九訣，而不以爲增乘也。若增乘者，尋常不用，惟求如積則用之，其法左右上下，各宜位以相繼乘耳。與九歸絶不相類。

《孟子》：「時子因陳子而以告孟子。陳子以時子之言告孟子。」此蓋時子因陳子而先已告孟子矣。或孟子無以語之，或陳子適不在側，既而陳子又以時子之言告孟子也。觀其文勢，義自可見。趙氏謂時子因陳子使告孟子。其意固順，但其文謂因陳子而以告孟子則是自告之也。非使告之也。若使陳子告之，當云「時子因陳子使以告孟子」。今直云「因陳子而以告孟子」，其爲先已自告，無可疑者。

又「進不隱賢，必以其道」。趙説謂自不隱其賢。意旨頗乖。祇是不蔽賢才耳。惟于其進也，能不蔽賢，故于其退也，能不怨不憫。

又「兄戴蓋禄萬鍾」。「戴蓋」，衹是乘軒。

《史記·大宛傳》：「黎軒、條支，在安息西數千里。」「善眩」後又云：「安息國以黎軒善眩人獻于漢。」應邵曰：「眩，相詐惑。」從應説，則眩字止當正讀。然作幻音讀之亦通。張平子《西京賦》云：「奇幻儵忽，易貌分形。吞刀吐火，雲霧杳冥。畫地成川，流渭通涇。」此正指眩人之屬。列子稱西極之國有化人來。亦此類。

《李長吉歌詩編·金銅仙人辭漢歌序》云：「魏明帝青龍五年八月，詔宫官牽車西取漢孝武捧露盤仙人，欲立置前殿。」按《通鑑》云：「景初元年，是歲徙長安鍾簴，橐駞銅人承露盤于洛陽。盤折，聲聞數十里。銅人重不可致，留于灞城。」二説年載不同者，青龍止有四年，無五年。其五年，即景初元年也。長吉言五年，當是據未改元時言之。長吉又云：「宫官既折盤，仙人臨載，乃潸然泪下。」此未必實，設其事實，亦無它利害，衹爲異事耳。《通鑑》不取，良爲得體。

《蜀志·劉焉傳》評曰：「劉焉聞董扶之辭則心存益土，听相者之言則求婚吴氏。」相者事，本傳及全書俱不載，而遂以引論，似疏。

黄魯直作《東坡墨戲賦》云：「筆力跌宕于風烟無人之境。蓋道人之所易，而畫工之所難。」又其他詩多喜用「跌宕」二字，此出于《蜀志·簡雍傳》，云：「雍優游風儀，性簡傲跌宕。」「風儀」疑作「風議」。

《檀弓上》「孔子合葬于防」云云：「先反，門人後。雨甚至，孔子問焉，曰：『爾來何遲？』曰：『防墓崩。』孔子不應。三。孔子泫然流涕曰：『吾聞之，古不修墓。』」石林先生疑此事，云：「墓之崇，纔四尺。葬之日，雨至而崩。何如是之簡也？既崩而不得修，將遂仍之，可乎？」又謂「葬不旋踵而崩。崩又不得修。其何能久而識之乎？」石林之疑，誠有由來。然其墓新封，遇甚雨而崩，初亦不足訝也。本不足訝，而孔子爲之流涕者，其意必以爲葬貴堅固，窆窆甫畢，而有所摧剥，中必戚焉。故不得不爲之泫然也【四】。且弟子所謂崩者，夫豈謂陷壞而無餘哉，但舉其土封少少摧落耳。孔子所謂「古不修墓」者，夫豈謂墓壞而不許重修哉？但謂窀穸之事，欲其安穩一定，毋或苟簡而使至於重修耳。後人因其弟子有墓崩之語，便以爲防墓隤壞而無餘。因孔子繼有「古不修墓」之語，便以爲古者墓壞則不得重修也。誠使防墓大崩，崩而不許再修，則是孔子非孝子，而古人教人之忘其親也。無乃悖理甚歟？庾蔚之又以爲防守其墓，備擬其崩。孔穎達雖破蔚之，終執舊聞。皆昧夫雨甚土落之義，而强爲辭也。余悉不取。

《史記·太倉公淳于意傳》：「詔召問所以爲治病死生驗者幾何人，主名爲誰。」又問：「方伎所長，及所能治病者，其有書無有，皆安受學，受學幾何歲。」而《史記》盡具所對云。治謂史筆不當如此。政當云：「意所對凡數十條，皆詣理，可以爲人法。」則足矣。自不必廣録而備書之。史，經之亞也。煩猥則不足以傳久。且事之有可簡者猶須簡

【四】故不得不爲之泫然也　「然」原作「也」，據《禮記》改。

之，况言乎？其有文賦篇翰之富贍者，亦當載其目而略其辭。惟有功於天下國家之大利害者，如董仲舒之《三策》，賈誼《政事疏》《過秦論》之文，雖多亦不可以不盡録也。

《莊子》曰：「道術之爲天下裂。」又曰：「古之所謂道術者，果烏乎在？曰：無乎不在。」道術云者，謂衆人之所由也。故從所由言之，則道即術，術即道也。若從大小言之，則道固不得以爲術，術固不得以爲道也。趙岐序《孟子》云「治儒術之道」，似不成語。

《莊子·山木篇》：「少私而寡欲。」「私」或「思」字誤。「少思寡欲」，固《老子》語，然「私」之一字，亦不爲無理。

馬季長《長笛賦》：「近世雙笛從羌起，羌人伐竹未及已。龍鳴水中不見已，截竹吹之聲相似。」季長謂龍吟水中，不見羌人，羌人故得截竹吹之，以效其聲。而《文選》音注大與此别。「不見」之「見」，音胡練反。張銑注云：「龍吟水中，不見其身。」李善注云：「已，謂龍也。」皆謂龍在水中不顯現其身，實違馬旨。

離，爲火，爲日，爲電。自是文明之象。《皇極經世》不取附著之説。當矣。「日月麗乎天，草木麗乎土，重明以麗乎正。」皆文彩著見之意。王以附著爲主。蓋古説。

東坡云：「王莽敗時，省中黄金三十萬斤。陳平以四萬斤間楚。近世金不以斤計，雖人主未有以百金與人者，何古多而今少也？鑿山披沙無虚日，金爲何往哉？頗疑寶貨神變不可知，其復歸山澤也耶？」李子曰：人雖號爲大聰明者，亦必有所敝。夫金古多而今□少，自是今世糜耗者衆。東坡乃謂寶貨神變，復歸山澤。此亦與顧愷之謂「妙畫通靈」何以異？

武珪《燕北雜記》云：「契丹行軍不擇日，用艾和馬糞于白羊琵琶骨正灸，破便出軍，不破即不出。」李子曰：灸琵琶骨不獨契丹，凡蠻貊皆爲之。《番禺記》載嶺表占卜甚多，有骨卜、田螺卜、鷄卵卜、牛卜、鼠米卜、箸卜、篾卜，乃知四夷尚鬼，遇物皆得以爲卜也。今北方灸琵琶骨者，與珪記特異。所灸之法，蓋有可入不可入者，疾病飲食，一動一止，悉有條理。珪則專謂「灸破便出軍，不破即不出」，蓋當時所見適然，自以爲説耳。

逸文一【一】

《伊川易傳》曰：「下愚而能革面。何也？曰，心雖絶於善道，其畏威而寡罪，則與人同也。惟其有與人同，所以知其非性之罪也。」李子曰：下愚畏威而寡罪，爲與人同，而知其非性之罪，則聖人之生知、賢人之克己，亦非性之功也。由是言之，性無與於賢愚，惟盡性者有能與不能耳。

屋甚渠，庭甚除，拱兩手而閑居。何樂如之？顧無所事於間，乃伐屋而瀦之，犂庭而茨之。扣扣焉，敝筋骨而胝手足。我既無廬，人且無以途。是人也，是果何爲者也。《詩·皇皇者華》云「每懷靡及」，「每懷靡及」止言常恐不及耳，而毛以爲雖懷中和，猶自以爲無所及。鄭以爲每人懷私則於事無所及之。二先生者，豈非無所事於間而瀦屋茨庭者乎？鄭雖引《春秋外傳》以爲説，吾以爲《外傳》亦各自爲説耳。

古者登車有和鑾之音。謂馬動則鑾鳴，車動則和應也。鑾或作鸞，其義皆同。鸞以其有聲，鑾以其金爲之也。杜預《左傳注》云：「鸞在鑣，和在衡。」而毛氏《詩傳》云：「在軾曰和，在鑣曰鸞。」軾乃車内所憑之物，和在於軾，車動未必能鳴。衡軛之間，與馬相比，動則有聲。此當以杜説爲正。

校勘記

【一】此卷前爲第十二卷終，且卷末鐫有「萬曆庚子春三月武林書室蔣德盛梓行」長方印。

《左傳》：鄭子家與晉趙宣子書曰：「鋌而走險，急何能擇？」杜注：「鋌，急走貌。」孔疏云：「鋌文連走，故爲疾走貌。」治曰：鋌之爲文，安得爲疾走之貌乎？孔説以連文言之曲矣。鋌、挺古字通用。挺，勁健也。勁捷即疾走之貌。

「昧爽丕顯，後世猶怠。」解者以爲：昧旦，未明之時，已大明其德。此説恐非。蓋古先明主憂勞政治，當其昧爽之時，曰茲已大明矣。祖宗勤勞如此，而子孫猶復怠惰。今説乃云「未明之時，能大明其德」，豈大明其德又有時乎？卷一，五段。

修身莫大乎事親，事親莫大乎致養，致養莫大乎養志。盡天地之精微，竭水陸之多品，而或不得其所欲者，祇以養口腹耳。養之下也。怡聲順色，先意承志，雖復菽水之約，而有以得其歡心，是則養之至也。孔孟之言詳矣。《内則》言事親，則歷數饘酏、酒醴、棗、栗、飴、蜜、堇荁、枌、榆、免、薧、滫、髓、脂膏之屬。及夫羹、齊、醬、醢之目，膳羞調和之宜，脱肉、作魚、膾桃、攢柤之名，麋菹、豕軒、辟鷄、宛脾之别。其事卑鄙煩猥，大類世所傳《食纂》。而辭費辭贅，則又若《上林》《子虛》之誇。甚非所以闡明《禮經》之旨也。竊意漢儒雜采《周禮》燕饗所用，及當時飲食所尚，篹合《曲禮》《王制》，揎釀竹帛，以射時取資耳。

子曰：「加我數年，五十以學《易》，可以無大過矣。」《史記》云：「孔子晚而喜《易》，序《彖》《繫》《象》《説卦》《文言》，讀《易》韋編三絶。曰，假我數年，若是，我於《易》則彬彬矣。」或以「加」「假」聲得相借。或以「五十」作「卒」。皆無然之説也。大抵《論語》所載，則是未繫《易》時語。而司馬遷所記，則作《十翼》時言之也。言本不同，乃欲强比而同之。宜乎？若是之紛紛也，二説雖不同，然而謙抑之詞，則一焉耳。夫聖人生知，寧復有大過耶？寧復有不至於彬彬者耶？猶有是言者，所以爲學者法也。張籍書與韓退之曰：「吾子所論，排釋、老之説，不若著書。」退之答曰：「化當時莫若口，傳來世莫若書。又懼吾力之未至，至之而不能也。三十而立，四十而不惑。吾於聖人既過之猶懼不及，矧今未至，固有所不能耳。請待五六十然後爲之，冀其少過也。」退之於二家攘斥之切，曾不肯以蹔舍，而顧待五六十然後爲之。其亦善學孔子者歟？

《孟子》曰：「萬物皆備於我矣，反身而誠，樂莫大焉。」又曰：「所以動心忍性，增益其所不能。」萬物皆備於我，則安知萬物之中不有至惡者存乎？動心忍性，則焉知一性之内不有不善者存乎？此與性善之説，殆若胡越焉者。何也？蓋謂萬物皆有效善之質，一心獨爲持性之主云耳。不深探孟子之旨，而徒爲性善之説。是誤父之而不知其氐者。雖終身學，而吾以爲未嘗學也。

「左右」二字，從上聲則爲兩實，從去聲則爲從己。此甚易辨者也。今人皆混而爲一，不惟不辨其聲音之當否，至於禮數儀制亦復倒錯。而世俗悠悠，皆不恤也。爲禮之家，欲以左爲上則左之，欲以右爲上則右之。原其所以然，亦從來遠矣。

一飛沖天，志在沖天。鸞鳳沖霄，沖霄之舉。「沖」本蟲音，古今人悉用爲充音。二字古必通用，不然則前人既誤，後人不加省察，狃而承之耳。卷二，五段。

奎十六星在西方，天之武庫也。一曰天豕，一曰封豕，主以兵禁暴。又主溝瀆，其象與圖書文章等，全不相干。

《老子傳》：「君子得時則駕，不得其時則蓬累而行。」蓬累者，謂逐隊而趨，若蓬顆然，隨風積聚而東西也。一曰累平聲，讀謂累累然，累累亦積累之意。説者或以爲戴笠而行。亦何紕繆之甚。

廉頗「三遺矢」。或謂所挾之箭三度遺之。或謂矢，陳也，欲有所陳，三度遺忘。或謂矢即矢溺之矢，一飯之中凡三遺矢，言在坐不能自禁其污穢狼藉。三説皆謬。廉頗智將，非鬥將，時方閑處，兼同使者餐飯，不應三遺箭也。《皋陶》「矢厥謨」，「矢」雖訓陳，要之史筆貴於辭達。三遺陳已不成語，況以矢轉訓陳乎？惟矢溺之説爲最近。然非在坐不能自禁也，只是比及飯畢三次登溷耳。誣其老而氣弱、臟腑虛滑云。

父命子，亦得謂公。「鼂錯更令三十章，諸侯喧嘩。錯父聞之，從潁川來，謂錯曰：『上初即位，公爲政用事，侵削諸侯，疏人骨肉，口語多怨。公何爲也？』錯曰：『固也。不如此，天子不尊，宗廟不安。』父曰：『劉氏安矣，而鼂氏危。吾去公歸矣。』遂飲藥死，曰：『吾不忍見禍逮身。』後十餘日，吳、楚七國俱反，以誅錯爲名。」錯時爲御史大夫，三公官也。錯父謂錯爲「公」，豈以子貴而呼之歟？抑「公」亦「而汝」之類也？

「漢元」字，《前書》一見，《後書》三見。《前書》則平帝元始五年，詔曰：「宗室子，自漢元至今，十有餘萬人。其令郡國各置宗師以糾之，致教訓焉。」《後書》則安帝時，耿、宋、閻氏貴盛。翟酺上疏曰：「今外戚寵幸，功均造化。漢元以來，未有等比。」又桓帝時，郭泰常舉有道不就，同郡宋冲素服其德，以爲自漢元以來，未見其匹，常勸其仕。又靈帝時。竇武白太后，欲悉誅宦官。太后曰：「漢元以來故事，世有宦官，但當誅其有罪者。豈可盡廢元始也？」「漢元以來」，謂漢始得天下以至於今也。其《後書》三見，略皆一時語。其《前書》所見，則予竊有少疑焉。高祖即位元年乙未，至元始五年乙丑，總二百一十一年。古今以三十年爲世，此纔七世耳。而宗室子至十有餘萬人，支庶蕃衍，一何如是之多耶？豈天家子孫有異於凡人歟？不然，何爲六七世之間，而生息之夥，至十有餘萬也。物窮則變，數極則反。新莽間起，九服雲擾。卯金之裔，百不一存。蓋亦理勢之極焉耳。

《漢書・刑法志》：「中刑用刀鋸，其次用鑽鑿。」韋昭曰：「鑽，臏刑也。鑿，黥刑也。」師古曰：「鑽，鑽去其臏骨也。鑽音子端反。」予謂鑽、鑿二物，皆施之於臏也。韋以鑿爲黥刑，誤矣。黥復何事於鑿？又顏讀鑽爲平聲，亦誤。《志》所陳刀鋸鑽鑿等，莫非指器物而言。鑽作平聲讀，則非器也，乃用器耳。鑽去聲讀之爲是。

《溝洫志》：元光中，河決瓠子。後二十餘歲，上自臨決河，令群臣從官自將軍以下負薪填之。是時東郡燒草，以故薪柴少。而下淇園之竹以爲揵。晉灼曰：「淇園，衛之苑也。」如淳曰：「樹竹塞水決之口，稍稍布插按樹之。水稍弱，補令密，謂之揵。以草塞其裹，乃以土填之。有石，以石爲之。」師古曰：「揵音其偃反。」《志》又云：「上既臨河決，悼功之不成，乃作歌。」其末曰：「隤林竹兮揵石菑，宣防塞兮萬福來。」師古曰：「隤林竹者，即上所説下淇園之竹以爲揵也。石菑者，謂臿石立之，然後以土就填塞也。菑，亦臿耳，音側其反，義與插同。」又《史記·河渠書》云：「頹林竹兮楗石菑。」如淳曰：「河決，楗不能禁，故言菑。」韋昭曰：「楗，柱也。木立死曰菑。」治曰：楗誠如如淳之注。如復云：有石，以石爲之，謂以石爲楗也。「楗」字，《前漢》作「揵」，《史記》作「楗」。古字通用，無所不可。然作「楗」者爲優。按《韻書》，楗闑鍵同音，乃關閉之義。今填塞河決，以竹爲楗，正與此意相應。故韋昭以楗爲柱也。菑有三説，師古以爲臿，韋昭以爲木立死，如淳雖無説，而謂河決楗不能禁，故言菑，是作災字讀也。如説亦長，顔、韋俱短。歌所謂「林竹」者，即上竹楗也。所謂「隤」者，即竹楗爲水所摧倒。竹楗既倒，而石楗亦被災也。「來」字又與「災」字協。此説爲長。顔意以「隤」爲翦伐，伐得此竹以爲楗，且臿石焉。此意雖通，而楗石臿之，辭既不可得而通，兼菑字實不訓臿。韋意亦以爲伐竹作楗，楗間著石，如立椔然。「來」字音离，椔字亦得爲協。此義雖通，而「石」字則贅矣。故予以爲二説俱短。

司馬長卿、揚子雲皆蜀人，能文而吃。玉壘、銅梁之氣，於兹二人獨厚之。以游、夏之才，而又吝於宰我、子貢之舌，何歟？美之所鍾，吝於其際，雖聖智無得而兼之。卿、雲而有予、賜之辨，則造物必不復予之以言。卜之學矣，曰吾爲游、夏乎？吾爲予、賜乎？曰其亦游、夏而已矣。晉世太叔以辨洽稱，摯仲以辭翰聞。每至公坐，叔談，仲不能對，退著文難叔，復不能答，相與紛然。然叔也無可紀，而仲也多所録，於是仲爲勝。由叔、仲論之，卿、雲之吶吶，雖無取於一時，而黼黻河漢，固無廢於千萬祀之文章也。

趙充國奏言：「羌本可五萬人軍，定計遺脱，與煎鞏、黄羝俱亡者不過四千人。羌靡忘等自詭必得【二】，請罷屯兵。奏可。」京房爲魏郡太守，去至新豐，因郵上封事曰：「今臣得出守郡，自詭效功，恐未效而死。惟陛下毋使臣塞涌水之異。當正先之死，爲姚平所笑。」充國、房皆有「自詭」語。自詭，妄意也。蓋謙辭。

漢延熹三年所立孫叔敖碑云：「楚相孫君，諱饒，字叔敖，本是縣人也。六國時，期思屬楚。楚都南郢。南郢即南郡江陵縣也。」又云：「莊王欲加封其子。子辭：『父有命，如楚不忘亡臣社稷圖，而欲有賞，必於潘國下濕墝埆，人所不貪。』遂封潘鄉，即固始也。三九無嗣，國絶嗣廢。固始令段君，夢見孫君，就其故祠，爲架廟屋，立石銘碑，春秋

【二】羌靡忘等自詭必得　「忘」原作「志」，據《漢書·趙充國傳》改。

烝嘗，明神報祚。即歲遷長𡨥太守。案「即歲」二字，據碑文增入。及期思縣宰段君諱光，字世賢，魏郡鄴人。庶慕先賢，體德允恭。篤古遵舊，奉履憲章。欽翼天道，五典興通。考籍祭祠，祇肅神明。臨縣一載，志在惠康。葬枯廩乏，愛育黎烝。討掃醜類，鰥寡是矜。杜僞養善，顯忠表仁。感想孫君，乃發嘉訓。興祀立壇，勤勤愛敬。念意自然，刻石銘碑。」又云：「福祐期思，縣興士熾。」如碑所言，則是孫叔敖生於期思，而其子孫居於固始也。按《後漢・郡國志》：期思、固始皆屬汝南郡。《志》又曰：期思有蔣鄉，故蔣國。又云：固始侯國，故寢也。光武中興，更名有寢邱。注引《史記》曰「楚莊王以封孫叔敖子」，此自與碑相合。然碑中前言「即其故祠，架廟銘碑」，後云「福祐期思」，則此當在期思而不在固始也。碑稱段君以固始令遷某郡太守，及期思縣宰段君云云。語句似不相貫。又碑載孫君諱饒。按《左傳》，叔敖乃蔿賈伯嬴之子，又謂之蔿艾獵，而此謂諱饒，則必他有所據。當竢博雅君子問之。

爲言不難，而文爲難。爲文不難，而作史爲最難。史有體有要，體要具而後史成焉。體要不具，而徒文之騁。史乎，史乎，而非千萬世之法也。篇翰流傳，鏘耳赫目，可以入《文苑》矣，而不可以入《儒林》。經術粹精，洞貫古今，可以入《儒林》矣，不可以入《儒行》。班固則凡有文字者悉載之本傳之中，別以明經者入《儒林》。范蔚宗則既傳《儒林》，而後《文苑》繼之。皆得其體要者也。雖然，吾猶恨其不爲《儒行》一篇，以爲《儒林》《文苑》之首焉。能尊其書而不能尊其身行之人，是信其名而不信其實也。吾窮居陋處，固不在筆削之位，而輒爲是説，冀乎後之人知尊其爲儒之身，有愈於知尊其爲儒之書耳。非故爲夸也。卷三十，一段。

魏杜恕爲散騎黄門侍郎，在朝八年，出爲弘農太守。數歲轉趙相，以疾去官。起家爲河中太守。又傳嘏爲黄門侍郎，何晏等與嘏不平，因微事以免嘏官。起家拜滎陽太守。又王基爲安豐太守，以疾徵還。起家爲河南尹。「起家者」，蓋在家中牽復而起爲此職也。

士大夫大節，不必觀其所爲，但觀其所不爲足矣。魏高貴鄉公欲去司馬昭，夜召王沈、王業、王經，出懷中黄素詔以示之，戒嚴俟旦。沈、業馳告於昭。昭召賈充等爲之備，遂弑高貴鄉公。夫晉、魏之賊也。凡爲晉之忠臣者，皆魏之賊也。當髦之圖昭之際，使沈、業如經之不言，則髦必當得志，昭必先誅，魏祚必不傾，司馬氏亦無自而王也。成敗之機，在於呼吸。而沈、業二鼠子，背國佐賊，賊因得以肆其毒焉。反覆變詐，若沈、業者，真二國之賊也。沈、業以泄謀爲姦賊，則王經之不洩，信爲有魏之忠臣矣。昭是以恨經而殺之，則是賊殺魏之忠臣也。夫忠臣之死於賊，則死於王事者也。於斯時也，魏之國如綴旒，魏之主如委裘，誠不暇於甄録已死之人也。然其秉董狐之筆者，可不特爲一傳，以勸後世之人乎？或謂經之行迹不多見，自不足以立傳。曰：君子之爲己爲人爲天下，必待世間之可稱美者，載諸一身而無孑遺，然後爲得哉？雖聖人亦不能爾。而謂君子者能之耶？觀專車之骨，則防風氏之長爲可知。《魏史》不爲經傳，過矣。雖然《魏史》不傳王經，《晉史》爲傳沈等，而千載而下，終不能廢經之美。而沈等之臭惡，借東海之波，亦莫得而濯之。

郤正《釋譏》云「九方考精於至貴」。注引《淮南子》云：「秦穆公謂伯樂曰：『子姓有可使求馬者乎？』對曰：『臣有所與共儋纆采薪九方堙，此其相馬非臣之下也。』」凡注解文字，其所援據有重複者，止當引用前人，而其在後者略之可也。其或前後差池，有須訂正，則自不害兩舉而互明之。他無所發而併引之，已屬冗長，苟復舍先傳而取後聞，乃所謂不知其本者也。九方相馬，事具《列子》。《列子》前《淮南子》數百年。但《列子》作九方皋，《淮南子》作九方堙耳。今裴松之解釋郤文，專據《淮南子》而不識《列子》，非也。

《孫權傳》：黄龍元年注權告天文，末云：「謹擇元日，登壇燎祭，即皇帝位。惟爾有神饗之。」「爾汝后帝」，殆失文字之體，豈吳無一人耶？其後與漢爲盟文亦曰：「明神上帝，是討是督。山川百神，是糾是殛。俾墜其師，無克胙國。于爾大神，其明鑒之。」此雖泛及山川，終是先言上帝。蓋與前告文同出一手云。或曰《書·武成》云「予小子其承厥志，底商之罪，告于皇天后土，所過名山大川」，其下云：「惟其士女，篚厥玄黄，昭我周王。天休震動，用附我大邑周。惟爾有神，尚克相予，以濟兆民，無作神羞。」上併陳皇天后土、名山大川，後併舉惟爾有神，則雖天亦得以爾之。子何獨病于吴之文耶？曰：《武成》與此不同。《武成》在前併數天地、山川，而其下先言天休震動，乃復言惟爾有神則有神者。正謂山川之屬，不謂天也。《書》又云「無作神羞」，若以此神爲天，天固不得以言羞。况《武成》一篇，先儒咸謂本經脱誤，文無次第，又豈可全以爲據乎？

《吴志》：「張昭子承，能甄識人物，勤于長進，篤于物類。凡在庶幾之流，無不造門。」又：「顧雍子邵，好樂人倫。自州郡庶幾及四方人士，往來相見。或言議而去，或結厚而别。風聲流聞，遠近稱之。」二傳中皆用「庶幾」字。「庶幾」者，所謂凡有可以成材者皆是也。

《晉·天文志》：荆州占，載妖星凡二十一，其十九曰長庚，如一匹帛著天。見則兵起。《詩·大東》云：「東有啓明，西有長庚。」毛傳云：「日旦出，謂明星爲啓明。日既入，謂明星爲長庚。庚，續也。」毛不謂長庚爲妖星，然則長庚自有二星也，但同名耳。《志》又云：瑞星有四。其三曰含譽，光耀似彗。其四曰格澤，如炎火，下大上鋭，然妖星如火而下大上鋭者甚多，今而格澤似之。古今史書中所載星變爲凶災者莫過于彗，今而含譽似之。諸若此類，其果爲瑞耶？其果爲妖耶？

晉惠帝時，劉頌上疏云：「法欲必奉，故令主者守文【三】。理有窮塞，故令大臣釋滯。事有時宜，故使人主權斷。」又能遠上疏于瑯琊王睿曰：「凡爲駮議者，皆當引律令經傳。若開塞隨宜，權道制物，此是人君之所得行，非臣子所宜專用也。」二子之言相合，爲人臣者不可不知。故表而出之。

《晉書·索綝傳》：劉曜入長安，時三秦人尹桓等數千人家，盜發漢霸、杜二陵，多獲珍寶。帝問綝曰：「漢陵中物何乃多耶？」綝對曰：「漢天子即位一年而爲陵，天下貢賦，三分之一供宗廟，一供賓客，一供山陵。漢武帝享年久長，比崩，而茂陵不復容物。其樹皆已可拱。赤眉取陵中物，不能減半。于今猶朽帛委積，珠玉未盡。此二陵是儉者耳。」應劭《風俗通義》載，霸陵薄葬，亦被發掘。而其陵中物乃與《前書·本紀》絶不同，據劭、綝之言，知霸陵所謂薄葬者，乃特比餘陵差少耳。劭説與《前書》不同者，《前書》蓋從史筆，劭説蓋從所聞見。容有一誤。然質諸《晉書》，劭説爲得其實。

高洋時，能委任楊愔，時人皆言主昏於上，政清於下。主既昏矣，政安得而清乎？吾但聞元首明，股肱良，庶事康。未聞主昏于上，政清于下也。此乃當時史官曲筆，巧譽柄臣，後人信以爲然耳。明主正當於此時察之。

北齊高緯時，穆提婆、韓長鸞聞壽陽陷，握槊不輟曰：「本是彼物，從其去所。」《通鑑》注云：「槊，長矛也。」治曰：槊，雖得爲長矛，然言之齊事，則非。此蓋「棋槊」之

【三】故令主者守文　「主」字原缺，據《晉書》補。

「槊」，長行局所用之馬也。長行局即今之雙陸。

李白子伯禽，爲嘉興徐浦鹽官，慢侮廟神以死。伯禽之狂悖有以哉！白自一生蹇傲，視禮法如木索，任放浪爲特達，然氣豪才壯，有所爲而然，則尚可言也。彼伯禽者，何爲者也？狃習所見，强吾之所無而亦爲是，幾何其不自絶于天耶？吾謂慢神而得死，非神殛之，其所以取之者，蓋已久矣。夫爲人之子也，得爲白也後，則人之大幸也。不肖之子反以得大不幸，悲夫！

《通鑑》：魏明帝太和三年，改平望觀曰聽訟觀。初，魏文侯師李悝，著《法經》六篇。蕭何定律，益爲九篇。後稍增至六十篇。又有令三百餘篇，决事比九百六卷。世有增損，錯糅無常。後人各爲章句，以至于魏。所當用者，合二萬六千二百七十二條，七百七十三萬餘言。衛覬于是奏請置律博士。從之。此云蕭何定律爲九篇，而《前漢·刑法志》則云蕭何捃摭秦法，作律九章。按《高祖紀》，高祖入關，約法三章。説者謂一條爲一章。今何作律九章，亦當爲九條而已。一則以爲九篇，一則以爲九章，則其數相懸遠矣。豈當時所作律九章與所定法經九篇，各自爲書耶？决不得以一章爲一篇也。

郡守官府亦得稱朝。劉寵爲會稽守，徵爲將作大匠。山陰縣有五六老叟，人賫百錢以送寵，曰：「未嘗識郡朝。」又汝南太守宗資，以范滂爲功曹。南陽太守成瑨，以岑晊爲功曹。皆委心聽任，使之褒善糾違，肅清朝府。夫「朝」者，天子諸侯王之所居也。

而郡守亦得以稱之者，一郡之守，一郡之君主也，有民人焉，有社稷焉。凡臣屬者，謂守寺爲朝，無嫌也。蓋古者不獨於府寺爲朝，雖私家亦得言之。鄭伯有嗜酒，爲窟室而夜飲，擊鐘焉。朝至，未已。朝者曰：「公焉在？」其人曰：「吾公在壑谷。」皆自朝布路而罷。「自朝而罷」，乃伯有私家之朝也。

自昔上衣下服皆有緣，今皆無緣。非其制也。無緣則古犯者大辟之服。傳曰：「犯黥者皂其巾，犯劓者丹其服，犯髕者墨其體，犯宫者雜其屨。大犯之罪，殊刑之極，布其衣裾而無領緣。」

應奉讀書，五行俱下。宋孝武省讀書奏，能七行俱下。蓋言其敏也。五行七行俱下，猶云一息讀竟耳。

范書論引《易》曰：「『人之所助者順』，不誣矣。」「順」當作「信」。此非蔚宗之誤，後人傳寫者誤耳。卷四，十六段。

逸文二

「三緘其口」，謂緘其口者凡三處也。故今人多以「三緘」連言之。或曰「有金人焉三」斷句，則指三人也。亦通。

蟹八足而二螯，天下人無不識者。而荀卿子謂蟹六跪而二螯。楊倞云：跪，足也。韓子以刖足爲刖跪。螯，蟹首上如鉞者。許慎《説文》亦云蟹六足而二螯。荀卿，趙人，仕齊三爲祭酒，後適楚爲蘭陵令。趙、齊皆有蟹，而楚又蟹之鄉也。荀子大儒而謂蟹六跪，何耶？許叔重嘗撰《五經異義》，當時號爲博物，而亦以蟹爲六足者，非不識蟹，蓋循荀子之説，而忘其所以爲誤耳。蟹之爲物至賤而甚廣者也。荀説之誤，至損八足而六之，乃知移符坊州索杜若者，未足多誚也。

王符《潛夫論》曰：「小兒多病，傷于飽。」又曰：「哺乳多則生癇病。」良以小兒氣血未完，其大腸如葱，其小腸如筋。食飲稍過度，易致病癖也。然符之此言但知節食耳，不知衣食之豐，亦受病之源也。俗諺有之：「小兒欲得安，無過飢與寒。」飢寒之者，非故以瘠而損之，所以撙節之而已。亦非謂飢之寒之可保其無疾也，但撙節之則疾必差少也。是故富家兒多病，貧家兒多安，豈富家之養不及于貧素者哉？正以所奉者病之耳。

近世一醫師謂「貧兒誤得安樂法」，誠良言也。貧兒誤安則是富兒誤求病也。慈幼者，可不知此言乎？《曲禮》曰：「童子不衣裘裳。」鄭云：「裘太温，消陰氣，使不堪苦。」衣不裘裳且便易。《内則》曰：「子十年出就外傅，居宿于外，學書計，衣不帛襦袴。」鄭云：「不用帛爲襦袴，爲太温，傷陰氣。」謂十歲，則已踰于髫齔矣。謂童子，則已望于成人矣。猶不敢以成人之體畜之者，凡以爲安樂法也。必待二十而後聽與長者均焉，慎之至也。故《内則》云：「二十而冠，始學禮，可以衣裘帛。」孔穎達云：「二十成人，血氣强盛，無慮損傷，故可以衣裘帛也。」古人之慈幼者如此。魏明帝屢失皇子，王朗上疏有云：「人少小時，常恐被褥泰温。泰温則不能便柔膚弱體，是以難可防護。而易用感慨。若常令少小之緼袍，不至于甚厚，則必咸保金玉之性，而比壽于南山矣。」夫朝廷之尊，君臣之嚴，獻替之際，猶且以此爲深慮，則夫有子者，徒知養之，不知所以安之，是真愛子而賊之者也？

聖人之心如日，賢人之心如燭，又其次煨燼中微明耳。日中照天下，片雲翳之，曖然以昏。椽燭煌煌，盲風滅之，離婁無所睹焉。爲日而曖然以昏，爲燭而無所睹。其日與燭之罪歟？有物以賊之，雖有六龍之駕，十圍之炬，顧不如煨燼之中之微明也。蘊微明于煨燼之中，似有而若無也，似無而若有也。是固無所取者。有能推而廣之，或可以燎原，或可以亘天。此莊生所謂滑疑之曜，聖人之所圖者也。聖人則知所以圖之，衆人則惟有任之而已。任之之久，必將以堅白之昧終吾如微明焉，何哉？

大抵人不能常動，亦不能常静。常動則膠于陽，而有以失于陰。常静則膠于陰，而有以失于陽。陰陽偏勝，則傷之者至矣。流俗蚩蚩，乃欲制動以求静。静者未至，而動者先與吾敵，則其病又豈止于偏勝也耶？吾將見百骸之不理，四體之不舉也。吾能持一静于萬動之中，寓萬動于一静之中，是終日動而未嘗動，終日静而未嘗静也。而又何病焉？司馬子微有言曰：「束心太急，令人發狂。」東坡題静勝軒亦云：「鳥囚不忘飛，馬繫不忘馳。静若不自勝，不如聽所之。」皆所以斥偏勝之患也。然束心太急，則所謂揠苗者也。聽其所之，則所謂不耘苗者也。若夫交相爲養，則所謂與時偕行者矣。至其終日動静，而未嘗動静，則又非時之所能囿也。其乾道變化者乎？其鼓之舞之以盡神乎？

讓，幾于僞而非僞也，然亦有僞爲者。王安石辭修《起居注》，力自陳愬，章七八上，然後朝廷許之。而司馬温公亦然。一《起居注》，非貴仕也，而二公退避如此。此果僞也而非歟？後之君子當必有辨之者。

天下之病，莫病于似然而實不然。然則天下之病，不病不仁，病在于似夫仁者之害吾仁。不病不義，病在于似夫義者之害吾義。不仁不義，人得而砭之。似仁似義者，既自不受和、扁之砭，而和、扁之精亦未以易窺見置砭之處。

健羨、健忘、健倒。健者，敏速絶甚之謂。莊生之屏健羨，則孟子之寡欲，老子之弱其志也。健羡非必爲惡，凡有所甚欲，皆謂之健羡也。

商鞅爲秦築冀闕宫庭于咸陽，徙都之。「令父子兄弟同室内息者有禁。」同室内息，謂同居一家。家中有子息而無所務者有刑。其所務者，則必兵農二者而已。近觀商子之書，則又得其詳焉。《商子·賞刑篇》曰：「聖人爲國也【一】，一賞，一刑，一教。」一教者，雖曰聖智巧佞厚樸，皆不能以非功罔上利，然富貴之門，要存戰而已矣。父子昆弟，知識婚姻合同者，皆曰務之所加，戰而已矣。故壯者務戰，老弱務守。死者不悔，生者務勸。此臣之所謂一教也。然則商鞅之禁，特主兵事言之。兵事畢足，然後及于農也。卷五，九段。

《西清詩話》：辨《瘞鶴銘》，華陽真逸撰，爲陶隱居無疑，而以爲歐陽公謂「爲顧況道號」及蘇子美謂「爲右軍書」，皆非。子美論其書爲右軍筆，恐自出一時所見。歐陽公博古，謂華陽真逸顧況道號，語必不妄。古人名稱同者甚多，豈陶、顧二公偶同此號耶？

予家舊蓄米帖四十有五，裝爲大看策。其中一幅載筍簡法甚妙，大概每一簡用筍葉兩片，雜膠鰾髹漆等，黏連其背，復用漆押其邊。又一幅前有圖書印章十餘枚，皆古文或玉箸篆，有曰「天水米芾」者，有曰「米芾元章」者，有曰「火宋米芾」者，有曰「米芾」及單「芾」字者，有曰「辛卯」者，有曰「甲寅」者，有曰「丙午」「丁未」及

【一】聖人爲國也　「國」原作「教」，誤，據《商子·賞刑篇》改。

「癸酉」者，後有數十語云。正人端士名字皆正，至于所紀歲時亦莫不正。前有「水宋」，故以「火宋」別之。

日者李君顯道，號稱鹿山人，瞽而慧。論人間事，極有理致。因嘆風俗之偷，乃曰：吾欲使天下無目之人有靈識。略依在古，皆習爲樂師伶人。其少壯有力而不屑爲伶倫者，可官給碓磑，使自食其力。不必如我輩以口舌爲衣食。此亦正風俗之一端也。李，覃懷人。

湧泉穴在足心之上，濕氣皆從此入。日夕之間，常以兩足赤肉，更次用一手握指，一手摩擦，數目多時，覺足心熱，即將脚指略略動轉。倦則少歇。或令人擦之亦得。終不若自擦爲佳。先公每夜常自擦至數千，所以晚年步履輕便。僕性則懶，每卧時，祇令人擦至熟睡即止，亦覺得力。向來鄉人鄭彦和，自太府丞出爲江東倉使，足弱不能陛辭，樞筦黄繼道教以此法，數月即能拜跪。又見霅人丁邵州致遠，病足半年，不能下床。遇一道人，亦授此法，久而即愈。偶記憶得，因筆于册。用告病者，豈曰小補之哉？

《江南野録》載韓熙載服朮，食桃李，瀉十數朮人，長寸餘而卒。此未必然。予友人張君者，服蒼朮幾三十年，尤喜食桃李，未聞有此異也。熙載之敗，此自根本不固耳。李後主疑北人，往往賜死。韓縱酒，多蓄婢妾，常隨後房歌伎乞丐，此其所以來朮人也。多食桃李，何損于朮耶？嘉祐《本草》蒼、白二朮不別出，但于蒼朮條下引藥性論云：白术忌桃李、雀肉、菘菜、青魚，豈熙載所服者乃白术，非蒼术而然歟？

《黄庭經》：「含漱金醴吞玉英，保灌玉廬以自償。」玉廬，一身也。保，保養也。灌，澆灌也，言脾胃爲倉廩之宫，能保灌一身，使之安樂，而還以自償耳。自償者，謂養身亦所以自養也。卷六，六段。

《文選》云：「乘茵步輦，惟所息宴。」善曰：「應劭《漢官儀》曰『皇后婕好乘輦，餘皆以茵。四人輿以行』。」劉良以爲「後宫或行于茵，或載于輦」。如良所説，則乘茵謂行茵褥之上。如應劭之説，于「餘皆以茵」之下始云「四人輿以行」，則茵亦輦轎之屬。《詩》：「文茵暢轂。」《前漢·周陽由傳》：「同車未嘗敢均茵憑。」茵，蓋車中之物，或因之以取名也。「吐茵」亦同。

阮籍《詠懷》云：「李公悲東門，蘇子狹三河。」張銑曰：「蘇秦本洛陽人。洛陽，三川之地，則三河也。沈約曰：河南、河東、河北，秦之三川郡。古人呼水皆爲河耳。故黄魯直《送顧子敦爲河北轉運》詩云：『西連魏三河，東盡齊四履。』謂河南、河東，通爲三河也。」阮又云：「平生少年時，輕薄好弦歌。西游咸陽市，趙李相經過。娱樂未終極，白日忽蹉跎。驅馬復來歸，反顧望三河。」向曰：「晉文王，河内人，故托稱三河。」又魯直《劉明仲墨竹賦》云：「三河少年，禀生勁剛。春服楚楚，游俠專場。」亦用阮語也。是則河南洛陽，河東、河南、河北，皆得稱之爲三河也。然沈約注云：河南、河東、河北，秦之三川郡。古人呼水皆爲河。而張銑亦承沈説，謂三川爲三河，則謬矣。凡近河者皆呼水爲河，猶近江者皆呼水爲江，固也。今取三川以釋三河，毋乃疏乎？按《史記》，秦惠王時，司馬錯欲伐蜀。張儀曰：「不如伐韓。」王問其説。儀曰：「親魏善楚，下兵三川」，「以臨二周之郊」，「據九鼎，按圖籍，挾天子以令于天下。天下莫敢不聽。此王業也」。又曰：「臣聞争名者于朝，争利者于市。今三川，周室天下之市朝也。」迨至莊襄王之元年，卒使蒙驁伐韓。韓獻成皋、鞏。秦界至大梁，初置三川郡。韋昭曰：「有河、洛、伊，故曰三川。」如史遷所記，韋昭所解，三川之與三河，大不相類者。謂伊水、洛水并河爲三耳。

陶淵明讀書不求甚解，又蓄素琴一張。弦索不具，曰「但得琴中趣，何勞弦上聲」。此二事正是此老自得處。俗子不知，便謂淵明真不著意。此亦何足與語？不求解則如勿讀，不用聲則如勿蓄。蓋「不求甚解」者，謂得意忘言，不若老生腐儒爲章句細碎耳。「何勞弦上聲」者，謂當時弦索偶不具，因之以爲得趣，則初不在聲。亦如孔子論樂于鐘鼓之外耳。今觀其平生詩文，可概見矣。《答龐參軍》云：「衡門之下，有琴有書。載彈載詠，爰得我娱。豈無他好，樂是幽居。」《歸去來辭》云：「説親戚之情話，樂琴書以消憂。」與子儼等疏云：「少學琴書，偶愛閑静。開卷有得，便欣然忘食。」使果不求甚解，不取弦上之聲，則何爲「載彈載詠」以自娱耶？何爲樂以消其憂耶？何爲自少學之以至于欣然而忘食耶？癡人前不得説夢。若俗子輩，又烏知此老之所自得者哉？

李白詩《蕘祠送別》云：「朝策犂眉騧，舉鞭力不堪。」犂牛，駁也。騧，黃馬黑喙也。然則犂眉騧者，黃馬黑喙而眉斑駁者耳。

李太白《送李女真歸廬山》詩云：「一往屏風疊，乘鸞著玉鞭。」謂其地形疊疊然也。

顔真卿《放生池碑銘序》云：「謹緣臯陶、奚斯歌虞頌魯之義，述天下放生池碑銘一章。」所用「奚斯」，蓋承班固之誤也。班固《兩都賦序》云：「臯陶歌虞，奚斯頌魯，同見采于孔氏。」按《魯頌・閟宫》云：「松桷有舄，路寢孔碩。新廟奕奕，奚斯所作。」奚斯乃作新廟者也，而非作頌之人也，班固何得以與臯陶爲配乎？此雖班固之失，蓋又先承揚雄之誤也。《法言・學行篇》曰：「正考父常睎尹吉甫矣，公子奚斯常睎正考父矣。」按《大雅・崧高》云：「吉甫作誦，其詩孔碩。其風肆好，以贈申伯。」《烝民》詩云：「吉甫作誦，穆如清風。仲山甫永懷，以慰其心。」又《商頌・那序》云：「微子至于戴公，其間禮樂廢壞。有正考父者，得《商頌》十二篇于周之太師，以《那》爲首。」吉甫固作頌者，若正考父者，但爲得頌之人，奚斯則但爲頌中所稱之人。三人了不相關。揚雄所謂常睎者，爲睎何事乎？此雖揚雄之失，蓋又先承太史公之誤也。《史記》謂《商頌》爲正考父所作。雄既承馬遷之誤，復誤以奚斯亦爲作詩之人也。司馬遷、揚雄、班固號稱漢大儒，而謬誤若此，况後之學者乎？

退之論三子云：「孟氏醇乎醇者也，荀與揚，大醇而小疵。」然即韓之言，而求韓之情，所謂荀、揚之疵，亦自不免。退之平生挺特，力以周、孔之學爲學，故著《原道》等篇，觝排異端，至以諫迎佛骨，雖獲戾，一斥幾萬里而不悔，斯亦足以爲大醇矣。奈何惡其爲人，而日與之親。又作爲歌詩語言，以光大其徒，且示己所以相愛慕之深。有是心則有是言。言既如是，則與平生所素蓄者，豈不大相反耶？若《送惠師》詩云：「惠師浮屠者，乃是不羈人。」《送靈師》云：「飲酒盡百錢，嘲諧思愈鮮。」《送文暢》云：「已窮佛根源，麤識事輗軏。」《送無本》云：「老懶無鬥心，久不事鉛槧。欲以金帛酬，舉室常顑苦感反頷。」《聽穎師彈琴》云：「嗟予有兩耳，未省聽絲簧。自聞穎師彈，起坐在一床。」《送澄觀》云：「皆言澄觀雖僧徒，公才吏用當今無。」《别盈上人》云：「山僧愛山出無期，俗士牽俗來何時。」《廣宣上人頻見過》云：「久爲朝士無裨補，空愧高僧數往來。」又有送文暢、高閑等序，招大顛三書，皆情分綢繆，丁寧反覆，密于弟昆。又其與孟簡書，則若與人訟于有司，别白是非，過自緣飾。以是而摘其疵，何特荀、揚已乎？文公而猶若是，自其下者，蓋又不足道矣。

神祠名之閟宫者，謂嚴邃之宫也。名之清□宫者，謂清浄之宫也，而亦得以爲明宫。韓愈《南海神廟碑》云：「明宫齋廬，上雨旁風。無所蓋障，亦得以爲壽宫。」崔融《啓母廟碑》云：「壽宮澹兮不擾。」蓋明宮則神明之所宅，壽宮則死而不忘之義也。

柳子厚《游朝陽巖》詩：「惜非吾鄉土，得以蔭菁茆。」又《禪室》云：「法池結菁茆，團團抱虛白。」構屋用茆，自是常事。必言菁茆者，當是彼土所出別有名爲菁茆者也。按《尚書·禹貢·荆州》云：「包匭菁茆。」孔安國云：「匭，匣也。菁以爲菹，茅以縮酒。」疏云：「《周禮·醢人》有菁菹鹿臡，故知菁以爲菹。鄭云：菁，蔓菁也。蔓菁處處皆有，而令此州貢者，蓋以其味善也【二】。《左傳·僖四年》：齊桓公責楚云：『爾貢包茅不入，王祭不供，無以縮酒。』是茅以縮酒也。《禮·郊特牲》云：『縮酒用茅，明酌也。』《周禮·甸師》云：『祭祀供蕭茅。』鄭興云：『蕭字或爲茜，讀爲縮。束茅立之，祭前沃酒其上，酒滲下若神飲之，故謂之縮。』杜預解縮酒全用鄭興之説，而安國言菁菹亦本《周禮》也。《史記》：齊桓公欲封禪，仲知其不可窮以辭，因設以無然之事云：『古之封禪，江淮之間三脊茅以爲藉。』此乃拒桓公耳，非荆州所有也。鄭玄又以菁茅爲一物，匭猶纏結也。菁茅，茅之有毛刺者。重之，故既包裹而又纏結也。」據前諸説，孔安國以菁茅爲二物，鄭康成以爲一物，然鄭説菁爲蔓菁，則不説茅。説菁茅爲一物，則不説蔓。其意亦以菁與菁茅爲二物也。是則子厚詩所用菁茅，豈鄭玄所謂茅之有毛刺者歟？

玉川子《月蝕詩》云：「歲星主福德，官爵奉董秦。忍使黔婁生，覆尸無衣巾。」東

【二】蓋以其味善也　「味」原作「末」，誤，據《尚書·禹貢》改。

坡云：「詳味此詩，則董秦當時無功而享厚禄者。董秦，李忠臣也，天寶末驍將，屢立戰功，雖贏官亦頗知忠義。代宗時，吐蕃犯闕，徵兵，忠臣即日赴難。考其終始，非無功而享厚禄者。不知玉川子何以有此句？」李子曰：盧仝以黔婁對董秦，則初不論功，但論其德之何如耳。東坡乃謂秦驍勇有戰功，無乃失評甚歟？忠臣之節度淮西也，貪殘好色，將吏妻女美者，多逼淫之。悉以軍政委妹婿節度副使張惠光。惠光挾勢暴横，軍州苦之。忠臣復以惠光子爲牙將，暴横甚于其父。都虞候李希烈，忠臣之族子也。因衆心怨怒，殺惠光父子而逐忠臣。忠臣之所爲如此。歲星主福德，乃以官爵奉之。玉川子所以涕泗而訟之天也。玉川之詞直，而東坡曲之。其亦誤矣。然則有功如秦者，不當官耶？非也。以有功而官之爲當，則國家之權也。以無德而禄之爲不當，則君子不易之論也。二者各自有道，而妄欲一之，則非其道也。東坡稱忠臣頗知忠義，始終有功，意以爲大曆中，君父在難，不擇日而行，爲可尚也。此爲可尚，獨不念建中之變乎？建中末，朱泚僭逆，乘輿播越。忠臣久懷觖望，望風投泚。其所謂知忠義而始終有功者，果安在哉？且舍功而論德，德則殘賊矣。舍德而議功，功則叛人矣。兩無所取，而東坡猶深惜之，殆見堁而不見空者也。莫細于堁，莫大于空，見莫細而不見其莫大者，有物蔽之而然耳。卷七，十段。

司空表聖詩喜用韻字。《春晚》云：「憑高憐酒韻，引滿未能已。」《漫題》云：「率怕人書謹，間宜酒韻高。」以韻與酒，前人不道也。又光啓四年春云：「小欄花韻午晴初。」《撫事寄同游》云：「春添茶韻時過寺。」《紅茶花》云：「豈憐高韻説紅茶。」又《王宫》云：「風荷似醉和風舞，沙鳥無情伴客閑。是物此中皆有韻，更堪微雨半遮山。」

皮日休《鹿門隱書》曰：「舟之有仡，猶人之有道也。」仡，不安也。舟之行匪仡不進，是不安而行安也。人之行也，猶舟之有仡，匪道不行，是不行而行也。夫秦氏仡於項，項遺仡於漢。是聖人之道，不安其所安。小人之道，安其所不安也。其自注云：「仡，五勃反，舟動貌。」按《韻書》及《尚書注釋》，皆云仡。仡爲壯勇貌。仡，許乞、魚乙二切。音訓俱與皮説不同。又遍尋字書，俱無音五勃反，而解爲「舟動貌」者。此必扤字之誤。《詩》云：「天之扤我，如不我克。」傳曰：「扤，動也，五忽反。」

韓偓詩《安貧》云：「窗裏日光飛野馬，案頭筠管長蒲盧。」又劉師道詩《嘆世》云：「野馬飛窗日，醯鷄舞甕天。」所用「野馬」，字皆不當。按《莊子》：「鵬之徙于南溟也，水擊三千里，摶扶摇而上者九萬里。去以六月息者也，野馬也，塵埃也，生物之以息相吹也。」野馬乃澤中之氣耳。今二詩皆以野馬爲游塵。誤矣。

羅隱説：石孝忠事李愬，愬信任與家人伍。元和中，蔡人不恭，天子用裴丞相計，以丞相征蔡。若愬者、光顔者、重胤者，皆受丞相指揮。明年，蔡平，天子快之，詔刑部侍郎韓愈撰《平蔡碑》，將所以大丞相功業于蔡州。孝忠一旦熟視其文，大恚怒，因作力推去其碑，僅傾隊者再三。吏執詣節度使，悉以聞。天子方以東北事倚諸將，聞是卒也，甚訝之，命具獄，將斃于碑下。孝忠伺吏隙，舉枷尾，拉一吏殺之。天子怒，使送闕下，因召見孝忠。孝忠頓首曰：「平蔡之日，臣從在軍前。吳秀琳，蔡之姦賊也，而愬降之。李祐，蔡之驍將也，而愬擒之。蔡之爪牙脱落于是矣。及元濟縛，雖丞相與二三輩，不能先知也。蔡平之後，刻石紀功，盡歸與丞相。而愬第其名與光顔、重胤齒。愬固無所言矣。不幸更有一淮西，其將略如愬者，復肯爲陛下用乎？賞不當功，罰不當罪，非陛下所以勸人也。臣所以推去碑者，非以明愬之功，且將爲陛下正賞罰也。臣不推碑，無以爲吏擒；不殺吏，無以見陛下。臣死不容時矣，請就刑。」憲宗多其意，遂赦之，因號曰烈士。復召翰林段學士撰《淮西碑》，一如孝忠語。今韓、段二碑具在，其敘李愬入蔡事，韓止三十餘字，段則近三百言，蓋段承憲宗之旨，攄孝忠之憤，不得不大爲鋪張誇詡也。然細考韓筆，其三十餘字，與段之三百言者，大略亦不異，但文昌所作稍加絢麗而已。李義山稱退之謂「公之斯文若元氣，先時已入人肝脾」。宋世詩人亦有云：「千載斷碑人膾炙，祇今誰數段文昌。」則二公文字之優劣，不難判也。憲宗亦何爲以卒隸之一言，遽命剗磨舊作，再更新製乎？予以退之之平生考之，蓋有由焉。李漢序昌黎先生文曰：「時人始而驚，中而笑，且排先生益堅，終而翕然，遂以定。」先生亦自以爲公不見信于人，私不見助于友，跋前疐後，動輒得咎。退之所爲，每爲世所阻抑。當淮西之平，鴻功鉅業，歌頌洋洋，將貽千萬世而無斁。事體之重，譬之九鼎，而先生獨以一手扛之。當時必有以私意指摘者，群囂隊譟，踵之以孝忠之舌，衆呴所漂，泰山一羽，其勢無足怪者。然則爲憲宗者，當如何哉？要察所聞之言爲何如耳。如其言可諒，韓筆不能以盡偏裨士卒之勞，自應別録名氏，列之碑陰足矣。亦不可以輕信人語，劃然而改章也。如其事無甚遺逸，而孝忠以一介抗天子，而殺人蔑王法，以暴狠求雄名，曰「吾欲勸天下之爲人下者」，是爲兄尺寸之地，而奪乃父乃祖之天也。盍磔之獨柳之下，與元濟同尸？顧義而赦之，賞罪人爲烈士。又用其騰口之説，以輕易星斗之文。爲憲宗者，不亦惑甚矣乎？《春秋》書齊豹爲盜。説者曰，爲惡求名而有名章徹，則作難之士誰或不爲。今羅隱次孝忠事，惟恐不傳于後，則于《春秋》之義乖矣。

東坡《漱茶帖》云：「茶性暗中損人爲不少。吾有一法，每食已，輒以濃茶漱口，煩膩既去，而脾胃不知。」此説亦未盡得。茶性固多損，漱茶則牙齒固利，脾胃固不傷，然不知齒自屬腎，茶入齒罅，氣味之所蒸，全歸腎經。脾胃雖不覺，而腎則覺之。消陽助陰，漱啜無異。或謂啜之與漱，啜之爲力甚多，而漱之爲力甚少。漱滌之損，終輕于啜。此亦不然。飲啜則氣歸于脾胃，而後始傳于餘臟。今而漱之，則其氣獨歸于腎。是其力多少適相等耳。若脾胃，則漱實勝于啜也。

東坡蓄墨，墨文有「文公檜鼯臘墨」六字者，且自言不知其所謂。予以爲此亦易曉。「文公檜」當是作者之姓名耳。鼯鼠，則所造之歲月。鼯，鼠也。當是歲陽值子。鼠，則十二月也。

王詵晉卿建寶繪堂，以前後所得法書名畫，盡貯其中。東坡爲作記云：「桓靈寶之走舸，王涯之複壁。」皆留意之禍也。東坡又嘗謂其弟子由之達，自幼而然，每獲書畫，漠然不甚經意。若坡所論，真所謂寓物而不留物者也。然《烏臺詩話》所載款狀，與晉卿往還者，多以書畫爲累，是豈真能忘情者哉？世所傳洪覺範鐙蛾詞云「也知愛處實難拚」。覺範特指蟲蟻言耳。人之逐欲而喪軀者，抑有甚於此。此深可以爲士君子之戒也。

人情，譽之則喜，訾之則怒。喜不于其譽，于其榮也。怒不于其訾，于其辱也。小人則不然，反甘心于得惡聲，既不以爲辱，而更自以爲榮焉。夫小人亦人也，亦人之心也，榮辱與人同之，而其美惡之間，盡與人相反者。何哉？吾之所利者在此焉耳，彼世之所謂榮辱者，非吾所恤也。唐穆宗時，李逢吉之黨，潛貶户部侍郎李紳爲端州司馬。逢吉仍率百官表賀。既退，百官復詣中書賀。逢吉乃與張又新語，門者弗内。良久，又新揮汗而出，旅揖百官曰：「端溪之事，又新不敢多讓。」衆駭愕辟易憚之。夫衆之所以憚又新者，憚其惡聲也。又新之所以獲衆憚者，賣其惡聲也。吾方賣之，惟恐惡聲之不四馳也。利在于辱，辱吾榮也，又何辱之云乎。人君之所以理世，人之所以處世，惟榮與辱兩端而已。

榮辱兩無所施，則賊君戕父，無所不至矣。人亦安得而不憚之哉？頃有一人焉，才而甚□稍親要路，常于廣坐颺言曰：「吾之力薄，誠不能與人爲福。惟是朝夕議論之間，或能與人爲禍。」吁！此又學爲又新而市惡聲者也。賈者必珍其貨而後市，小人則惡其聲而後市。一閧之市，厥有如此。

人言山谷之于東坡，常欲抗衡而常不及。故其詩文字畫別爲一家。意若曰：我爲汝所爲，要在人後。我不爲汝所爲，則必得以名世成不朽。此其爲論也隘矣。凡人才之所得，千萬而蔑有同之者。是造物者之大恒也。鳧自爲短，鶴自爲長。鳧豈爲鶴而始短吾足，鶴豈爲鳧而始長吾脛也哉！近世周户部《題魯直墨迹》云：「詩律如提十萬兵，東坡直欲避時名。須知筆墨渾閑事，猶與先生抵死争。」周深于文者，此詩亦以世俗之口，量前人之心也。閑讀周集，因爲此説，以喻世之不知山谷者。

介甫《詠韓退之》詩云：「紛紛易盡百年身，舉世無人識道真。力去陳言誇末俗，可憐無補費精神。」又集《唐百家選》，其自序云：「廢目力于此，良足惜。」此其爲言可以爲達矣，求其用心可以爲遠矣。然撰著《字説》及《三經新義》，前人論議，皆斥去不用，一出新義，必使天下學者皆吾之從。顧不知自謂費精神、費目力否也？文字固不足道，觀其得君柄國，專以財賦爲己任，至謂「天變不足畏，祖宗不足法，人言不足恤」，卒以召朋黨相煽之禍。此豈非言語自爲一人，而其事業又自爲一人乎？

陳無己詩《寄晁以道》云：「十年作吏仍餬口，兩地爲鄰闕寄聲。」注云：「《顔魯公帖》曰『闔門百口，幾至餬口』。」按《左傳》，鄭莊公曰「寡人有弟，不能和協，而使餬其口於四方」。杜預云：「餬，粥也。」粥乃貧家所食。陳詩自謂仕久而貧，因用鄭莊公語，而顔真卿謂其家幾至餬口，則其意與左氏異。豈以餬口謂都無所食乎？

米元章治第潤州，有小軒面西山，用王徽之「朝來致有爽氣」語，名致爽。石林先生以爲：世以「致」字爲「學以致其道」之「致」。非也。魏晉以來，多以「致」爲語助，似是訓甚。李子曰：以「致爽」之「致」爲「致其道」之「致」，固謬。又云「似是訓甚」，則其言義含糊，模棱手耳，致自爲甚。「致爽」自得以名軒，此亦何必深論。若以「致」爲語助，則大段乖剌矣。

張本孝叔爲《孔毅夫雜説序》云：「其言漢景免笞人背，明皇親擇守令，宣宗立太子，不委宰相而屬宦官。至言祥瑞風鑒不可憑，議論甚韙。其引父命亦得爲敕，母亦可稱大人，傳或有之，不可爲後世法，則近贅言焉。」孝叔謂後二事不可爲後世法。非也。毅夫録此者，蓋見前史有此語，因而表出之，初不定以爲後世法也。而孝叔以此爲贅，何不量己之贅耶？

詩二《雅》及《頌》前三卷題曰「某詩之什」，陸德明釋云：「歌詩之作，非止一人。篇數既多，故以十篇編爲一卷，名之爲什。」今人以詩爲篇什，或稱譽他人所作爲佳什。非也。

古文用韻，鄰傍上下，凡聲音之近似者，俱得相與爲協。若東、冬、江爲協，旨、有、語協。歌、麻、陽、庚、哿、馬、屋、角之類，皆得通用。至入聲則有兼用五六韻者。蓋古人因事爲文，不拘聲病，而專以意爲主，雖其音韻不諧，不恤也。後人則專以浮聲切響論文，文之骨格，安得不弱？

諸樂有拍，惟琴無拍，祇有節奏。節奏雖似拍而非拍也。前賢論今琴曲已是鄭衛。若又作拍，則淫哇之聲，有甚于鄭衛者矣。故琴家謂遲亦不妨，疾亦不妨，所最忌者惟其作拍。而《能改齋漫録》論《胡笳十八拍》，引謝希逸《琴論》云：「平調明君三十六拍，胡笳明君二十六拍，清調明君十三拍，間弦明君九拍，蜀調明君十二拍，吴調明君十四拍，杜瓊明君二十一拍。」七曲皆言拍，果是希逸語否？在琴操其實不當言拍，止可言幾奏也。今琴譜載大小胡笳十八拍，或十九拍者，乃後世琴工相傳云爾。卷八，十六段。

附録

施國祁《敬齋古今黈説》

《永樂大典》一書，顛倒篇章，割裂文句，誠淺夫之所作也。然其時舊本已亡，搜采殊富，故今人多從此伐山而拾瀋焉。梓而傳之，率世所罕覯者，即如金儒李仁卿《敬齋古今黈》一書，聚珍版刻凡八卷，先時讀之，驚其上下千古，博極群書，欣所未見。而《名臣事略》不詳卷目。比在吴門張訒庵家得見元書，係舊鈔足本，凡十一卷，前後序跋皆無，爲明萬曆庚子武陵書室蔣德盛梓行者。核其目，計四百五十八則。取聚珍版校之，僅得十之六，尚遺其四。至所引文中，前後顛亂，遺脱不少。其脱前者三則，三卷馬援上，又約輕上。五卷通鑑文上。脱後者十一則，一卷三百下，又國風下，二卷灌夫下，又石林下，又中原下，三卷齊梁下，又大宛下，五卷草可下，七卷淵明下，又延年下，□卷鄰韻下。中脱者一則，六卷法帖條。前後俱脱者三則，一卷長發條，三卷秘監條，四卷臣工條。間脱者三則，一卷嚶嚶條，四卷應劭條，七卷典論條。大不同者一則，三卷黄霸條。其誤皆自《大典》，非聚珍之過。因勸訒庵將足本校而刻之。終以仁卿生於間代，祇見諸元遺山《桐川》《太白》等詩。其行事罕詳，爲告之曰：元人蘇天爵

《名臣事略》所引碑文、記、序，載李文正事甚備，且考其名而重有慨焉。仁卿生於大定庚子，至正大庚寅登收世科，同榜自詞賦李瑭、經義孟德淵外，有劉從禹虞卿、孟攀麟駕之、任亨甫嘉言、龐漢茂宏。已五十有一歲，授高陵主簿，辟推鈞州。金亡，北渡講學著書，秘演算術，獨能以道德文章確然自守，至老不衰。即其中統召拜後與翰林諸公書云云，其本意大可見。蓋在金則爲收科之後勁，在元則占改曆之先幾。生則與王滹南、李莊靖同爲一代遺民，没則與楊文獻、趙閑閑并列四賢祠祀。嗚呼！其學術如是，其操履又如是。何後人不察，謬改其名，呼治爲冶，乃與形雌意蕩之女道士李季蘭相溷。吁，可悲已！今其言具在，其名亦正，倘能付諸剞劂，傳示當世，庶使抱殘守缺者得見全璧，豈非大惠後學哉？施國祁《禮耕堂叢説》。

黃廷鑑《敬齋古今黈跋》

武英殿本《敬齋古今黈》八卷，輯自《永樂大典》者，爲世間未見之書。道光甲申，張月霄復購得士禮居所藏舊鈔。李氏原書十二卷，首尾俱完，惟十一卷後即接十二卷終，而誌刊刻年月姓氏二行。疑此二卷兩有殘闕，一失其尾，一失其首，遂誤連爲一卷耳。是書今歸嫏嬛仙館。夏月假讀，從殿本逐條對勘一過，始知《永樂大典》中亦據此本收入者也。考是編，史本傳著有四十卷，想係先時未定之目。迨後定本，則爲十二卷。又鈔帙僅存，至萬曆間始一刊刻，仍流傳未廣。故自來藏書家皆未著録。今按殿本八卷，計二百九十二條，見於原本者計二百二十四條。殿本外增多二百五十五條。其殿本有而原本闕者六十九條。使全書果爲四十卷，則《大典》中零篇彙輯，不應於此十二卷中已得十之八，而於三十卷中僅得十之一二。以此證之，則《大典》所收，即此十二卷之本無疑。其殿本多出之條，即爲此本十一、十二卷之闕葉。數適符合也。竊念是書自明以來久無傳本，幸際右文之代，睿藻褒題，海内學者始獲睹李氏之書，然猶惜其僅存五之一，而不無所歉。何幸一旦原本復出，雖少有殘闕，得《大典》本補之，遂成完書。并知此書之卷帙，止有此數，而不必致慨於四十卷之亡佚過半也。蓋沈晦幾五百年，至昭代而全書復顯於世。夫豈偶然？不可謂非藝林中增一快事也。緣衰年目昏手鈍，艱於繕寫，祇取殿本所闕者，按卷録爲二册，復即原書篇次，輯爲總目附後。俾異日可合殿本依目重録，以還舊規，或謹依四庫例分類成續編，附殿本之末。願以俟後之君子讀是書者。道光丁亥閏月下澣，海虞後學黄廷鑑書。

（繆荃孫《藕香零拾叢書·敬齋古今黈·附録》）

繆荃孫《敬齋古今黈跋》

元儒李仁卿治《敬齋古今黈》一書，館臣從《永樂大典》輯成八卷，編入《四庫》。

又交武英殿以聚珍版印行，久已風行海内。後見《愛日精廬藏書志》有此書十一卷足本，心焉慕之。戊子冬日，在滬肆收得仁和勞季言手鈔黄琴六本，爲明萬曆庚子武陵書室蔣德盛梓行者。前後無序跋，核其目，計四百五十八則。乙未，在武昌刻入叢書，而輯聚珍所存原書所缺爲補遺二卷。己亥，又獲愛日精廬所藏明鈔本，即黄本所自出，細心讐校。聚珍版之誤，施北研跋詳言之。黄本之誤，卷一無「爽」之一字一則，已見卷五卷四「張祜《詠薔薇花》」下脱「《家語·觀周篇》太祖後稷之廟，廟堂右階之前有金人焉，三緘其口，而銘其背曰『古之慎言人也』。三緘其口，謂緘其口者凡三處也。故今人多以『三緘』連言之。或曰『有金人焉三』斷句，則指三人也。亦通」一則，今聚珍本脱「家語」至「慎言人也」。卷六「約輕賫，絶大幕」下脱「師古曰：輕賫者，公以輜重自隨，而所賫糧食少也。一曰賫字與資同，謂資裝也」三十字，卷八《兩都賦》一則「夷，言陵夷也」下脱「又賦云，乘茵步輦，惟所息宴。善曰，應劭《漢官儀》曰『皇后婕妤乘輦，餘皆以茵。四人輿以行』。劉良以爲後宫或行于茵，或載於輦。如良所説，則乘茵謂行茵褥之上。如應劭之説，于『餘皆以茵』之下始云『四人輿以行』，則茵亦輦轎之屬。《詩》：『文茵暢轂。』《前漢·周陽由傳》：『同車未嘗敢均茵憑。』茵，蓋車中之物。或因之以取名也。吐茵亦同」一百二十字，卷九「阮嗣宗」下脱「阮籍《詠懷》云：『李公悲東門，蘇子狹三河。』張銑曰：『蘇秦本洛陽人。洛陽、三川之地，則三河也。』

沈約曰：『河南、河東、河北，秦之三川郡。』古人呼水皆爲河耳。故黄魯直《送顧子敦爲河北轉運》詩云：『西連魏三河，東盡齊四履』，謂河南、河東通爲三河也。阮又云『平生少年時，輕薄好弦歌。西游咸陽市，趙李相經過。娱樂未終極，白日忽蹉跎。驅馬復來歸，反顧望三河』。向曰：晉文王，河内人，故托稱三河。又魯直《劉明仲墨竹賦》云『三河少年，稟生勁剛。春服楚楚，游俠專場』，亦用阮語也。是則河南洛陽，河東、河南、河北，皆得稱之爲三河也。然沈約注云：河南、河東、河北，秦之三川郡。古人呼水皆爲河耳。而張銑亦承沈説，謂三川爲三河，則謬矣。凡近河者，皆呼水爲河，猶近江者皆呼水爲江，固也。今取三川以釋三河，毋乃疏乎？按《史記》，秦惠王時，司馬錯欲伐蜀。張儀曰：『不如伐韓。』王問其説。儀曰：『親魏善楚，兵下三川，以臨二周之郊。據九鼎，按圖籍，挾天子以令于天下，天下莫敢不聽。此王業也。』又曰：『臣聞争名者于朝，争利者于市。今三川，周室天下之朝市也。』迨至莊襄王之元年，卒使蒙驁伐韓。韓獻成皋、鞏。秦界至大梁，初置三川郡。韋昭曰：有河、洛、伊，故曰三川。如史遷所記、韋昭所解，三川之與三河大不相類者。謂伊水、洛水并河爲三耳」一則，卷十「宋明帝」下脱「應劭《風俗通義》載霸陵薄葬，亦被發掘。而其陵中物，乃與《前書本紀》絶不同。《晉書·索綝傳》：劉曜入長安，時三秦人伊桓、解武等數千家盗發漢霸、杜二陵，多獲珍寶。帝問綝曰：『漢陵中物，何乃多耶？』綝對曰：『漢天子即位一年而爲陵，天下貢賦三分之一供宗廟，一供賓客，一供山陵。漢武帝享年久長，比崩而茂陵不復容物。其樹皆已可拱。赤眉取陵中物，不能減半，于今猶朽帛委積，珠玉未盡。此二陵是儉者耳。』據劭、綝之言，知霸陵所謂薄葬者，乃特比餘陵差少耳。劭説與前書不同者，前書蓋從史筆，劭説蓋從所聞見，容有一誤，然質諸《晉書》，劭説爲得其實」一則，卷十《詩》曰「人涉卬否」下脱「日者李君顯道，號稱鹿山人，瞽而慧，論人間事極有理致。因嘆風俗之偷，乃曰：『吾欲使天下無目之人有靈識。略依在古，皆習爲樂師伶人。其少壯有力而不屑爲伶倫者，可官給碓磑，使自食其力，不必如我輩以口舌爲衣食。』此亦正風俗之一端也。李，覃懷人」一則，卷十一「《後漢·光武紀》」下衍「葛稚川」一則。業已刻成，識誤於此。此書蘇天爵《名臣事略》作四十卷，《元史》因之。黄琴六以十二卷爲足本，以《大典》所收在此本外者，疑爲十一卷之尾，十二卷之首脱文之中。然此書每卷止十四五葉，十一、十二并卷亦十四葉，補遺兩卷共二十八葉。似非兩半卷所能容。荃孫疑「四十」爲「十四」之誤，則多寡相稱。明刻缺後兩卷，又無序跋，似非完本。傳鈔時，又誤合十一、十二卷爲一耳。施北研跋以爲李治非李治。荃孫考元王惲《中堂紀事》卷三徵君李治，授翰林學士，知制誥，同修國史。注：李仁卿，欒城人，前進士。金少中大夫程震碑，欒城李治題額。石本作治。爲北研得兩佳證，可訂諸書傳寫之失。光緒壬寅上元後一日，江陰繆荃孫跋。

又案《元遺山集·寄庵碑》，先生子男三人，長曰澈，方山抽分窑冶官。次曰治，正大中收世科，徵仕郎，高陵主簿。次曰滋。兄澈弟滋，偏旁皆從水，則仁卿名治，更無可疑者。癸卯春三，荃孫再跋。

（繆荃孫《藕香零拾叢書·敬齋古今黈·附録》）

《四庫全書》提要

《敬齋古今黈》，元李冶撰。冶字仁卿，自號敬齋，真定欒城人。金末登進士第，辟知鈞州。金亡後，家於元氏。世祖屢加禮聘，最後以學士召，就職期月，以老病辭去。事迹詳見《元史》本傳。此書原目凡四十卷。其以「黈」名者，案《漢書·東方朔傳》：「黈纊充耳，所以塞聰。」師古注謂：「示不外聽。」冶蓋專精覃思，穿穴今古以成是書，故有取于不外聽之義。《元史》本傳、邵經邦《弘簡録》、黄虞稷《千頃堂書目》俱作「古今難」，當因字形相近，傳寫致訛。《文淵閣書目》題作宋人，則又其考核之不審也。冶此書專爲考訂而作，取載籍疑義，一一詳辨，其間偶疏者，如以「目擊道存」解《孟子》不下帶比擬，頗爲失倫。又論《匈奴傳》單于乘騾遁逃，淳化帖漢章帝書，尚沿舊説。又論《小雅》每懷靡及一條，《禮記》鄭注温藉一條，皆參雜韻語成章，亦不免涉文人狡獪之習。然其記問淹通，於千古沿訛習謬之故，實能鈎深索隱，而洞見其所以然。

故其説經，自漢唐諸儒傳疏，以逮程朱緒論，皆折衷會通，無所偏主。其論史及子，于司馬遷、班固、范蔚宗、司馬彪、令狐德棻、歐陽修等紀録之非，楊倞、李軌、宋咸成元英、王砯等注釋之誤，無不剖别是正。其評詩文，於訓詁之異同、體製之正變，抉摘亦極爲精審。在宋元説部中，典核可比孫奕、王觀國，博贍可比洪邁、王應麟。其他實未有能過之者也。冶著述最富，今惟《測圓海鏡》尚有傳本，餘多亡佚。此書散見於《永樂大典》中者，雖不及什之四五，然菁華具在，猶可藉以考見崖略。謹裒綴排次，依經、史、子、集以類分輯，各爲二卷，編訂成帙，俾不致泯没。於讀書者旁參互證之功，實不無裨助云。

（《四庫全書》本卷首）

《四庫全書總目》提要

《敬齋古今黈》八卷，元李冶撰。冶有《測圓海鏡》已著録，此書原目凡四十卷。其以「黈」名者，案《漢書·東方朔傳》：「黈纊充耳，所以塞聰。」顔師古注曰：「示不外聽。」冶殆以專精覃思，穿穴古今以成是書，故有取于不外聽之義歟。《元史》本傳、邵經邦《弘簡録》、黄虞稷《千頃堂書目》俱作「古今難」，當因字形相似，傳寫致訛。《文淵閣書目》題作宋人，則併其時代亦誤矣。其書皆訂正舊文，以考証佐其議論，詞鋒駿利，博辨不窮。其説《毛詩》草蟲阜螽一條云：「師説相承，五經大抵如此，學者正可以意求之。膠者不卓，不膠則卓矣。」是其著書之大旨也。其中如謂蚩尤之名，取義於蚩蚩之尤。謂《内則》一篇卑瑣凡猥，大類世所傳《食纂》。謂《中庸》「索隱行怪」乃素餐之素。謂《孟子》「兄戴蓋」爲一句，「禄萬鍾」爲一句，戴蓋即乘軒之義，或不免於好爲僻論，横生别解。又如淳化閣帖漢章帝書《千字文》，米芾《書史》，黄伯思《法帖刊誤》，秦觀《淮海集》俱以爲僞帖，而冶據以駁《千字文》非周興嗣作。《太平廣記》載徐浦鹽官李伯禽戲侮廟神，其事在貞元中，具有年月，而冶即以爲李白之子伯禽，亦偶或失考。然如辨《史記》微子面縛，左牽羊，右把茅，乃其從者牽之、把之，司馬遷所記不謬，孔穎達《書正義》所駁爲非。辨《鄭語》「收經入行姟極」，謂「經」即京、「姟」即垓，韋昭不當注「經」爲「常」。辨《論語》「五十以學《易》」，謂《論語》爲未學《易》時語，《史記》所載，則作《十翼》後語，不必改「五十」字作「卒」。辨《孟子》龍斷即《列子》所謂「冀之南，漢之北，無龍斷焉」。辨《史記·自叙》甌、駱相攻，謂當爲閩、越相攻。辨張耒《書鄱陽傳》後，謂韓安國實兩見長公主，《漢書》不誤而耒誤。辨《衛青傳》三千一十七級，謂「級」字蒙上「斬」字，顔師古誤「蒙」上「捕」字，遂以生獲爲級。辨《魏志》穿方負土，謂即《算經》之立方定率。辨《吴志》孫權告天文，謂不當呼上帝爲爾。辨《通鑑》握槊不輟，謂胡三省誤以長行局爲長矛。以及辨古者私家及官衙，皆可稱朝，引《後漢書》劉寵、成瑨及《左傳》

伯有事爲証。辨佝僂丈人承蜩所以供食,引《内則》鄭玄注、《荀子》楊倞注爲証。辨《吴都賦》猨子「長嘯」當作「長笑」,引《山海經》爲證。皆具有根據,要異乎虚騁浮詞,徒憑臆斷者矣。至於所引《戰國策》「蔡聖侯因是已君王之事」,因「是已」二字今本并作「以」,而證以李善注阮籍《詠懷詩》所引實作「已」字,足以考訂古本。又《大學》「絜矩」,今本章句作「絜,度也」,冶所見本則作「絜,圍束也」。蘇軾《赤壁賦》今本作「而吾與子之所共適」,冶所見本則作「共食」,而駁一本作共樂之非,亦足以廣異聞。有元一代之説部,固未有過之者也。雖原本久佚,今採掇于《永樂大典》者,不及十之四五,然菁華具在,猶可見其崖略。謹以經、史、子、集,依類分輯,各爲二卷,以備考證之貲焉。

(《四庫全書總目》卷一百二十二)

周中孚《鄭堂讀書記》提要

《敬齋古今黈》八卷,武英殿聚珍版本。

元李冶撰。冶字仁卿,號敬齋,欒城人。晚住元氏。金正大進士。至元二年召爲翰林學士,知制誥,同修嗣史。《四庫全書》著録,倪氏、錢氏補《元志》,俱作四十卷,俱注云今存八卷。錢氏又注云:「黈一作難」,其命名本不甚可解,疑爲塞聰專思之義。《元史》本傳、邵氏《弘簡録》、《千頃堂書目》皆作「古今黈」，字之誤也。明《文淵閣書目》誤列在宋人書中，作「李敬齋古今黈」，則與倪氏志無「敬齋」二字同一省文爾。原本久佚，今館臣從《永樂大典》録出，尚得十之三四，依經、史、子、集次序，各分爲二卷。其書專爲考證而作，取四部中疑義，各爲條辨，其間逞其胸臆，横施議論，以致失之疏舛者，正復不少，而爬羅剔抉，以典籍佐其證據，而折衷於一是，亦極爲精審。似傳贍、典核之書，求之宋人説部，惟袁質甫《甕牖閑評》、王厚齋《困學紀聞》二書可以相彷彿焉。蓋敬齋記問淹通，著述最富，其存者尚有《測圓海鏡》。今五、六兩卷，獨不及天文、算法之屬。意其已備見於他所著書，故不及之，而惜其皆亡佚也。

（周中孚《鄭堂讀書記》卷五十六子部十五）

李慈銘《越縵堂讀書記》提要

閲《敬齋古今黈》凡八卷，以經、史、子、集爲次，皆考索之學。《四庫提要》極稱是書，謂宋人自王觀國、洪邁、王楙、王應麟外，莫能抗衡。今觀其書，議論雖多平實，而不脱學究氣。説經亦時墮宋人雲霧。論詩文尤迂拙。惟考訂諸史訛誤處，間有可取耳。以視容齋、厚齋，殆相懸絶。同治乙丑（一八六五）十月二十五日。

（李慈銘《越縵堂讀書記·子部雜家類》）

胡玉縉《續四庫提要三種·敬齋古今黈》提要

《敬齋古今黈》十二卷、《逸文》二卷。元李治撰。是書《四庫》著録八卷，從《永樂大典》中輯出，二百九十二條。此繆氏《藕香零拾》本，據舊鈔本付刊，共四百五十九條，視《四庫》本多二百五十五條。十二卷末有「萬曆庚子春三月之吉武林書室蔣德盛梓行」兩行，蓋原本鈔自明刻者。惟十一卷後，即接十二卷，仍多殘失，故有《四庫》本所載而此本轉缺者，凡六十九條。繆氏因綴爲《逸文》附後，旋又得明鈔本校正，並補脱誤於跋中。雖未還舊觀，而已較爲完善矣。此書《元史》本傳及蘇天爵《名臣事略》均作四十卷。黄廷跋云：「四十卷想係先時未定之目，追後定本，則爲十二卷。使全書果爲四十卷，則已得十之八，而於三十卷中僅得十之一二。以此證之，《大典》所收，即此十二卷之本，其殿本多出之條，即爲此本十一、十二卷之闕葉，數適符合也。」繆跋云：「此書每卷止十四五葉，十一、十二併卷，亦十四葉，《補遺》兩卷，共二十八葉，似非兩半卷所能容。疑『四十』爲『十四』之誤，則多寡相稱。明刻缺後兩卷，又無序跋，似非完本，傳鈔時又誤合十一、十二卷爲一耳。」二説似以繆爲近理，但所記「萬曆」兩行，僅見於十二卷末，他卷無之，使果缺後兩卷，何以所記兩行不載十四卷末，而在十二卷？是繆説亦未盡允也。張氏及陵氏《藏書志》並載是書鈔本，張謂「原四十卷，今存卷一至十一，凡四百七十餘條」，固未細考；陸謂「首尾完具，似無缺佚」，抑更鹵莽矣。至書之得失，《提要》已詳，惟於字之通假，時明時昧，《提要》未之及耳。其名從「水」作「治」，不作「治」。《提要》於此書外，凡《測圓海鏡》《益古演段》，皆「李治」爲「李治」，當以是正之。

（胡玉縉《續四庫提要三種》子部，上海書店出版社二〇〇二年版）

乾隆題《敬齋古今黈》有序

《永樂大典》聚書雖多，而依韻雜排，割裂淩亂，以有用之書散置無用，誠可惜已。兹命詞臣重加校録，裒輯於零斷之餘，率多善本，《古今黈》其一也。此書目見于《元史》者，凡四十卷，今所收雖僅五之一，而四庫臚編，具有條理，仍不失爲完書，且辨析疑義，折衷釐正，尤極精審，洵散篇中之最佳者。至李治以「黈」名書，惟取義於不外聽，予則以黈纊塞聰，有合於君臨之道，因題什而序之。

韻分書割太無端，不學從來致浩嘆。裒散排全資翰苑，連珠集腋得神完。覃研喜見仁卿冶字著，典核應同觀國王看。方朔創言蘊古衍，雖黈纊塞耳，而聽於無聲。張蘊古大寶箴語。繹文永惕作君難。

（《四庫全書》本卷首）

讀易私言

◎許　衡撰

點校説明

《讀易私言》一卷，許衡撰。全書以初、二、三、四、五、上六爻位爲題，分爲六章，總計三十一條，對《周易·繫辭》六爻德位，同功異位、柔危剛勝等加以闡釋與發明。其學術特點有二：一是整合六十四卦，系統歸類，分别講解，既評且述，而論證謹嚴；二是文辭平易，簡括精當，頗見元儒爲學篤實品格。此外，此書有别於其《小學大義》《大学直解》《編年歌括》等著述，無講學口授、隨讀劄記淺顯、瑣碎之弊，亦無雜出語録割裂、斷章之憾。據其高足耶律有尚所言，是書成於許衡四五十歲之後，顯然是其本人深思熟慮、由博返約用心之作。時人及後世對此評價甚高。元人蘇天爵評：「許文正公始以孔孟之書、程朱之訓，倡明斯道，一時師友講習，若河汾伊洛之盛。」清人納蘭性德則稱其「統論六畫大義，簡括精當」。

《讀易私言》一書，在元收録於蘇天爵《元文類》，入明又收録於陶宗儀《説郛》《永樂大典》及唐順之《荆川稗編》與劉昌《中州名賢文表》。清人對此書更爲推崇，納蘭性德對其重新校訂後編入《通志堂經解》，曹溶採其入《學海類編》，四庫館臣則收録於《四庫全書》中。近代以來，《讀易私言》又屢被刊刻、影印，如《叢書集成初編》《無求備齋易學集成》等均曾收録。此外，許衡《魯齋遺書》所有刊本均收有《讀易私言》。

《讀易私言》諸本以是否有注，分爲兩個版本系統。有注者源於《元文類》本，無注者源於《説郛》本。其中，清人納蘭性德推崇許衡，對《讀易私言》加以精校精訂，故本次整理選取《通志堂經解》本爲底本，取他本之注，適當增補。

初

初，位之下，事之始也。以陽居之，才可以有爲矣，或恐其不安於分也。以陰居之，不患其過越矣。或恐其懦弱昏滯，未足以趨時也，四之應否，亦類此義。無應則或困於弱，有應則或傷於躁，《坎》無應而凶，《頤》有應而凶之類也【一】。大抵柔弱則難濟，剛健則易行，故諸卦柔弱而致凶者，其數居多。《豫》《剥》《坎》《恒》《困》《井》《旅》《小過》《未濟》【二】。剛健而致凶者，惟《頤》《大壯》《夬》而已。若總言之，居初者易貞，居上者難貞。易貞者，由其所適之道多。難貞者，以其所處之位極。故六十四卦初爻多得免咎，而上每有不可救者。始終之際，其難易之不同蓋如此。一本作「其難易之勢固如此」【三】。

《艮》，六居初者凡八。陰柔處下，而其性好止，故在謙則合時義而得吉，在咸則感未深而不足進也。以是才居《遁》，則後於人而有厲，然位卑力弱，反不若不往之爲愈也。《蹇》之時，險在前也，止而不往，自有知幾之譽，勉於進則陷乎險也。《艮》以止於初爲義，故但戒以利永貞，《漸》之才宜若此也。雖小子有言，於義何咎？《旅》雖有應，而不足援也，斯其所以瑣乎？《小過》宜下，而反應於上，斯其有飛鳥之凶乎？柔止之才，大率不宜動而有應，動而有應，則應反爲之累矣。《謙》最吉，《小過》最凶【四】。

《坤》，六居初者凡八。《坤》柔順處下，其初甚微，而其積甚著。故其處《比》與《否》之初也，皆獲吉。《豫》有應在上，是動於欲而不安其分也，凶亦宜乎？一本無上二段【五】。

校勘記

【一】無應則或困於弱有應則或傷於躁坎無應而凶頤有應而凶之類也　此注原無，據《魯齋遺書》萬曆本、正誼堂本、四庫本補。

【二】豫剥坎恒困井旅小過未濟　此注原無，據《魯齋遺書》萬曆本、正誼堂本、四庫本補。

【三】一本作其難易之勢固如此　此注原無，據《魯齋遺書》萬曆本、正誼堂本、四庫本補。

【四】謙最吉小過最凶　此注原無，據《魯齋遺書》萬曆本、正誼堂本、四庫本補。

【五】一本無上二段　此注原無，據《魯齋遺書》萬曆本、正誼堂本、四庫本補。

二

二與四皆陰位也。四雖得正，而猶有不中之累，況不得其正乎？一本「乎」上有「者」字【六】。二雖不正，而猶有得中之美，況正而得中者乎？四，近君之臣也。二，遠君之臣也。其勢又不同，此二之所以多譽，四之所以多懼也。二中位，陰陽處之，皆爲得中。中者，不偏不倚，無過不及之謂。其才若此，故於時義爲易合。時義既合，則吉可斷矣。一本「吉」上有「吉」字【七】。究而言之，凡爲陽者，本吉也。陽雖本吉，不得其正，則有害乎其吉矣。雖得正矣，不及其中，亦未可保其吉也。必也當位居中，能趨時義，然後其吉乃定。凡爲陰者，本凶也。陰雖本凶，不失其正，則緩乎其凶矣。苟或居中，猶可免其凶也。必也不正不中，悖於時義，然後其凶乃定。故陽得位得中者，其吉多焉。陰失位失中者，其凶多焉。要其終也，合於時義，則無不吉。悖於時義，則無不凶也。大矣哉，時之義乎！

凡陽本吉，凡陰本凶。陽雖本吉，不得其正則害乎吉矣。得正矣，不及其中，亦未保其吉也。必當位居中，能趨時義，然後其吉乃定。陰雖本凶，不失其正，則緩其凶矣。失正矣，或能居中，猶可免其凶也。必也不正不中，悖於時義，然後其凶乃定。故陽得位得中，其吉多焉。陰失位失中，其凶多焉。要其終也，合於時義則無不吉，悖於時義則無不凶也。大矣哉，時之義乎！一本自「究而言之」以下，文少不同，今重録如此【八】。

《乾》九二。九，剛健之才也，而承乘又剛健，是剛健之至也。處陰得中，有溥博淵

【六】一本乎上有者字　此注原無，據《魯齋遺書》萬曆本、正誼堂本、四庫本補。

【七】一本吉上有吉字　此注原無，據《魯齋遺書》萬曆本、正誼堂本、四庫本補。

【八】一本自究而言之以下文少不同今重録如此　此注原無，據《魯齋遺書》萬曆本、正誼堂本、四庫本補。

泉時出之義。臣才若此，其於職位蓋綽綽然有餘裕矣。夫剛健則有可久之義，得中則有適時之義，兼二者而得，雖無應可也。況五六虛中以待己者乎？此八卦所以無悔吝而有應者，尤爲美也。

《兑》九二。《兑》之九二，剛而得中也。雖上承於柔邪，不足爲累，此以得中之義爲務也。獨《節》之爲卦，自有中義，所不足者，正而已。今既不正矣，其何以免於凶乎？

《巽》九二。《兑》之中以剛爲説，《巽》之中以剛爲入，皆有才適用之中也。然《兑》務於上上一陰爲主【九】，《巽》務於下下一陰爲主【一〇】，其勢有所不通。如《井》之義，貴於上行也，而九二無應，徇己才而下之，違時拂義，人莫肯與，以谷射甕敝取象，其亦宜乎？

《坎》九二。下，柔險之始也。上，柔險之極也，而己以剛陽之才，獨處中焉。是己無賴於彼，而彼有待於己也。加以至尊一作「君主」【一一】應之，則險道大行，不爾一作「然」則幾於困矣。大率有應而道行，則以貞幹之義爲重。無應而處中，則以須守之義爲重。錯舉而言，則卦才皆備焉。

《坤》六二。《否》之時，不爲窮厄所動。《豫》之時，不爲逸欲所牽，非安於義分者莫能也。《坤》六二，居中履正，且又靜而順焉，宜其處此而無敗也。雖然，創物兼人，陽

【九】上一陰爲主　此注原無，據《魯齋遺書》萬曆本、正誼堂本、四庫本補。

【一〇】下一陰爲主　此注原無，據《魯齋遺書》萬曆本、正誼堂本、四庫本補。

【一一】一作君主　此注原無，據《魯齋遺書》萬曆本、正誼堂本、四庫本補。

之爲也。柔順貞静，陰之德也。以陰之德，而遇《剥》《觀》，則《剥》傷於柔，而《觀》失於固矣。夫何故？時既不同，義亦隨異。此六爻所以貴中正，而中正之中，又有隨時之義也。

《震》六二。六二陰柔而在動體，雖居中履正，然下乘剛陽，成卦之主，其勢不得安而處也。非惟其勢不得安而處，揆其資性，亦不肯安其處也。或上應，或下依，有失得之辨焉，《復》無應而下仁，吉之道也。過此則違道而非正矣。《頤》《隨》【一二】《益》之方受彼也，上下之來，又何患焉？无妄之世，方存誠也，或應或依，衹足爲累，他卦皆以乘剛之義爲重也。《屯》《震》《噬》《嗑》【一三】大率處則乘剛，動有得失，非《坤》二柔中之比也。一本「《震》六二」在「《艮》六二」後。

《艮》六二。以剛處上，以柔處下，尊卑之勢順也。《艮》之大體，既備此象矣，而六二又承剛履柔，居中得正，宜其處諸卦而無過也。雖然，柔止之才，動拘禮制，若當大有爲之時，則有不可必者。固在《蹇》未能濟，處《艮》莫能止。究其用心，忠義正直，終不可以事之成否爲累也。一本「不可必」作「不可畢」，「究其用心」作「究其處心」，「爲累也」作「爲疵也」【一四】。

《離》六二。初與三，剛而得正，皆有爲之才也。然其明照各滯一偏，唯六二中正，見義理之當然，而其才幹有不逮其明者甚矣，才智之難齊也。得有應於上，則明有所附

【一二】頤隨　此注原無，據《魯齋遺書》萬曆本、正誼堂本、四庫本補。

【一三】屯震噬嗑　此注原無，據《魯齋遺書》萬曆本、正誼堂本、四庫本補。

【一四】一本不可必作不可畢究其用心作究其處心爲累也作爲疵也　此注原無，據《魯齋遺書》萬曆本、正誼堂本、四庫本補。

矣。然非剛之善用明，實明之能自用也。大抵以剛用明，不若以明用剛之爲順，故八卦應五附三，其勢略等，而《離》之六五，有應於下者爲最美也。

三

卦爻六位，唯三爲難處，蓋上下之交，内外之際，非平易安和之所也。故在《乾》則失於剛暴，在《坤》則傷於柔邪，《震》動而無恒，《巽》躁而或屈，《離》與《艮》，明、止係於一偏，《坎》與《兑》，險、説至於過極，皆凶之道也。然《乾》之健，雖不中也，猶可勝任。《坤》之順，雖不正也，猶能下人。二者之凶，比他爻爲少緩。若夫《坎》之與《兑》，以陰處陽，以柔乘剛，不中不正，悖忤時義，其爲凶内切矣。是知《乾》《坤》爲輕，《坎》《兑》爲重，總而論之，亦曰多凶而已矣。

《乾》九三。過剛而不中，難與義適，然以其有才也，故諄諄焉戒命之，曰「夕惕」，曰「敬慎」，曰「艱貞」，庶乎有可免者。不然，則用所偏而違乎義矣，凶其可逃乎？

四

四之位，近君多懼之地也。一本作：「近君之位，先王親致如此。」【一五】以柔居之則有順從之美，以剛居之則有僭逼之嫌。然又須問居五者陰邪？陽邪？以陰承陽，則得於君而勢順。以陽承陰，則得於君而勢逆。勢順則無不可也，勢逆則尤忌上行，上行則凶咎必至。《離》之諸四皆是也。《震》則四爲成卦之主，才幹之臣也，是動而知戒，是以有補過之

【一五】一本作近君之位先王親致如此　此注原無，據《魯齋遺書》萬曆本、正誼堂本、四庫本補。

道。以陽乘陽，以陰乘陰，皆不得於君也。然陽以不正而有才，陰以得正而無才，故其勢不同。有才而不正，則貴於寡欲，故《乾》之諸四，例得免咎，而《隨》之四【一六】、《夬》之四，有凶悔之辭焉。無才而得正，則貴乎有應，故《艮》之諸四，皆以有應爲優，無應爲劣。獨《坤》之諸四，能以柔順處之，雖無應援亦皆免咎。此又隨時之義也。

《乾》九四。九而居四，勢本不順，然以其健而有才焉，故不難於趨義。又上卦之初，未至過極，故多爲以剛用柔之義，以剛而用柔，是有才而能戒懼也。有才而能戒懼，雖不正猶吉也。

《兑》九四。處下而説，則有樂天之美。處上而説，則有慕爵之嫌。初九雖無應，猶可也。一本作：「故初九無應，猶可得吉。」【一七】九四雖有應，尚多戒辭也。然以剛説之才，易得勝任，故有應者無不吉，而無應者亦有免之之道云。一本「勝任」下作「故有應無應，皆有得吉之道」【一八】。

《離》九四。陽處近君，而能保其吉者，以其有才而敬慎故也。火性上炎，動成躁急，非惟不順君之所用，且反爲君之所忌也。恣横專逼，鮮有不及禍【一九】。唯《噬嗑》之去間，《睽》《離》之相保，與羈旅而親寡之時，取君義爲甚輕。故其所失，亦比他爻爲甚緩。究而言之，固非本善之才也。

《震》九四。《離》之成卦在乎中，故以中爲美，《震》之成卦在乎下，故以下爲貴。

【一六】而隨之四　「之」原作「三」，據《魯齋遺書》萬曆本、正誼堂本、四庫本改。

【一七】一本作故初九無應猶可得吉　此注原無，據《魯齋遺書》萬曆本、正誼堂本、四庫本補。

【一八】一本勝任下作故有應無應皆有得吉之道　此注原無，據《魯齋遺書》萬曆本、正誼堂本、四庫本補。

【一九】鮮有不及禍　「禍」字原缺，據《魯齋遺書》萬曆本、正誼堂本、四庫本補。

若是，則《震》之九四，乃才幹之臣也。君之動由之，師之動亦由之，其功且大矣，其位已逼矣。然而卒保其無禍者，何哉？蓋《震》而近臣，君有戒慎恐懼之義，以陽處陰，有體剛用柔之義，持其術以往，其多功而寡過也宜乎。雖然，功大位逼而不正，不可以久居其所也。久居其所，則勛德反下，此《恒》之所以戒於「田無禽」歟？ 一本作：「然而卒保無禍者，以其戒慎恐懼之義也，陽處陰位，爲體剛用柔，持是以往，其多功而寡過宜哉。雖然，功大位逼而不正，不可久居其所也，久則勛德反下，此《恒》之象有『田無禽』歟。」【二〇】

《巽》六四。陰柔之質，自多懼也。順入之才，能承君也。以是而處，每堪其任，故八卦端無凶悔之辭。 一本作：「陽上陰下，與《坎》不殊，順而入之，相得尤固，此所以亦無凶悔之辭。」【二一】

《坎》六四。其以陰柔得位，而上承中正之君，略與《巽》同。然又有險之性焉，以此處多懼之地則宜矣，故八卦亦無凶悔之辭。 一本作：「以陰承陽，其勢已順，而其才質且能周旋曲折，不違於正道，宜多處多懼而無咎也。」【二二】

《艮》六四。以柔止之才，承柔止之君，雖己身得正，而於君事則有不能自濟者，必藉剛陽之才，而後可以成功。故《離》九應之則終得婚媾，《震》九應之則顛頤獲吉。至於止《乾》之健，納《兑》之説，皆可成功而有喜。不爾，處《剥》見凶，處《蒙》《蠱》見吝矣。《艮》以能止爲義，能止其身則无咎可也。

《坤》六四。《坤》之六四，不問有應與否，皆無凶咎。蓋爲臣之道，大體主順，不順

【二〇】一本作然而卒保無禍者以其戒慎恐懼之義也陽處陰位爲體剛用柔持是以往其多功而寡過宜哉雖然功大位逼而不正不可久居其所也久則勛德反下此恒之象有田無禽歟　此注原無，據《魯齋遺書》萬曆本、正誼堂本、四庫本補。

【二一】一本作陽上陰下與坎不殊順而入之相得尤固此所以亦無凶悔之辭　此注原無，據《魯齋遺書》萬曆本、正誼堂本、四庫本補。

【二二】一本作以陰承陽其勢已順而其才質且能周旋曲折不違於正道宜多處多懼而無咎也　此注原無，據《魯齋遺書》萬曆本、正誼堂本、四庫本補。

則無以事君也。一本作：「蓋臣之道，子之道，妻之道，主於貞順，貞順則無過矣。」【一二三】

五

五，上卦之中，乃人君之位也。諸爻之德，莫精於此。故在《乾》則剛健而斷，在《坤》則重厚而順，未或有先之者。至於《坎》險之孚誠，《離》麗之文明，《巽》順於理，《艮》篤於實，能首出乎庶物，不問何時，克濟大事，《傳》謂五多功者，此也。獨《震》忌强輔，《兑》比小人，於君道未善，觀其戒之之辭則可知。一本作：「觀其辭，則戒之之意可見。」【一二四】

《乾》九五。剛健中正，得處君位，不問何時，皆無悔咎。惟《履》之剛決，《同人》之私暱，不合君道，故有厲有號咷也。

《兑》九五。下履不正之强輔，上比柔邪之小人，非君之善道也。然以其中正也，故下有忌而可勝，上有説而可決。大哉中正之爲德乎！

《離》六五。强輔强師，而六以文明柔中之才而麗之，悔可忘也，事可濟也。然更得九二應之爲貴，故《大有》《睽》《鼎》《未濟》皆吉，而他卦止以得中爲免耳。

《震》六五。九四陽剛不正之臣，爲動之主，而六五以柔中乘之，其勢可嫌也。得九二剛中應之，其勢頗振動。故《恒》《大壯》《解》《歸妹》，比他卦爲優，而《豐》之二五，以明動相資，故其辭亦異焉，勝於《豫》《震》《小過》之无應也。

【一二三】一本作蓋臣之道子之道妻之道主於貞順貞順則無過矣　此注原無，據《魯齋遺書》萬曆本、正誼堂本、四庫本補。

【一二四】一本作觀其辭則戒之之意可見　此注原無，據《魯齋遺書》萬曆本、正誼堂本、四庫本補。

【一二五】否解困涣未濟　此注原無，據《魯齋遺書》萬曆本、正誼堂本、四庫本補。

【一二六】蠱無妄頤家人革既濟　此注原無，據《魯齋遺書》萬曆本、正誼堂本、四庫本補。

【一二七】隨離臨艮　此注原無，據《魯齋遺書》萬曆本、正誼堂本、四庫本補。

《巽》九五。以巽順處中正，又君臣相得，而剛柔相濟。相得則無內難，相濟則有成功。不待於應，自可无咎，應則尤爲美也。以巽順之道處中正之位，君與臣相得也，剛與柔相濟也。相得則無内起之難，相濟則有成功之理，不待於應，而自能无咎也。

《坎》九五。以剛陽之才，處極尊之位，中而且正，可以有爲也。然適在險中，未能遽出，故諸卦皆有須待之義。夫能爲者才也，得爲者位也，可爲者時也。有才位而無其時，唯待爲可，待而至於可，則无咎矣。

《艮》六五。君輔皆柔，且無相得之義，本不可有爲也。以六有靜止得中之才，上依而下任也，故僅能成功，然非可大有爲也。更或無應，是不得於臣，又不得於民，於君道何取焉？

《坤》六五。《坤》六居五，雖不當位，然柔順重厚，合於時中，有君人之度焉。得九二剛中應之，則事乃可濟，故《師》《泰》《臨》《升》，或吉或无咎，而他卦則戒之之辭爲尤重。蓋陰柔之才，不克大事，且鮮能永貞故也。

上

上，事之終，時之極也。其才之剛柔，內之應否，雖或取義，然終莫及上與終之重也。是故難之將出者，則指其可由之方《否》《解》《困》《渙》《未濟》【二五】，事之既成者，則示以可保之道。《蠱》《無妄》《頤》《家人》《革》《既濟》【二六】時甚足貴也《隨》《離》《臨》《艮》【二七】，

【二八】乾坤小畜泰大過恒益巽兑節中孚大畜小過既濟　此注原無，據《魯齋遺書》萬曆本、正誼堂本、四庫本補。

【二九】大有剥大畜遁睽鼎　此注原無，據《魯齋遺書》萬曆本、正誼堂本、四庫本補。

【三〇】屯訟比噬嗑復坎明夷夬萃歸妹豐旅巽小過既濟　此注原無，據《魯齋遺書》萬曆本、正誼堂本、四庫本補。

【三一】同人姤　此注原無，據《魯齋遺書》萬曆本、正誼堂本、四庫本補。

【三二】萃旅　此注原無，據《魯齋遺書》萬曆本、正誼堂本、四庫本補。

時過適則難與行也。《乾》《坤》《小畜》《泰》《大過》《恒》《益》《巽》《兑》《節》《中孚》《大畜》《小過》《既濟》【二八】義之善，或不必勸，則直云其吉也。《大有》《剥》《大畜》《遁》《睽》《鼎》【二九】勢之惡，或不可解，則但言其凶也。《屯》《訟》《比》《噬嗑》《復》《坎》《明夷》《夬》《萃》《歸妹》《豐》《旅》《巽》《小過》《既濟》【三〇】有始不得志，而終無咎者《同人》《姤》【三一】。有始饜其欲，而終有禍敗者《萃》《旅》【三二】。執其偏而用者，才尚可也《蒙》《晉》《升》【三三】。反其常而動者，事已窮也《師》《謙》【三四】。質雖不美，而冀其或改焉，則猶告之《豫》《大壯》《益》《震》《節》【三五】。位雖處極，而見其可行焉，則亦諭之《需》《蹇》【三六】。《艮》有成終之義，故八卦皆善。《蒙》《蠱》《賁》《剥》《大畜》《頤》《損》《艮》【三七】《履》，繫於所履。《觀》，繫於所生，吉凶不敢主言也。大抵積微而盛，過盛而衰，有不可變者，有不能不變者。六爻教戒之辭，唯此爲最少。《大傳》謂其上易知，豈非事之已成乎？

【三三】蒙晉升　此注原無，據《魯齋遺書》萬曆本、正誼堂本、四庫本補。

【三四】師謙　此注原無，據《魯齋遺書》萬曆本、正誼堂本、四庫本補。

【三五】豫大壯益震節　此注原無，據《魯齋遺書》萬曆本、正誼堂本、四庫本補。

【三六】需蹇　此注原無，據《魯齋遺書》萬曆本、正誼堂本、四庫本補。

【三七】蒙蠱賁剥大畜頤損艮　此注原無，據《魯齋遺書》萬曆本、正誼堂本、四庫本補。

附録

納蘭性德題《讀易私言》

許文正公以正大之學，當草昧之世，輔翊世祖，建學明倫，其有功於斯道甚大。所著書不多見。行於世者，《魯齋遺書》而已。《讀易私言》者，統論六畫大義，簡括精當，足以見公學之純而養之邃也。金源以來，蘇、黄之學行於中州，公從江漢先生得聞伊洛之旨，與柳城共倡明之。元儒學之醇，惟公上接有宋。惜世祖用之未盡，終惑於桑哥、王文統之徒，使斯民不獲被其澤，豈不惜哉？公又有《大學要略》一卷，蓋領成均時以教胄子者，直述常語，俾使通曉，可與并行者也。康熙丙辰夏五月，納蘭成德容若識。

（納蘭性德《通志堂集》卷十）

《四庫全書總目》提要

《讀易私言》一卷，元許衡撰。衡字平仲，河内人，官至集賢殿大學士兼國子祭酒，謚文正。事迹具《元史》。其書論六爻之德位，大旨多發明《繫辭傳》同功異位、柔危剛勝之義，而又類聚各卦畫之居于六位者，分别觀之。蓋健、順、動、止、入、説、陷、麗之吉凶悔吝，又視乎所值之時，而必以正且得中爲上。孔子《彖》《象》傳，每以當位、不當位、得中、行中爲言。衡所發明，蓋本斯旨。此書本在衡文集中，元蘇天爵《文類》、明劉昌《中州文表》皆載之。國朝曹溶採入《學海類編》。通志堂刊《九經解》遂從舊本收入，而何焯《校正九經解目録》以爲即元李簡之書。今考簡所撰《學易》編，其書具在，未嘗與此書相複。且《永樂大典》所載，亦作許衡，則非李簡書明甚。焯之所校，不知何以云然也。

（《四庫全書總目》卷四）

《四庫全書簡明目録》提要

《讀易私言》一卷，元許衡撰。是書論六爻之德位，大旨多發明《繫辭傳》同功異位、柔危剛勝之義。其謂各卦畫之居六位者，吉凶悔吝，視乎其時，而歸於正而得中；又《彖》傳當位、不當位得中、行中之義也。

（紀曉嵐《紀曉嵐全集》卷九，大象出版社二〇一九年版）

朱彝尊《經義考·許氏讀易私言》提要

許氏衡《讀易私言》一卷，存。《名臣事略》：「許文正公衡，字平仲，懷慶河内人。中統元年應召北上，授太子太保，辭，改國子祭酒，以疾歸。三年，應召北上。至元元年辭歸。二年應召北上，詔入省議事。四年辭歸。復應召，六年奏定官制。七年拜中書左丞，力辭不受。八年改集賢大學士兼國子祭酒。十年以遷葬歸。十三年應召修授時曆。十五年以集賢大學士兼領太史院事。十七年曆成辭歸。十八年三月薨。皇慶二年詔從祀夫子廟廷。」

耶律有尚曰：「先生著述曰《小學大義》，乃在京教學者。口授之語；曰《讀易私言》，是五十後所作，又云時年四十一。曰《孟子標題》，嘗以教其子師可。曰《四箴説》《中庸説》《語録》等書，乃雜出於衆手，非完書也。」

蘇天爵曰：「國家初有中夏，士踵宋金餘習，以記誦詞章相誇尚。許文正公始以孔孟之書、程朱之訓倡明斯道。一時師友講習，若河汾、伊洛之盛。」

（朱彝尊《經義考》卷四十二）

秘書監志

◎王士點
◎商企翁
撰

點校説明

《秘書監志》又名《秘書志》《元秘書監志》，凡十一卷，元王士點、商企翁編撰。元世祖至元九年（一二七二），元廷依太保劉秉忠、大司農孛羅奏請，設立秘書監，旨在儲國史、正儀度、頒經籍。至正元年（一三四一）秘書監重加修葺，因感於「題名尚未有碑，沿革尚未有志」存有「缺典」之憾，遂由承務郎、秘書監著作郎王士點與承事郎、秘書監著作佐郎商企翁編撰《秘書監志》，至正年間成書。王士點，字繼志，東平人，翰林學士承旨王構之子。除本書外又有《禁扁》五卷，今存，《元史》有傳。商企翁，字繼伯，曹州人，樞密副使商挺之孫。

《秘書監志》一書分十九門，分别爲職制、禄秩、印章、廨宇、公移、分監、什物、紙劄、食本、公使、守兵、工匠、雜録、纂修、秘書庫、司天監、興文署、進賀與題名，詳細記載秘書監之建制沿革、人事任命、俸禄等級、典章制度、職責考核、職官題名，歷來爲元史研究的重要資借之一。其學術價值，大致體現在五個方面。其一，彙聚元代典章制度之重要史料。如對於秘書監之職能宗旨與人員構成，司天監之科考形式與内容，書中均有詳細記載。其二，提供大量元代知名人物傳記史實。書中記載衆多元代名人籍貫、職位以及任職時間，足正他書之訛。清人朱彝尊曾據此而糾正《吉安府志》關於吴鄹之記載。其三，反映元代士大夫階層多民族融合之態勢。秘書監職員中有漢人、高麗人、蒙古人、色目人等，所任職位雖各有高低，言語或有不通，但都能相互尊重，合作共事。其四，呈現《大元一統志》編纂歷程。書中對於《大元一統志》之編纂緣起、過程、周折、變動、完結等均有詳細記載。其五，證明元帝國之世界性影響。如書中記載大量波斯、阿拉伯典籍之漢文音釋與意譯名稱。此外，書中對於蒙古君王所讀書籍與所受教育之記載，也有助於了解元朝的治國理念等。

《秘書監志》元、明刻本均已不存。清代有多種鈔本流傳。最常見者有清瞿鏞鐵琴銅劍樓藏舊鈔本、陸心源捐送國子監鈔本及民國倉聖明智大學刊《廣倉學宭叢書》本等。《廣倉學宭叢書》本經王國維勘正後以活字印行。今人高榮盛以《廣倉學宭叢書》本爲底本，校以陸心源捐送國子監鈔本，一九九二年由浙江古籍出版社出版。

《秘書監志》共十一卷，卷一至卷七雖分類記録，大要與王惲《中堂事記》類似，近於政事日記，故收入筆記叢編。此次整理仍以《廣倉學宭叢書》本爲底本，同時以陸心源捐送國子監鈔本、瞿鏞鐵琴銅劍樓藏舊鈔本爲校本，參考其他各本，及今人校勘成果，加以校理。

校書如掃塵，隨掃隨生，其中點校錯誤，應是難免，祈請方家批評校正。

目録

卷第一

職制

立監至元九年
陞正三品大德九年
設官至元十年
添設秘監至元十八年　大德五年
改秘監爲卿至大四年
添設少監至元十八年　至元二十年　至元二十二年
設監丞至元十六年
添設監丞至元二十五年
減員延祐元年
設經歷至元十六年
設提控案牘至元十六年
設知事大德五年

設典簿大德九年
設管勾至元十六年
設著作郎至元十五年
添設著作郎至元十九年
設著作佐郎至元十五年
添設著作佐郎至元二十四年
設秘書郎至元十四年
添設秘書郎至元十五年
設校書郎至元十五年
添設校書郎至元二十二年
添設直長至元二十五年
添設令史至元二十四年
設蒙古必闍赤至元二十二年
設回回令史至元二十三年
設知印元貞二年
添設知印至大元年

設通事至元二十四年
設奏差至元十年
設典書至元十年
設典吏【一】至大元年
設司徒府至元十八年
罷司徒府至元十九年
焦秘監至元十九年
秦秘監延祐元年
岳學士落秘書監大德十一年
岳學士依舊提調秘書監至大三年
提調回回司天臺至大元年

【一】設典吏　「吏」原作「史」，據陸氏鈔本改。

卷第二　二七九
禄秩
立監定俸至元十年
郭郎中俸至元十五年
吏屬添俸至元十四年　至元二十年

官吏俸米大德七年

官吏添俸大德十年【二】

減米添俸至大三年

減俸添米延祐七年

增米石數至元三年

忙古歹養老俸皇慶元年

卷第三

印章

監印至元十年

龜盒袱褥至元十年

分監印至元十二年

職印至元十年　至元十四年

正三品印大德九年

分監銀印大德十年

櫃盒大德十年

經歷司印至元二十二年

【二】官吏添俸大德十年　此條原列「增米石數」條後，據陸氏鈔本釐正。「十年」原作「七年」，據正文改。

毀經歷司印至元二十四年
典簿印大德十年
秘書郎印延祐五年
管勾印元統二年
廨宇
廨宇至元十二年
係官房立監至元二十一年
廨宇至元二十三年
移入禮部至元二十四年
泉府作秘書監至大四年
般監皇慶元年
兵部作秘書監至治二年
公移
行移至元十年　至元十三年　至元二十年　至元二十二年　至元十五年　至元二十九年　至元三十年
分監

分監書籍大德七年　延祐二年

什物

交割到泉府鋪陳至大四年

公用銀器後至元二年

紙劄

紙劄至元十年　至元十二年　至元十三年　至元十五年

食本

食本至正元年

公使

公使人至元十年　泰定四年添一人

守兵

看監軍大德元年

工匠

書畫匠冬衣大德五年

書畫匠鹽糧至元二十一年

雜録

權留知事大德五年
監官到任畫字延祐三年
經筵泰定四年
成造阿答至元十二年

卷第四　三一〇

纂修
大一統志奏文至元二十二年
節次奏文至元二十二年【三】
地理奏文至元二十三年
地理圖奏文至元二十四年
提調地理圖至元二十四年
虞應龍至元二十四年　雲林三十七年
畫匠至元二十四年
回回文字至元二十四年
計會編類至元二十四年
大一統志事至元二十四年

【三】節次奏文至元二十二年「二十二年」原作「二十三年」，據陸氏鈔本改。

編修馮肯播至元二十四年

照勘飲食錢至元二十六年

地理小圖至元三十一年

飲食錢至元三十一年

收管大一統志至元三十一年

雲林至元三十一年【四】

秀才出給劄付元貞二年

編類雲南圖志元貞二年

雲南志元貞二年

應付紙札元貞二年

凡例元貞二年

紙札筆墨大德元年

未完事迹大德二年

裝褙物料大德二年　大德三年【五】

書寫董可宗大德三年

出身大德四年

【四】雲林至元三十一年　本條原缺，據陸氏鈔本補。

【五】裝褙物料大德二年大德三年　「大德三年」原缺，據正文補。

四至八到坊郭凡例大德五年
書寫食錢大德五年
進呈志書大德七年
彩畫地理總圖大德七年
秘書志至正二年
校讎書籍元貞二年
納大一統志大德四年
保舉至大四年
陞用至元二十三年
纂修鋪陳至元二十四年
李校書陞用至元二十三年

卷第五

秘書庫

裕廟書籍延祐二年　裕廟硯延祐二年
裕廟書籍至正元年
仁廟書籍至大四年

英廟御覽延祐六年

東宮書籍泰定二年

魯司寇像至治三年

名臣像泰定二年

子昂千文延祐三年

鹵簿圖書延祐六年【六】

職貢圖大德四年

收管大一統志大德五年

省庫書籍延祐七年

江南圖書至元十二年

江南秘省文字至元十三年

内府圖書之印大德三年

玉寶四顆至治元年

陰陽文書至大二年

大竪櫃至元十一年

大案元貞二年

【六】鹵簿圖書延祐六年　「六年」原作「二年」，據正文改。

卷第六　三三八

書畫籤帖延祐三年

庀略書畫至元十四年

裝褙物料至元十四年

庀略書畫至元二十一年

褾褙書畫大德四年

玉軸頭大德五年

厨櫃架子天曆二年

曝曬書畫至元十五年【七】

關取書籍至元十四年

書畫不得出監至元十六年

監官提調書庫延祐五年

卷第七　三四七

司天監

兩司天隸本監至元十年

兩司天合爲一至元十一年

【七】曝曬書畫至元十五年　本條原列「書畫籤帖」條後，據正文釐正。

考試司天料至元十二年

考試陰陽人至元十三年

回回曆日至元十五年

改曆法至元十二年

改演新曆法選差人至元十三年

提調兼攝至元十三年

司天臺事務至元十三年

司天不隸本監至元二十五年

回回書籍至元十年

興文署

興文署隸本監至元二十五年

興文署不隸本監至元十三年

進賀

表箋　羅九疋延祐二年

校勘記

卷一

職制

世皇觀天文以制曆授時，觀人文以尊經化民，乃立秘書監，儲圖史，正儀度，頒經籍。設官有員，郎吏承授，以至司天興文之隸屬，廢置增損之歲月，録其故，俾來者考。

立監

至元九年十一月，太保劉秉忠、大司農孛羅奉聖旨，設立秘書監，從三品級。

官四員

監二員從三品

少監二員正五品

吏屬六人

令史二人

典書二人

奏差二人

陞正三品

大德九年七月十三日，中書省奏：「秘書監官人每俺根底與文書：俺的衙門自至元九年設立，定作從三品來，其餘監分即漸陞了有，麽道指例説有。俺商量來，掌管禁書自前立來的，不比其餘衙門有：他每言語是的一般，依著别個監分體例，陞正三品呵，怎生？」奏呵。奉聖旨：「那般者。」欽此。行使正三品銀印，劄付禮部鑄造。首領官知事改陞典簿。都省欽依照驗。

大德十年二月二十二日，中書省奏：「秘書監、中尚監、都水監等衙門裏行的人每依例遞陞，并添散官等四十九員，於内受宣命三十九員，受敕牒一十員，委付呵，怎生？」奏呵。奉聖旨：「委付者。」秘書監正三品，少監從四品，監丞從五品，典簿從七品。

設官

至元十年二月初七日，大司農孛羅奏准：陰陽禁書都教分付與秘書監者。前户部尚書焦友直改授秘書監，趙秉温充禮部侍郎、知侍儀事，兼秘書少監。史杠引進使知侍儀事，兼秘書少監。三月給從三品印。閏六月，扎馬剌丁以司天臺提點充秘書監【一】。

至元十八年四月十一日，忙兀兒禿烈哥傳奉皇太子令旨：「咱每的秀才宋弘道，依著敦幹脱赤扎馬剌丁一般與名分者，俸錢比那兩個更教多些者，阿合馬根底説者。」敬此。於三月初三日，授太中大夫、秘書監禮任。弘道，名衜。

【一】扎馬剌丁以司天臺提點充秘書監　「扎」原作「札」，據陸氏鈔本改。

大德五年，添設秘監一員：賈翔【二】，於八月十七日上。

至大四年二月十七日，舍里伯赤徹里奉聖旨：「秘書監改做秘書卿。」

食俸三員

一員，徹里。至大四年二月十六日，八海怯薛第一日□□柱廊内有時分【三】，對速古兒赤、鄭尚書、伯顏禿忽思院使、養安同知【四】、韓侍郎等有來。速古兒赤少的特奉皇太子令旨：「教闊里吉思平章的孩兒舍里伯赤徹里做秘書卿，第四畫字行者，便教禮上者。」於二月十八日禮任。

一員，昭文館大學士、中奉大夫、典寶監卿温德榮，授秘書監卿，依前昭文館大學士，散官如故。皇慶元年二月初九日禮任。

一員，通議大夫、隨路諸色名匠都總管府達魯花赤答兒馬失里，授秘書卿，散官如故。皇慶元年七月十四日禮任。

不食俸二員

一員，遥授集賢學士、嘉議大夫、前僉尚服院事楊光祖，授崇文館大學士、中奉大夫、秘書監卿。至大四年四月十九日禮任。

一員，崇文館大學士、中奉大夫、武備寺卿譚振宗，授秘書卿，依前崇文館大學士，散官如故。十一月十四日禮任。

【二】賈翔　「翔」原作「朔」，據陸氏鈔本改。

【三】八海怯薛第一日□□柱廊内有時分　「第」原作「弟」，書中或作「第」，或作「弟」，據陸氏鈔本統改爲「第」。

【四】養安同知　「知」字原脱，據陸氏鈔本、瞿氏鈔本補。

至元十八年添設少監二員

一員，程文海。二月内准禮部關，承奉中書省劄付，准火魯火孫阿里蒙古文字：「該中書省官人每根底建昌軍官人程總管，年時哥哥根底大牌子與了勾當，那與了皇帝根底有，省得提奏出氣力。」麼道來呵。阿合馬根底説者，他根底有勾當與者。麼道聖旨有來。如今他説有：「省裏也去阿做甚麼？陳楚客的替頭裏翰林院裏文字的勾當行呵【五】，省得的題奏行踏説有。」麼道奏呵。「那般者。」麼道聖旨了也。又：「上位可鄰見，我根底不揀怎生行者道呵，我的孩兒俺兩個勾當裏了呵【六】，不宜的一般。我的孩兒根底，或太廟的勾當裏，或交秘書監的勾當裏呵，上位識者説有。」麼道奏呵。「那般者。」麼道聖旨了也。欽此。今擬翰林修撰、朝列大夫程文海，授中順大夫、秘書少監。當月初一日禮任。

一員，至元十八年八月十五日，吉丁啓有：秘書監宋弘道索曹晉充秘書監少監做伴當勾當。敬奉皇太子令旨：「那般者」麼道。敬此。曹晉授朝列大夫、秘書少監。九月初一日禮任【七】。

至元二十年，添少監一員。利用少監千奴欽授宣命奉議大夫、秘書少監。十一月初十日禮任。

至元二十三年，添設少監一員。承事郎、僉隴右河西道提刑按察司事宋光祖【八】，授

【五】陳楚客的替頭裏翰林院裏文字的勾當行呵　「客」，瞿氏鈔本作「客」，陸氏鈔本作「各」。

【六】我的孩兒俺兩個勾當裏了呵　「個」原作「介」，據陸氏鈔本改。瞿氏鈔本作「個」。

【七】九月初一日禮任　「禮任」原缺，陸氏鈔本及瞿氏鈔本亦缺，據文意補。

【八】承事郎僉隴右河西道提刑按察司事宋光祖　「按」原作「案」，據瞿氏鈔本改。

承務郎、秘書少監。於八月十七日禮任。

至元十六年，設監丞一員，正六品級。前國子監助教耶律有尚祗授敕牒承務郎、秘書監丞。九月初二日上。

至元二十五年，添監丞二名

一員，贍思丁。至元二十五年七月初九日，尚書省奏：「年時忽都魯于孫、岳提點兩個奏：秘書監回回每陰陽不理會得的人每俺根底管着有，已後陰陽文書每失散了呵，俺怕的奏有，麽道奏呵。扎馬剌丁漢兒陰陽人根底體管者麽道，交出去了來。昨前又教奏了：秘書監入去來，他又回回陰陽文書提調的伴當麽道，和他一處行的贍思丁根底索有。俺商量得：贍思丁根底教做監丞，漢兒陰陽文書根底提調的岳提點根底教做秘書監，蠻子陰陽人陳春官根底教做少監，委付了這兩個根底。在前管着的勾當根前依舊委付了這兩個根底。在前管着的勾當根前依舊教管着。又秀才的文書提調的一兩個秀才官人每委付呵，怎生？」麽道奏呵。「那般者。」聖旨了也。欽此。八月十六日祗授敕牒：承直郎、秘書監丞。當日禮任。

一員，張康。先於至元二十四年二月内准中奉大夫、同僉樞密院事咨：「著作佐郎張康扈蹕兩都，歷俸已逾三考，有勞無過。竊見唐方與康俱南來者，方已陞翰林待制，惟康未蒙陞擢，家又貧困，若陞秘書少監，額外請俸，不署事，推演太一數，供職輦下相應。」准此。具呈都省照詳。至元二十五年八月初八日，張康祗授敕牒：奉直大夫、秘書監丞。依例請俸，不署事。

延祐元年九月初二日，阿里海牙左丞、不花參議奏：「秘書監官人每的名字寫將來者，麽道聖旨有來，將寫著的名字教看呵，總做一十員者。內請俸的秘書卿教四員者，教苫思丁爲頭，教速古兒赤失剌第二，劉總管第三，與昭文館大學士、正奉大夫，散官依前，兼總管府者。教盛從善依舊，其餘的出去者。兩個火者不請俸，額外教有者。教設兩個太監，鄭乞答五年記老的人有，教他做太監，與大中大夫散官。那一個太監的闕裏我委付人也者。設兩個少監，教劉吉依舊，教張景源做少監。設兩個監丞，教趙天祥依舊，王宜之不揀幾時休替者。」麽道。又九月初四日，阿里海牙左丞特奉聖旨：「秘書監裏劉少監做太監，馮僧兒做少監，不揀幾時休替他每者。」麽道聖旨了也。欽此。

設幕府

至元十六年七月，都省准設秘書監經歷一員。

至元十七年，設首領官提控案牘一員。十一月十四日，准中書吏部關，依奉中書省判送，准劉伯時充秘書監提控案牘。當月十八日禮任。

大德五年，提控案牘改設爲知事。王士熻於大德六年正月初三日禮任。

大德九年七月十三日，中書省奏：「秘書監官人每俺根底與文書：俺的衙門自至元九年設立,定作從三品來。其餘監分即漸陞了有,麽道指例説有。俺商量來:掌管禁書自前立來的,不比其餘衙門有,他每言語是的一般。依着别個監分體例,陞正三品呵,怎生?」奏呵。奉聖旨:「那般者。」欽此。除本監行使三品銀印,劄付禮部依例鑄造外,首領官知事改陞典簿。都省欽依照驗。

至元十六年,設管勾一員。十二月,秘書監指諸色人匠總管府例,設立管勾一員。奉部堂鈞旨:准呈。

設屬官

至元十五年,設著作郎一員:劉天藻。本官呈:自至元十三年承江南行省咨樞密院,以陰陽、數學來朝。至元十五年二月,欽授宣命:承直郎,遥受南康路同知,充秘書監著作郎。

至元十九年,添著作郎一員。至元十八年八月初七日,中書省啓:「武州判官完顏君翼御前彈琴人員,秘書監裏見有著作郎名闕,教入去者呵,宜有。」啓呵。奉皇太子令旨:「那般者。」敬此。十月祇授敕牒,至元十九年正月初二日禮任。

至元十五年,設著作佐郎一員。張副樞張左丞奉御脱脱出大忒木兒、給事中阿里對翰林承旨霍兒霍孫就斡魯朵裏聞奏過:「張明遠與著作佐郎名稱,依例請俸,專一理會陰陽勾當。」欽此。於九月初二日禮任。

至元二十四年，添設著作佐郎一員。

至元二十三年二月十一日，秘書監扎馬剌丁奏：李校書小名的人勾當裏在意勤謹有，雖不滿考呵，他的這名分根底添與名分，別個每也在意也。麽道聖旨了也。欽此。校書郎李天麟授著作佐郎。至元二十四年閏三月二十二日禮任。

至元十四年，設秘書郎一員：竇履。二月，内五哥奉御傳奉皇太子令旨：「與趙大哥、竇先生的孩兒於秘書監定奪，教勾當者。」敬此。知秘書監事趙侍郎於七月初九日奏稟：「在前聖旨教竇先生的孩兒於秘書監定奪勾當來。如今管秘書監文書的秘書郎名兒有。」奉聖旨：「與那名兒，教勾當者。」欽此。於九月内禮任。

至元十五年，添設秘書郎一員。八月十七日，准吏部關，承奉中書省劄付脱脱出呈。六月二十二日，奏有：「張平章、張左丞、焦尚書説：鄭大教秘書監裏與焦尚書等做伴當，管秘書監勾當呵，怎生？」奉聖旨：「那般者。」欽此。八月初六日，鄭自興祇授敕牒禮任。

至元十五年，設校書郎一員。八月十七日，准吏部關，承奉中書省劄付脱脱出呈。六月二十二日，奏有：「張平章、張左丞、焦尚書説，謝制置奏【九】：他孩兒謝譯史教秘書監裏焦尚書根底一同收拾文書勾當呵，怎生？」奉聖旨：「那般者。」欽此。於八月初六日，謝椿祇授敕牒，充秘書監校書郎禮任。

【九】謝制置奏　「謝」原作「劉」，據陸氏鈔本改。

至元二十二年，添校書郎一員。三月初三日，翰林集賢侍講學士牒：通事舍人周馳學問才能，若處館閣校讐之任相應。准此。秘府具呈中書省照詳。十一月二十四日，准吏部關，承奉中書省劄付，照會侍儀司，通事舍人周馳，授將仕郎、秘書監校書郎。

至元二十五年，秘府請設辨驗書畫直長一員。都省准設。

設吏屬

至元二十四年，添設令史一名。五月内秘府見役令史二人，一人分監上京，止有一人供事倉卒，省臺呼召，艱於應接。纂修地理圖志，未曾添設。乞增設令史一人。都省准設。

至元二十五年，設通事一名。二月内爲秘府纂修地理圖志，監官扎馬剌丁，西域人，華言未通，可設通事一人。奉都省准設。

至元二十二年五月十六日，都省准設蒙古必闍赤一人。

至元二十三年八月二十一日，都省准設回回令史一人。

元貞二年正月，都省准設知印一人。

至大元年，都省准添設知印一人。

至大元年，當年五月，秘監知事改陞典簿，比例當設典吏一人。蒙都省准設。

設司徒府

至元十八年十一月二十五日，奉司徒府劄付，十月二十日奏准：翰林國史院領會同館、集賢院，都并做一個衙門，必闍赤撒里蠻爲頭兒【一〇】。蒙古翰林院是寫蒙古字聖旨。這勾當大有，併在漢兒翰林院裏，不宜一般。如今依舊翰林院交脱里察安爲頭兒，秘書監、太史院、司天臺人也多有，俸錢也多有，都併做一個衙門，交張平章不妨樞密院勾當，兼管著做頭兒。這併了三個衙門，總頭兒火魯火孫守司徒，判翰林國史集賢院，領會同館，知秘書監事。阿散右丞判翰林國史集賢院，領會同館，知秘書監事。阿里省裏與參政的名兒，兼同判翰林國史集賢院，領會同館，知秘書監事。已令各官欽授。

翰林學士承旨、中奉大夫兼修起居注、領會同館事忽魯火孫，授光禄大夫、守司徒、判翰林國史集賢院、領會同館、秘書監事，修起居注如故。

資德大夫、將作院使、禮部尚書、同領會同館事阿散，授中書右丞、判翰林國史集賢院、領會同館、秘書監事，散官如故。

正議大夫、户部尚書、給事中、同修起居注阿里，授正奉大夫、參知政事、兼同判翰林國史集賢院、領會同館、秘書監事，同修起居注如故。

正奉大夫、樞密院副使兼知秘書監，領太史院事張易，授榮禄大夫、樞密院副使，兼領秘書監事。

【一〇】必闍赤撒里蠻爲頭兒 「撒」原作「撤」，據陸氏鈔本改。

爲革罷司徒府事

至元十九年六月二十五日，准中書吏部關，承奉中書省劄付欽奉聖旨節該：革罷司徒府、農政院等衙門，坐到下項事理，合下仰照驗施行。承此。當部除已委請本部王郎中依上施行外，合行移關，請照驗依奉省劄内處分事理，將本府應有文卷簿籍，若有合交付翰林院等各衙門計問，本部已委官就便交割，仍將交付訖各項事目數目開坐關來【一一】。中書省劄付准中書省咨，五月二十五日聞奏，火魯火孫爲頭省官人每奏將來：「司天臺秀才每，會同館蒙古翰林院等管着，奏來我這省裏行，又那裏押文字行呵，不宜的一般。必闍赤每也空喫俸錢有，罷了撒兒蠻、脱兒盞、斡脱赤每，那每各自勾當裏理會行者。我雖在省行呵，也是管著那的一般有。」奏將來有。聖旨了也。欽此。本省咨請照驗事。都省除外，合下仰照驗施行，仍行移合屬，欽依聖旨事意施行。仍委官計問司徒府首領官，將本府應有合交付翰林院等各衙門者，就便交割，合繳呈者呈省。

【一一】仍將交付訖各項事目數目開坐關來　「各項」，陸氏鈔本作「各各」，瞿氏鈔本作「各」。

位序

至元十年九月十八日，秘書監扎馬剌丁於萬壽山下浴堂根底愛薛作怯里馬赤奏：「皇帝委付奴婢與焦大夫，一處秘書監裏勾當來有。聖旨：畫字底再奏者麽道。奴婢爲住夏勾當上與伴當每商量了，依著欽授到宣命畫字來【一二】。兼自焦大夫比奴婢先出氣力多年，合在上頭。」奉聖旨：「是有。先出氣力來底做長者。」欽此。

【一二】依著欽授到宣命畫字來　「授」原作「受」，與瞿氏鈔本同，據陸氏鈔本改。

延祐元年七月初四日，拜住怯薛第三日香殿裏有時分，對速古兒赤扎班、咬住、阿搭赤衆家等有來，曲出太保、也里牙國公奏過事内一件：「苫思丁學士從世祖皇帝時分行來，今後秘書監裏，秦學士爲頭，苫思丁第二，畫字呵，怎生？」奏呵。奉聖旨：「不揀誰裏頭勾當呵，在他每兩個下頭畫字者。」麽道聖旨了也。欽此。於延祐元年七月初四日署事。

兼領

至大元年閏十一月初五日，昭文館大學士、正奉大夫、知秘書監岳鉉，有旨，依大德十年員數落知秘書監【一三】。

至大三年正月十三日，亦思丹怯薛第二日皇太子斡耳朵有時分，香山大司徒對也奴侍御啓：「從在前薛禪皇帝有時分，秘書監裏岳學士爲天文禁書上頭爲頭兒管著行來。如今見喫著昭文館大學士俸錢多年也，因分揀上頭，秘書監裏不曾入去畫字有。他不管呵，不中的一般有。」啓呵。奉皇太子令旨：「那般者。教他依舊爲頭兒，知秘書監行者。」麽道。

至大元年四月初十日，秘書少監苫思丁除前歷仕外，至元二十二年，有扎馬剌丁引現過奉薛禪皇帝聖旨：「交習陰陽勾當者。」欽此。

至元二十六年，有扎馬剌丁奏奉薛禪皇帝聖旨【一四】：「分付愛薛怯里馬赤：這苫

【一三】依大德十年員數落知秘書監　「十」與瞿氏鈔本同，陸氏鈔本則作「十一」。

【一四】有扎馬剌丁奏奉薛禪皇帝聖旨　「丁」字原缺，據陸氏鈔本、瞿氏鈔本補。

思丁根底與勾當者。」欽此。於元貞元年七月内祇授敕牒：靈臺郎、司天少監勾當。至大德二年七月内祇授宣命：校侍郎、行司天監勾當。至大德四年九月二十日，欽授宣命：頒朔大夫、提點回回司天臺事勾當。至大德十一年四月内有也里審班等官啓，奉皇太子令旨：「交苫思丁秘書監吴少監的替頭裏做少監者。」敬此。當職於當月初七日禮任勾當。本監行移吏部，轉呈都省照詳，未經欽授宣命。至大元年二月十二日，愛薛香山就柳林裏奏：「如今回回陰陽人少有，這苫思丁不教陰陽裏行呵，誤了一般的去年皇太子令旨裏教這苫思丁秘書少監提調回回司天臺，這般行來。如今把他根底依在先體例裏交行呵，怎生？」麽道。奉聖旨：「那般者。」欽此。

卷二

禄秩

設官任賢，賦禀稱事，所以厚臣鄰也。秩有高下，禄之隆殺定焉。因歲時之豐約，物直之低昂，增俸給粟，屢形詔旨，會計多少，具牘以書。

至元十年十月初九日，秘書監蒙太保大司農省會。十月初七日，一同於皇城西殿内奏：「先於閏六月十八日奏，奉聖旨：秘書監俸錢教曆錢裏喫者，合用的人立者，你定了數目呵，再奏者。今奏：秘書監焦友直、扎馬剌丁，各人月支俸鈔一百兩。少監趙秉温、史杠，各月支鈔七十五兩。令史趙欽止、申傑，各月支鈔一十七兩。典書李思齊、張琚琳，各月支鈔一十兩。奏差忽都魯伯、蘇德慶，各月支鈔一十兩。公使人五名，各月支鈔三兩。這般呵，怎生？」奉聖旨：「依着那般與者。」

至元十四年八月，秘書郎月俸三十五兩。當年七月，令史添俸三兩。

至元十五年五月，著作郎月俸四十五兩。

至元十五年九月，著作佐郎月俸四十兩。

至元十五年六月，校書郎月俸三十五兩。

至元十六年，作頭董濟充管勾，月俸一十兩。至元十三年【一】，作頭併入本監，月俸六兩。十七年正月爲始，月俸一十五兩【二】。

至元十五年三月初九日，秘書監奉中書省劄付，節該：欽奉聖旨：「郭郎中俸錢奏呵，依體例與者。」麽道聖旨了也。欽此。仰講議郭郎中合得名分擬定呈省。奉此，准中書户部關，就問得郭郎中稱：元授中順大夫、都水監，於至元十三年十一月，將都水監事，併入工部。至元十四年二月間，欽授宣命，充工部郎中署事勾當。蒙張樞副省會：先欽奉聖旨，交你監修渾天儀等勾當上，我於都堂内議定，交你請工部郎中俸錢。欽依先奉聖旨，監修渾天儀。候改曆測驗了時，即便還部遵依。外蒙中書省依例自至元十四年三月爲頭，放支工部郎中俸錢。

至元二十年九月初七日，准中書户部關，承奉中書省劄付，至元二十年六月初七日，安童怯薛第一日上都寢殿裏有時分，奏過事内一件【三】：「勾當裏行的人每俸錢一番定奪，比在前減了來。如今諸物貴了的上頭，俸錢不勾有。御史臺官、部官，俺根底與將文字來。俺衆人商量得：除大官人每外，已下并首領官、必闍赤等，俱勾當裏行的人每根底斟酌與呵，怎生？」奏呵。奉聖旨：「恁衆人商量了，待添與那甚麽回奏與。」麽道。商量來奏呵。奉聖旨：「與者。既那般與呵，却不做賊好來。」欽此。都省議得：隨朝衙

【一】至元十三年　「十三」原作「十二」，據陸氏鈔本、瞿氏鈔本改。

【二】十七年正月爲始月俸一十五兩　此句原另起一行，據鈔本，直接接上文。

【三】奏過事内一件　「件」原作「奏」，與陸氏鈔本、瞿氏鈔本同，據文義改。

門官員見請俸秩品同者，其各支俸例不一。都省除外，合下仰照驗，照勘各衙門官員，元定見支各各俸例，仍斟酌所掌事務繁簡，另行定擬呈省。外據省院臺部等衙門見勾當令史、蒙古必闍赤、通事、譯史【四】、知印、宣使、奏差、典吏、祇候人等，俸給依准所擬，自至元二十年七月爲始，先行支付。仍就便行移合屬，依上施行。

令史月俸二十兩，今添一十兩。

典書奏差月俸一十兩，今添五兩。

公使人月俸五兩，今添二兩五錢。

大德七年閏五月二十二日，准中書户部關，奉中書省劄付，欽奉聖旨，節該：「官吏俸薄，不能養廉，增給俸米。」欽此。都省與集賢大學士商議中書省事，一同議得：無職田官吏俸米，除甘肅行省與和林宣慰司，一體擬支口糧外，其餘内外官吏俸一十兩以下人員，依大德三年添支小吏俸米例，每一兩給米一斗。十兩以上至二十五兩，每員支米一石。餘上之數，每俸一兩爲米一升，扣算給付。若無見在騐支俸去處，時直給價。雖貴每石不過二十兩。上都、大同、隆興、甘肅各省，不係産米去處，每石擬支中統鈔二十五兩。價賤者從實開坐各各分例，移准上都省咨，於大德七年五月二十八日，奏過事内一件：「前者爲内外勾當裏行的官吏俸錢少的上頭，俺省官臺官并老的每一處商量了，添與俸米者，麽道奏了，行了聖旨。答剌罕丞相、大都省官人每與學士每一處商議定奏將來，但

【四】譯史　「史」原作「使」，據陸氏鈔本改。

是無職田的，請十兩以下俸錢，依着先定來的小吏俸米例，每一兩與斗米，十兩以上至二十五兩，與一石。這的之上不揀請多少俸錢的，十兩加與一斗俸米呵。内外官吏一年約請二十八萬餘石米有。這般與呵。上都等處山後州城、甘州等處河西州城并和林，不係出米去處，從著各處事宜與價錢并口糧。更迤南州城，若無見在米呵，與價錢的擬將幾個分例米有。俺與完澤太傅、右丞相衆人商量來：請三定俸錢以上的【五】，不與米。三定以下俸錢的，依着大都省官人每與學士每一處定來的與呵【六】，怎生？取自聖裁。」奏呵。奉聖旨：「依着恁商量來的與者。」欽此。都省除外，合下仰照驗，就行合屬，欽依施行。奉此，關請照驗，就行合屬，欽依施行。

　　岳昭文禄米二石二斗五升。

秘書監三員，每員禄米二石。

少監三員，每員禄米一石五斗五升。

監丞三員，每員禄米一石四斗。

著作郎二員【七】，每員禄米一石六斗五升。

著作佐郎二員，每員禄米一石三斗。

秘書郎二員，每員禄米一石三斗。

校書郎二員，每員禄米一石三斗。

【五】請三定俸錢以上的　「的」字原缺，據陸氏鈔本補。

【六】依着大都省官人每與學士每一處定來的與呵　「的」字原缺，據陸氏鈔本補。

【七】著作郎二員　「二」原作「三」，據陸氏鈔本、瞿氏鈔本改。

辨驗書畫直長禄米一石五斗。

知事禄米一石二斗。

令史三名，各支禄米一石五升。

蒙古必闍赤禄米一石五升。

回回令史禄米一石五升。

通事禄米一石五升。

知印禄米一石五斗。

典書禄米一石。

奏差禄米一石。

管勾禄米一石。

公使人二名米一石。

大德十年七月十二日，秘書監准中書户部關，光禄寺、太常寺等衙門官吏月支俸例，與秘書監見支俸例不同。本部議得：秘書監元係從三品級，今已陞爲正三品，所索添俸，除秘書監岳通奉等已支正三品俸，不須添給，其餘官吏人等，量擬到各各添支俸米，奏准换授月日，大德十年三月支付。緣本監俸給，按月支請了當，如蒙准，擬自六月爲始，支俸相應。得此覆奉都堂鈞旨，送户部依上施行。本部議擬到秘書監官吏月支俸米：

秘書監三員，今比依利用卿等俸例，各月支俸鈔二定，米二石二斗五升。

少監六員，今比依利用少監俸例，各月支俸鈔一定四十兩，米一石六斗五升。

監丞三員，今比依利用監丞俸例，各月支俸鈔一定三十兩，米一石五斗五升。

典簿，今比依利用、中尚、章佩等監經歷、太常寺典簿俸例，月支俸鈔一定，米一石二斗五升。

令、譯史、通事、知印，令史，今比依光禄寺令、譯史、通事、知印俸例，各支俸鈔三十七兩，米一石一斗二升。

奏差二名，今比依光禄寺奏差俸例，各月支俸鈔二十二兩，米一石。

典書二名，今照得光禄寺典吏月支俸鈔一十五兩，米一石俸例，相應難議添給。

至大三年正月二十九日，准中書户部關，奉尚書省劄付欽奉詔書内一款，節該：「官吏禄薄不能養廉，以致侵漁百姓，治效不修，尚書省從長計議頒給。」欽此。送本部呈，照擬到各項事理。

至大二年十二月二十八日，只兒哈郎怯薛第三日玉德殿西耳房内有時分【八】，昔寶赤大都丞相玉龍帖木兒、丞相寶兒赤朵烈禿火者、太順司徒速古兒赤抹乞等有來，太尉脱脱丞相、太保三寶奴丞相、伯顔平章、忙哥帖木兒左丞相等奏：「天下諸衙門官吏俸錢不敷的上頭，交俺商量了添與者，麽道行了詔書來。俺衆人商量來：隨朝衙門官員并軍官

【八】只兒哈郎怯薛第三日玉德殿西耳房内有時分　「兒」原作「見」，據陸氏鈔本改。

每，如今見請的俸錢内減了加五，改換與至元鈔，住支俸米。外任有職田的官員，三品的每年與禄米一百石，四品的六十石，五品的五十石，六品的四十五石，七品以下的四十石。俸錢改支至元鈔，將職田拘收入官。又外任宣慰使軍官【九】、雜職等官俸錢，十分中減去三分，餘上七分，改支至元鈔兩。隨朝衙門、行省、宣慰司的吏員俸錢，減去加五。其餘鈔數與至元鈔，十兩以下每月與俸米五斗。外任行的小吏每的俸鈔，依數改作至元鈔，俸米依舊與呵，怎生？」奏呵。奉聖旨：「那般者。」欽此。議得在都隨朝官吏俸秩，截自至大三年正月爲始，欽依支付。所據在外行省同隨朝衙門官吏，併外任俸給，擬自文字到日爲始支付。都省除外，合下仰照驗，就便行移諸衙門，欽依施行。

知秘書監月俸二定。

秘書監三員每員月俸二定。

少監四員每員月俸一定一十兩。

監丞二員每員月俸一定三兩三錢三分三釐。

典簿月俸三十三兩三錢三分三釐。

著作郎二員每員月俸四十兩。

著作佐郎二員每員三十六兩六錢六分六釐。

秘書郎二員每員月俸三十六兩六錢六分六釐。

【九】 又外任宣慰使軍官　「慰」字原缺，據陸氏鈔本、瞿氏鈔本補。

校書郎二員每員月俸三十兩。

辨驗書畫直長月俸二十兩。

令史三名每名月俸二十四兩六錢六分六釐。

知印二名每名月俸二十四兩六錢六分六釐。

蒙古必闍赤月俸二十四兩六錢六分六釐。

通事回回令史月俸二十四兩六錢六分六釐。

奏差二名每名月俸一十四兩六錢六分六釐。

典書二名每名月俸一十兩，米五斗。

管勾月俸一十兩，米五斗。

典吏月俸一十兩，米五斗。

祗候一十三名各月鈔一十一兩六錢六分六釐。

延祐七年十一月二十七日，拜住怯薛第一日嘉禧殿裏有時分，速古兒赤咬住八里彎、必闍赤要束某、給事中桑哥失里、殿中帖木哥等有來，拜住丞相、塔失海牙平章、怯來參議、忽都不花郎中、脱亦那中丞等奏過事内一件：「大都爲賑濟貧民，設立了十個鋪賑糶糙粳米來。昨前奏過，添了二十萬糙粳米，做二鋪，交賑糶米根脚裏，爲是救濟貧民糶的有。如今多是官豪勢要并勾當裏行的人每，使人糴買的上頭，到不的貧民每根底的一般。

俺商量來：如今將在都各衙門官吏人等請的俸錢內，十分內教與三分糙粳米呵，怎生？」奏呵。奉聖旨：「那般者。」欽此。都省議得：每糙粳米一石准中統鈔二十貫。照依各衙門官吏見請俸例。欽依扣算。除該支五斗以上者依例折支，四斗以下畸零之數，不須折支。就行各衙門，依上施行。

卿三員每員月俸至元鈔二定。今該支俸一定二十兩，米折鈔三十兩，該支米七石五斗。

太監二員每員月俸至元鈔一定三十三兩三錢三分三釐。今該支俸一定九兩三錢三分三釐，米折鈔二十四兩，該支米五石。

少監二員每員月俸至元鈔一定一十兩。今該支俸四十二兩，米折鈔一十八兩，該支米四石五斗。

監丞二員每員月俸至元鈔一定三兩三錢三分三釐。今該支俸三十三兩三錢三分三釐，米折鈔一十四兩，該支米三石五斗。

典簿月俸至元鈔三十三兩三錢三分三釐。今支俸二十五兩三錢三分三釐，米折鈔八兩，該支米二石。

著作郎二員每員月俸至元鈔四十兩。今支俸二十八兩，米折鈔一十二兩，該支米三石。

著作佐郎二員每員月俸至元鈔三十六兩六錢六分六釐。今該支俸二十六兩六錢六分六釐，米折鈔一十兩，該支米二石五斗。

秘書郎二員每員月俸至元鈔三十六兩六錢六分六釐。今支俸二十六兩六錢六分六釐，米折鈔一十兩，該支米二石五斗。

校書郎二員每名月俸至元鈔三十兩。今支俸二十二兩，米折鈔八兩，該支米二石。

令史等六名每名月俸至元鈔二十四兩六錢六分六釐，今支俸一十八兩六錢六分六釐，折米鈔六兩，該支米一石五斗。

奏差二名每名月俸至元鈔一十兩，米五斗。

典書二名每名月俸至元鈔一十兩，米五斗。

祗候一十三名每名月俸至元鈔三兩，米一石。

至元三年十一月，准中書户部關，奉中書省判送。至元三年十一月初四日，奏過事内一件，節該：「户部文書呈：在先在京衙門官吏人等請俸的俸錢，十分内交與三分糙粳米者麽道。聖旨：每石價鈔二十兩折著與來。即目賑濟貧民【一〇】，設立著二十鋪，賑糶米糧。官吏并勾當裏行的人每，日用俸米不敷，使人糴買的上頭，貧民根底到不得一般有。如今官吏人等合得俸米，每石折鈔一十五兩，將減了的價錢米鈔相兼支付的説有。依部家定擬來的行呵，怎生？」奏呵。奉聖旨：「那般者。」欽此。

卿三員每員月支米七石五斗，續添折出米二石五斗。

太監一員月支米六石，續添折出米二石。

少監一員月支米四石五斗，續添折出米一石五斗。

監丞二員每員月支米三石五斗，續添出米一石。

【一〇】即目賑濟貧民　「目」原作「日」，據陸氏鈔本、瞿氏鈔本改。

【一一】月支俸米三石　「三」原作「一」，據陸氏鈔本、瞿氏鈔本改。

【一二】太保也里牙　「里牙」原脫，據陸氏鈔本補。

【一三】昔寶赤塔海　「寶」原作「賢」，據陸氏鈔本改。

典簿月支米二石，續添折出米五斗。

著作郎月支俸米三石【一一】，續添折出米一石。

著作佐郎等四員每員月支米二石五斗，續添折出米五斗。

校書郎二員每員月支米二石五斗。

管勾月支米一石五斗，續添折出米五斗。

直長月支米一石五斗，續添折出米五斗。

令譯史等五名每名月支米一石五斗，續添折出米五斗。

奏差月俸一十兩六錢六分六釐，續添折不盡米鈔一兩，米一石。

典書二名每名月支俸十兩，續添折不盡米鈔五錢，米五斗。

典史月支俸一十兩，續添折不盡米鈔五錢，米五斗。

祗候一十二名每名月鈔三兩，米一石。

皇慶元年十一月，集賢大學士、中奉大夫、秘書監卿、提調回回司天臺事苫思丁、秘書少監盛朝列等官，於今月十七日有提調陰陽官曲出、太保也里牙【一二】，於當職等處傳，奉聖旨，節該：也可怯薛第一日嘉禧殿内有時分，對亦只里不花王、速古兒赤月魯帖木兒、知院明理統哈、昔寶赤塔海【一三】、忽都魯、亢沙兒等有來，提調陰陽官曲出、太保也里牙忙古歹交奏：「上位可憐見，忙古歹的孩兒阿里做秘書郎者麼道有來。如今都省給降敕牒照會都與了也。父子兩個衙門裏畫字勾當呵，體面不相似一般有。上位可憐見呵，忙古歹不畫字，交他孩兒阿里田惟真不之任【一四】，闕内依着都省已降敕牒照會，於秘書監裏勾當呵，怎生？」奏呵。奉聖旨：「忙古歹老也有本事的人有，休畫字，依舊吃秘書卿俸錢，提調陰陽勾當者。阿里交秘書郎裏畫字勾當行者。麽道聖旨了也。」欽此。

【一四】交他孩兒阿里田惟真不之任　「田惟」原作「惟田」，據陸氏鈔本、瞿氏鈔本改。

卷三

印章

秘書監印一，分監印一，監、少監亦各有職印。印如其品，皆鑄以銅，直紐，篆以國字，以銀龜爲匣。後職印廢，監陞正三品，印易以銀，給雙銀盝：右貯印，左函朱，聯以韋笈，茵褥副焉。分監印亦如之。幕府曰經歷，曰典簿，印隨號改。秘書郎職管鑰，給印一。管勾掌故牘，給印一，皆鑄以銅，直紐，龜匣。

至元十年二月，秘書監承奉中書省劄，照會本監官員，欽授宣命勾當事。奉此，所有本監行用印信及各官職印，俱未蒙給降，乞賜鑄給施行。

秘書監印及龜盒袱褥

各官職印

太中大夫、秘書監

中順大夫、禮部侍郎、知侍儀事、兼秘書少監

中順大夫、引進使、知侍儀事、兼秘書少監

至元十年三月，中書省送吏禮部，依例鑄造到下項印信、封面，發到：

從三品印一樣二顆

秘書監印　　秘書監之印

正四品一樣二顆

禮部侍郎、知侍儀事、兼秘書少監印

引進使、知侍儀事、兼秘書少監印

至元十年五月，秘書監蒙中書省分付下監印、龜盒、袱褥一副

銀葉裹木龜兒一個

銀盒子一個，重五兩九錢

紫羅夾褥一個

紅貯絲褥子一個

至元十二年六月二十二日，秘書監呈：「據本監隨逐車駕，別無分監印信。竊見在京諸衙門，俱有分司印信。」具呈，奉都堂鈞旨：「送吏部，依例施行。」當部送鑄印局，鑄造到從三品銅印一顆，隨關發去，請照驗收管。

至元十年閏六月初七日，中書吏部承奉中書省判送，爲秘書監扎馬剌丁職印事，送鑄印局翟成，依例鑄造。

至元十四年十二月初一日，中書禮部承奉中書省判送，秘書監焦秘書給職印。奉都堂鈞旨，送部照例鑄訖呈省。奉此，送鑄印局，依例鑄到秘書監從三品銅印一顆，隨此發去，請照驗收管。

大德九年十月二十五日，准中書禮部關，奉中書省判送，大德九年七月十三日奏過事内一件：「秘書監官人每根底與文書，俺的衙門自至元九年設立，定作從三品來，其餘監分即漸陞了有，麽道指例説有。俺商量來：掌管禁書自前立來的，不比其餘衙門有，他每的言語是的一般，依着個監分體例，陞做正三品呵，怎生？」奏呵。奉聖旨：「那般者。」欽此。除外都省合下仰照驗，據本監行使正三品銀印，依例鑄造完備，封面呈省。却將舊印拘收，依例施行。

大德十年三月十二日，准中書禮部關，奉中書省判送，本部呈准秘書監關。大德九年七月十三日，奏准：秘書監改做正三品衙門。本監行使印信二顆，上都鑄訖分監銀印一顆，外有印一顆，并合用櫃盒一付，未經鑄造。本部計料到銀兩等物，議得分監印信，上都已行鑄給。大都行使印信，擬合依例倒鑄秘書監正三品銀印一顆，發付行用，追毁舊印相應。奉都堂鈞旨：「送禮部更爲照勘無差，依例鑄給施行。」

大德十年三月十一日，准中書工部關來文：本監正三品印銀櫃盒二付，却將替下舊小銀盒一付，差委奏差馬克明賫擎隨此發去，請收管施行。

大德十年九月，准中書禮部關，奉中書省判送，本部呈准秘書監關：本監典簿并秘書郎闕印，本部移准吏部關，照得秘書監陞爲正三品，典簿從七品，秘書郎正七品級，鑄印局申檢照，不見秘書郎印例，於黑印簿内照得典簿印，俱係從七品。上項印信俱未鑄給。議得秘書監典簿等今既照勘，准設品級，印例明白，合准本監所擬，鑄造發付行用相應。具呈。奉都堂鈞旨：「秘書郎設置已久，不須降印。外據典簿印信，送禮部，依上施行。」

至元二十二年六月二十五日，中書禮部關：承奉都堂鈞旨，送秘書監呈照擬經歷司印事。當部得秘書監經歷司既無印信，擬合依例鑄造從七品秘書監經歷司銅印一顆，發下行用相應。呈准。都堂鈞旨：「行下鑄印局，依例鑄造。」

至元二十四年二月十四日，本監經歷郝景呈：「已蒙中書省裁減本監經歷司所有卑職，元掌經歷司銅印一顆，四角篆文全呈，乞禮部照詳。中書禮部送鑄印局，依例銷毁作數。」

延祐五年四月十二日，秘書郎任將仕於嘉禧殿西主廊前，有本監卿譚大學士傳奉聖旨：「分付到禮部鑄造到秘書郎銅印一顆，欽依行使。」

元統二年八月十六日，准中書禮部關，奉中書省判送，本部呈准秘書監關，據管勾苫思丁狀呈：切照設官分職，各有攸司。卑職與太府寺監管勾俱係正八品級，又兼專管御覽圖畫、禁書，經典一切文字，不爲不重。在前初立本監，權設管勾，止授中書吏部劄付，即與改授敕牒流官大有不同，如蒙比例給降行使印信，庶免白文字窒礙禁例，官不虛設，事得成就。具呈照詳，得此參詳：上項印信即係創索，擬合依尚乘寺管勾承發架閣庫印例，鑄造從八品銅印一顆，給付相應。具呈。奉都堂鈞旨：「連送禮部，依上施行。」

廨宇

京師省府有二：一在鳳池坊北，中書省治也。一在宮城南之東壁【二】，尚書省治也。尚書省廢，故秘書恒與兵、禮二部易地而治，經典庋閣、聽堂局曹宇與事稱。今述其更徙之故，而不詳其制度云。

至元十二年正月十一日，本監官焦秘監、趙侍郎及司天臺鮮于少監，一同就皇城内暖殿裏董八哥做怯里馬赤奏：「去年太保在時，欽奉聖旨：於大都東南文明地上相驗下，起蓋司天臺廟宇及秘書監田地，不曾興工。如今春間，若便蓋廟宇房舍工役大有，先交築墻呵，怎生？」奉聖旨：「墻先築者，後廟宇房子也蓋者。」欽此。

至元二十一年二月十二日，近爲諸衙門遷往大都，惟本監未曾標撥。乞於大都係官房院立監，於元撥定地内起蓋。所有本監官吏，亦合依例，一就標撥居止地面。照得當監有房舍大小三十間，尚有未敷，移關工部，標撥施行。

至元二十三年三月初七日，嘉議大夫、秘書監扎馬剌丁，於二月十一日也可怯薛第二

【二】一在宮城南之東壁　「壁」原作「辟」，據陸氏鈔本改。

日，對月赤徹兒、禿禿哈、速古兒赤白顏、怯憐馬赤愛薛等，就得仁府斡耳朵裏有時分當職，同阿兒渾撒里奏過下項事理。除已蒙文字，具呈中書省照詳施行。

一奏：「如今皇帝聖旨裏，教秘書監編修地裏文書者麽道。秘書監裏勾當裏行的人都在大都裏住有。秘書監在舊城裏頭有，來往生受有，勾當也誤了有。大都裏頭一個織可單絲紬的局有，那裏頭個人住有。那的交移的舊城裏入去做生活者，那局根底做秘書監呵，怎生？」麽道奏呵。省官人每根底説者：那的中呵，與者。不中呵，別個房子與者。無呵，道與那壞損教蓋與者。麽道聖旨了也。

一奏：「舊城裏頭秘書監房子每是我的有來，今如秘書監移出去了呵，那房子我坼將來大都裏頭蓋房子呵【二】，怎生？」麽道奏呵。「你要者。」麽道聖旨了也。

至元二十四年六月十一日，尚書工部來呈，本監於舊禮部置監，明文關來事，准此。照得先承奉尚書省判送秘書監呈，有監官劉朝列、蘇奉訓尚書省裏奉都堂鈞旨：般移將舊禮部裏去者。奉此，呈乞照詳批，奉都堂鈞旨：送工部，依上施行。

至大元年六月十六日，奉都堂鈞旨：本監般移將舊禮部裏去者。奉此。

至大四年五月十四日，本監典簿劉復初呈，當日面奉左司官楊都事、張都事傳，奉都堂鈞旨，於今月十二日欽奉聖旨：「泉府院廨宇撥作秘書監，便交般移書畫者。」欽此。具呈照詳。

【二】那房子我坼將來大都裏頭蓋房子呵　「子我」原作「我子」，據陸氏鈔本改。

至大四年六月二十五日，准中書禮部關，奉中書省劄付，至大四年五月十二日，月赤察兒太師怯薛第三日吾殿西壁火兒赤房子裏有時分，忽都魯都兒迷失、學士九耀奴等有來，李平章、察罕參政、回回參議、秃兒哈帖木兒參議、忽都不花都事等奏過事内一件：「泉府司併入户部了也，將那廨宇教做秘書監呵，怎生？」奏呵。奉旨：「那般者。」欽此。都省合下仰照驗施行，奉此，關請照驗。

皇慶元年三月十七日，監丞賈奉訓、秘書郎何奉訓稟，奉都堂鈞旨：「仰本監依舊移於北省禮部置者。」

至治二年十月二十九日，准中書禮部關，當月二十八日，本部尚書阿不花正議傳都堂鈞旨：「秘書監御覽禁書，教移將南省兵部裏權且收頓者。」奉此，照得先蒙右司省掾尚愚仲傳，奉都堂鈞旨：「秘書監移將更鼓樓後宗仁衛衙門裏去者。那裏頭見安下的使臣兑那與正廳盛頓御覽禁書者。」奉此，已下會同館，外關請照驗。

分監

車駕歲清暑上京，丞相率百官各奉職分司扈從，秘府亦佩分監印，輦圖籍在行間，所以供考文、備御覽者，視它職爲華要。

大德五年四月二十日，據知印申居仁呈，奉監官台旨，關取下項合用書籍，用站車載赴上都者。奉此。

關八百六十册

《通鑑》六百九十册

《太平御覽》一百五十册

《通典》二十册

大德七年三月二十六日，蒙昭文館大學士省會年例，分監上都合用書籍，教差定人吏管押站車上來者。

《太平御覽》　《通典》

《事類文集》　《播芳》

延祐二年四月十六日，照得年例，分監上都，以備《御覽》《通鑑》等書籍，及裝載站車，打角柳箱、席索等物行移，依例應付。奉此。

書籍

《通鑑》一部　《播芳》一部　《太平御覽》一部　《春秋》一部

《周禮》一部　《禮記》一部　《通典》一部　《尚書》一部

打角物件

柳箱子四個　葦席四領

單三索四條　連邊紙

裝載站車一輛【三】，全掛頭匹，并差去人飯食分例。

管押人

王鑑　朱仲寶　陸八剌沙　師贇

公移

秘府奉圖史，無倥傯之務。簡牘希闊，公會有期。郎吏陟降，堂序進退、揖諾，禮容甚都。凡器用簡札、飲食之需，趨走之徒畢具。朝廷所以優待文臣者，周矣。

至元十年十二月初四日，承奉中書省劄付，照會與各部平牒事。

至元十三年三月初二日，中書禮部承奉中書省判送吏禮房呈，據吏部呈：奉省判翰林兼國史院與秘書監行移本部，照得即目隨朝衙門【四】，亦有五品與三品平牒行移。參詳翰林兼國史院與秘書監爲無關攝，比及通定奪以來，擬合依舊行移，呈奉都堂，鈞旨准呈。

至元十五年六月二十五日，中書禮部來呈：監官俱赴上都，蒙本監擬委權監勾當，即不見於各衙門如何行移，乞定奪事。省部議得：既是秘書監官俱赴上都，委令申傑收掌印信，權管監事。凡有印造曆日等事，擬合具呈省部，呈奉到都堂鈞旨。送本部照例施

【三】裝載站車一輛　「裝」原作「裝裝」，第二個「裝」字原衍，據陸氏鈔本、瞿氏鈔本删。

【四】照得即目隨朝衙門　「目」原作「日」，與瞿氏鈔本同，據陸氏鈔本改。

行。奉此，省部照得：通政院都事、權管院事各部符下，據權官秘書監事，比及秘監官還監以來，依奉都堂鈞旨，權令依例申呈省部。

至元二十年八月初二日，准中書禮部關，承奉中書省劄付，近據樞密院呈，不見本院與宣徽院行移體例，詹事院呈，乞定奪隨朝衙門行移事。都省議擬到：諸衙門各各往復行移體例開坐前去，合下仰照驗，行移合屬，照會施行：

六部與樞密院、詹事院、宣徽院、衛尉院、通政院、都功德使司，各無行移。若有相干公事，下各衙門經歷司、司儀司。其於大都、上都留守司、翰林國史集賢院、翰林院、省斷事官、太府監、大理寺、太常寺、秘書監、太史院，并往復平牒，諸路打捕鷹房總管府、護國仁王寺、總管府，并聽符下。

至元二十二年七月，本監准中書吏部關，承奉中書省判送秘書監呈，奉中書户部劄付，爲起移官吏事，除外議得：舊例與翰林院往復平牒、太常寺留守司平關，雖奉户部劄付，未曾承奉都省明文與六部如何行移。奉都堂鈞旨：送吏部依例施行【五】。奉此，移准禮部關，照得近奉都省劄付【六】，欽奉聖旨節文：六部陞爲三品，其餘二品衙門咨部三品以下申部。以此本部議擬，呈准都堂鈞旨，内三品衙門依都省劄付樞密院例，行移回報申移，咨各部照會了當。次後却奉都堂劄付，欽奉聖旨節文：「六部依舊做三品者。」欽此。除外，今准前因照得六部與諸衙門，今依舊行移批奉都堂鈞旨，送本部依例施行。

【五】送吏部依例施行　「部」字原缺，據陸氏鈔本補。

【六】照得近奉都省劄付　「都」字原缺，據陸氏鈔本、瞿氏鈔本補。

【七】宣使　「使」原作「史」，據陸氏鈔本改。

【八】蒙古奏事譯該　「事」字原缺，據陸氏鈔本補。

至元二十九年五月二十六日，本監奉中書省劄付，照得隨朝衙門與六部已有行移定例，從七品以下人員，例從吏部擬注。今有各衙呈保譯史、令史、宣使【七】、奏差、典吏人等，似此細事不行移關吏部定奪，俱各經直呈省，不唯逗留文繁，有妨政事。都省除外，合下仰照驗，今後行移各部，依例施行。

至元三十年五月十五日，本監奉中書省劄付，蒙古奏事譯該【八】：至元三十年四月十三日，奏過事内一件：「省裏文書多聚有聚的緣故，官裏根底近行的二品衙門裏官人每與六部不行移文書有。俺根底與文書，俺轉與六部家文書有。爲那上頭，往來遲誤著勾當有。今後這衙門與六部交行移呵。」「那般者。依着恁的言語者。」聖旨了也。欽此。都省議得：隨朝二品衙門，除見帶一品官爵人員，遇六部行移，依例止押檢目，不須署押關文。除外，合下仰照驗，欽依施行。

什物

至大四年十二月二十八日，據架閣庫管勾李恕呈，奉指揮同奏差李居真與工部所差覆實，司吏王伯隆從實交割到泉府院鋪陳什物數目：

鋪陳

厚座子二十二個

絨錦長條子十一個【九】
絨錦短條子一個【一〇】
舊梅紅長條子一個

什物

書案六個，案衣全　脚踏五個
印桌子一個，印衣全
桌子兩個　舊氈簾一個
舊鵝項凳子二個
鐵火盆一個，火架全
沿邊紅竹簾一個
破㡛風三付
葦簾一個【一一】
獨食桌子八個
鍋一口
紅酒局子一個
大紅盤子二面【一二】

【九】絨錦長條子十一個　「子」字原缺，據陸氏鈔本補。

【一〇】絨錦短條子一個　「一」，與瞿氏鈔本同，陸氏鈔本作「四」。

【一一】葦簾一個　此句原脱，據陸氏鈔本補。

【一二】大紅盤子二面　「面」，陸氏鈔本作「個」。

紅小粉盤子一十個
大鍋一口　脚踏子一個
鐵火盆一個，架子全
書卷桌子一個
厚座子二個
紅條二個
紅條子二個

紙劄

至元十年十一月，呈夾紙一百張，綫紙二百張，檢紙一百張，印色心紅三兩。

至元十二年十月十一日，本監照得十月分令史紙劄等未曾關支。

夾紙五十張　綫紙一百張
檢紙五十張　印色心紅一兩

中書省判【一三】送議得秘書監呈整理秘書漸多【一四】，元關紙劄不敷，今添支事送本部，擬自至元十三年正月爲始，約量添支夾綫紙各五十張，似爲相應。覆奉都堂鈞旨：「准呈，似數放支者。」

【一三】中書省判　「判」字原脱，據陸氏鈔本、瞿氏鈔本補。

【一四】送議得秘書監呈整理秘書漸多　「秘」原錯頁，據陸氏鈔本、瞿氏鈔本釐正。

至元十五年正月，照得本監春季紙札心紅未曾關支開坐，移關中書户部依例放支。

夾紙三百張　　綫紙四百五十張

檢紙一百五十張

印色心紅三兩

公用銀器

後至元二年四月十二日，秘監密邇謨龢麽提調制造公用銀器，送架閣庫依數收貯，聽候公用。

一　鍍金船臺盞一付，重八兩五錢，九成色

一　鍍金臺盞一付，重四兩，九成色

一　銀壺瓶、盂子各一件，重二十七兩，係十成色

壺瓶一個，重二十兩

盂子一個，重七兩

食本

至正元年閏五月初九日，准中書户部關，至正元年四月二十四日，阿魯禿怯薛第二日

大口納鉢斡脱裏有時分，速古兒赤桑哥失里、必闍赤沙加班、云都赤蠻子、殿中揑烈禿、給事中帖木兒不花等有來，衆省官商量了：別兒怯不花平章、也先帖木兒平章、帖木兒塔失平章、阿魯右丞、許左丞、佛住參政、孛羅帖木兒參議、沙班參議、拜住郎中、蠻子員外郎、察兒吉台都事、直省舍人倉赤、哈剌帖木兒、蒙古必闍赤都馬不顏帖木兒等，奏過事內一件：「奎章閣營運錢內翰林院裏與叄阡定，秘書監裏與一阡定鈔，交做堂食錢呵，怎生？」奏呵。奉聖旨：「那般者。」欽此。此下原空九行。

至正二年正月【一五】，覆奉監官議得，上項營運鈔定諸人借使，監官不過中統鈔五十定，屬官三十定，令、譯史二十定，典書人等一十五定，月息一分五釐。必須明白開寫正借錢人、代保人、元附籍貫、見任職役、事產。借錢人或遇別有遷除，得代本息納足，方許給由。如有拖欠利息，隨於代保人名下月俸內揹除還官。若上項正借錢人鈔定不完，代保人告滿，文解亦不行給付。借錢人雖在，無錢，將事產折挫入官，外不敷之數，代保人名下一面追徵，事產亦行折挫。凡借錢人文契，典簿廳受訖呈監，然後用半印勘合，行下架閣庫收受的契，方許放支鈔定。仍具出庫起息年月，明白開呈。仍下典簿廳，以備查勘。委自太監以下正官一員，每季一次提調，下季不過孟月初五日，明白開寫見在并已借未收實欠備細數目，移文本監轉關，下次提調官照驗施行。凡典簿廳呈到諸人借錢文契，須要提調官與監官相參署押，行下架閣庫，放支施行。仰移關提調官監丞王道奉議，仍下典簿廳

【一五】至正二年正月　「正」原作「五」，據陸氏鈔本、瞿氏鈔本改。

架閣庫照驗，依上施行，奉此。

公使人

至元十年十月爲始，設公使人五名，月俸三兩。

至元二十二年　月　日，每名月支鈔七兩五錢。

守兵

大德元年四月二十五日，秘書監照得：自至元十年設立秘書監，置庫收掌應有禁書陰陽文字，爲無處軍看守，恐致疏虞。擬撥守護處軍三名，具呈中書省，蒙撥到處軍二名，常川守護。

至元十四年，呈中書省，送兵刑部，擬添處軍一名，與元撥處軍二名一同看守。呈奉都堂鈞旨：准呈了當。在監處軍三名看守。

大德五年六月十四日，武衛親軍百户完顏懷義蒙武衛親軍都指揮使司備奉上司文字，欽奉聖旨：「秘書監裱褙佛像書畫等差，委懷義將引軍一十名看守，供作勾當。」欽此。照得上項軍人合請口糧，一總計軍一十名，自大德五年四月初一日爲始，至六月終，内除四月、六月小盡二日不支外，每名該支米八斗八升。

工匠

大德五年八月初六日，秘書監據知書畫支分褙褙人王芝呈，近蒙都省欽奉聖旨：褙褙書畫，差官前到杭州取發芝并匠人陸德祥等共五名，馳驛前來秘書監褙褙書畫勾當。所據芝等夏衣已蒙關支，所有冬衣，合行開坐具呈。乞賜依例放支。

總計五名

知書畫支分褙褙人一名：王芝

褙褙匠三名：陸德祥　馮斌　尤誠

接手從人一名：陳德

至元二十一年十月十三日，秘書監據本監管勾董濟呈，本監褙褙人匠趙得秀等除已支夏季四月至閏六月鹽糧外，有秋季六月至九月合支鹽糧數目開坐具呈。得此，關户部依例放支。

一總白米二石四斗

白麵一百二十斤

鈔一十兩

趙德秀，每月白米三斗，白麵一十五斤，鈔一兩五錢。四個月總該米一石二斗，白麵六十斤，鈔六兩。

　張柏松，每月白米三斗，白麵一十五斤，鈔一兩五錢。四個月計該白米一石二斗，白麵六十斤，鈔六兩。

雜録

　大德五年三月，准中書吏部關來文，本監減提控案牘，設知事一。即目欽奉聖旨【一六】：裱褙書畫，止有提控案牘一員提調，候知事到任，至日代替，庶不失誤。請照驗事。准此。除知事另行外，關請照驗。

　延祐三年九月初七日，也先帖木兒怯薛第二日嘉禧殿内有時分，本監官守司徒苫思丁對曲出太保、昔寶赤薛兒帖該、怯烈馬赤也里牙等有來，苫思丁奏：「馮少監如今教做太監，蕭同知做少監，阿的迷失、張少監他每都是先勾當來的人有，如今遞陞的新人來的要他每舊勾當的之上畫字有【一七】。我他每根底依例説呵，他每不聽有。」麽道奏呵。奉聖旨：「那般體例那裏有？隨朝衙門有先來後到，教遞陞的馮僧兒，阿的迷失之下畫字者，蕭少監、張少監之下畫字者。」麽道。

　泰定四年五月十六日，准秘書少監虞集蒙都省給驛馬三匹，赴召上都，入侍經筵，關請照驗。

【一六】即目欽奉聖旨　「目」原作「日」，與瞿氏鈔本同，據陸氏鈔本改。

【一七】如今遞陞的新人來的要他每舊勾當的之上畫字有　「陞」字原缺，據陸氏鈔本補。

至元十二年十一月十三日，准少中大夫、秘書監於今月初九日内裏暖殿内對陰陽人阿里威等，也薛做怯里馬赤奏造阿答了也。奉聖旨：「將去秘書監裏與秘書一處放着，交令史每寫見數目者。」欽此。當職照得係官大蓋造處用度開坐，關請照驗聖旨處分事意收頓。

一總計阿答九百六十四個

青石一百單五個　錫一百個

生帖一百單一個　瓦的一百個

錫鑞八十個　銅帖一百個

鴉青紙二百二十四個

白紙四百五十三個

大銅帖一個

校勘記

卷四

纂修

至元乙酉，欲實著作之職，乃命大集萬方圖志而一之，以表皇元疆理無外之大。詔大臣、近侍提其綱，聘鴻生碩士，立局置屬，庀其事。凡九年而成書，續得雲南、遼陽等書。又纂修九年而始就。今秘府所藏《大一統志》是也。因詳其原委節目，爲將來成盛事之法。

至元二十二年六月二十五日，中書省先爲兵部元掌郡邑圖誌，俱各不完。近年以來，隨路、京、府、州、縣多有更改，及各處行省所轄地面，在先未曾取會。已經開坐、沿革等事，移咨各省，并劄付兵部，遍行取勘去。後據兵部令史劉偉呈，亦爲此事。施行間據來呈，該準上都秘書監關，扎馬剌丁奏：「太史院曆法做有，大元本草做裏體例裏有底，每一朝裏自家地面裏圖子都收拾來，把那的做文字來。聖旨裏可憐見，教秘書監家也做者。但是路分裏收拾那圖子，但是畫的路分、野地、山林、里道、立堠，每一件裏希罕底，但是地生出來的把那的做文字呵，怎生？」奉聖旨：「那般者。」欽此。呈乞照詳事。得此，六月十三日與本監焦尚書、彭少監等議得：翰林院、兵部各差正官，與本監一同商量編類，似爲便當。得此，除已劄付兵部，摘委兵部郎中趙奉議及劄付翰林院依上差官外，仰照驗欽依聖旨事意施行。

至元二十三年八月二十九日，本監照得：欽奉聖旨：「編類地里圖文字。」欽此。開坐具呈，都省明降：

一奏：「皇帝聖旨裏教秘書監編修地理文字者麽道。秘書監裏勾當裏行的人都在大都裏住有，秘書監在舊城裏有，來往生受有，勾當也誤了有。大都裏頭一個織可單絲紬的局有，那裏頭別人住有，那的每教移的舊城裏入去做生活者，那局根底做秘書監呵，怎生？」麽道奏呵。「省官人每根底説者，那的中呵與者，不中呵別個房子與者。無呵道與那懷，教蓋與者。」麽道聖旨了也。欽此。除已累經呈省關部外，到今未能撥到，不能聚集編類人員。合行早爲撥降。

一奏：「省裏與文書來，隨處城子裏頭有的地理圖子文字每收拾將來者道來，至今不曾將來，勾當遲了有。如今疾忙教將來者麽道。省裏再與文書呵，怎生？」麽道奏呵。「那般者。」麽道聖旨了也。欽此。照得除將已發到路分文字見行照勘外，有下項未到去處，并邊遠國土，本監先爲不知各各名號，已曾具呈。乞早將邊遠國土名號及行下未曾報到圖册去處，早爲發到，以憑編類。

一奏：「有一個孔夫子的孩兒每根底教的陳儼小名，又有一個蠻子田地裏有的秀才虞應龍，又京兆府根底一個秀才蕭維斗，這地理的勾當好理會的有。那的每根底教將來呵，怎生？」麼道奏呵。「教來者。再用著的蠻子、漢兒秀才每有呵，阿兒渾撒里理會的有，怎一處索者。」麼道聖旨了也。

至元二十三年三月初七日，準嘉議大夫、秘書監扎馬剌丁於二月十一日也可怯薛第二日對月赤徹兒、禿禿哈、速古兒赤伯顏、怯憐馬赤愛薛等就德仁府斡耳朵裏有時分當職【二】，同阿兒渾撒里奏過下項事理。除已蒙古文字具呈中書省照詳外：

一奏：「在先漢兒田地些小有來，那地里的文字、册子四五十册有來。如今日頭出來處、日頭没處，都是咱每的。有的圖子有也者，那遠的他每怎生般理會的？回回圖子我根底有，都總做一個圖子呵，怎生？」麼道奏呵。「那般者。」麼道聖旨了也。

一奏：「省裏與文書來，隨處城子裏頭有的地理圖子文字每收拾將來者道來，至今不曾將來，勾當遲了有。如今疾忙教將來者麼道。省裏再與文書呵，怎生？」麼道奏呵。「那般者。」麼道聖旨了也。

一奏：「秘書監裏勾當裏行的人每，别個勾當裏遷的去了呵，地理的文字誤了的一般有。月日滿呵，就監裏添與小名呵，怎生？」麼道奏呵。「那般者。」麼道聖

【二】怯憐馬赤愛薛等就德仁府斡耳朵裏有時分當職　「德」原作「歸」，據陸氏鈔本改。

旨了也。

至元二十四年三月二十四日，集賢大學士、中奉大夫、行秘書監事扎馬剌丁該奉尚書省劄付，據集賢院呈。近奉中書省劄付，扎馬剌丁海薛奏：「地理圖子的勾當遲誤了的一般有，我怕有。去年皇帝聖旨裏阿剌渾撒里一處商量來，俺的勾當他也好理會的有。如今又在前省裏有底聖旨每：秘書監底不揀那個勾當，合用着底勾當每有。阿剌渾撒里一處商量了，教行呵，地理圖子底勾當疾忙成就也者。」麽道上位奏呵。「那般者。」麽道聖旨了也。欽此。本院照得：集賢大學士阿剌渾撒里近受宣命，尚書右丞兼議秘書監地理圖本，實恐不暇。況前項事理係扎馬剌丁來立尚書省以前奏準公事，呈乞聞奏施行。得此。都省除外，合下仰照驗。欽依元奉聖旨，着緊編類，無致遲慢。

至元二十四年六月初九日，尚書省近據集賢院呈：本院集賢大學士阿剌渾撒里受宣命，尚書省右丞兼議秘書監地理圖本，實恐不暇。乞照詳事。都省至元二十四年五月十二日奏過事内一件：「阿魯渾撒里説，畫地理圖本教我提調着有來。我根底省裏勾當委付了也。那勾當管呵，省裏勾當莫不躭擱了去也。」麽道有來，奏呵。「那勾當裏休行者。」麽道聖旨了也。欽此。

至元二十四年正月二十四日，中書省近據來呈：本監官扎馬剌丁奏過事内一件，節該：「一個孔夫子的孩兒每根底教的陳儼小名的人，又有一個蠻子田地裏有的秀才虞應龍，又京兆府根底一個秀才蕭維斗，這地里的勾當好理會的有。那的每根底教將來呵，怎生？」麽道奏呵。「交來者。」麽道聖旨了也。欽此。具呈取發事。得此，移咨各省取發去後，今準湖廣行省咨，該虞應龍狀呈，正爲理會地理勾當。數年用工，將古今書史、傳記所載天下地理建置、郡縣沿革事迹、源泉、山川、人物及聖賢賦詠等，分類編述，自成一書。取《漢書》王吉所云「春秋，所以大一統者，六合同風」，名其書曰《統同志》，上以發揚聖朝混一海宇之盛。其書見行纂修成稿，擬就沿途併力抄寫正本，一就進呈。今湖南道宣慰司應付站船二隻，裝載《統同志》文書，誠恐前途水路不通，乞照依中書省咨文，應付鋪馬二匹，行移前路官司，應付人夫車子般載事。

至元二十四年二月三十日，本監準中書工部關，爲彩畫地理圖本畫匠二名。除已行下都城所差人押領交付外，關請差人催取羈管。

至元二十四年二月十六日，奉秘監台旨，福建道邊海行船回回每，有知海道回回文刺那麻，具呈中書省，行下合屬取索者。奉此。

至元二十四年九月十八日奏，奉聖旨，取發到秀才虞應龍付監，見行編類地理文字。行下校書郎楊將仕、周將仕，就虞柏心先生處，計會編類。

至元二十四年三月二十一日，本監竊詳，聖朝天下一統，疆宇宏遠，州郡繁多。著而爲書，比之前代，浩瀚數倍。其著述也，必須稽考古來圖書，憑準今日事迹，一一重加編類。若不加之歲月，廣其文人，未易成就。今照得在監見有著作一員，秘書一員，校書二員，并翰林院撥到編修一員，止是五人。雖先呈準虞應龍、蕭𣂏、陳儼三員，累次催請，未見到監日期。爲此，已將省部發到隨路文册與古書相參，依式類成，荒稿已多。本監官再行研窮參照，多有勾引改抹貼説去處，闕人鈔寫。乞中書省元摘委令翰林院趙學士、兵部趙郎中，早爲赴監詳定，及權設書寫五七人，先行謄録静稿，以待博學洽聞耆儒宿德潤色删定成書，以備進呈。若不預呈，不惟無以見纂修次第，抑亦切恐躭誤。外據未發到路分，催會發下，接續編類。

至元二十四年十二月二十日，本監近有翰林國史院差本院編修官馮肯播于本監修集地理文字，本監就保陞著作郎職名，蒙都省準呈。

至元二十六年七月十八日，本監準尚書吏部關，近奉尚書省判送秘書監呈，準本監扎馬剌丁中奉關，欽奉聖旨，編類地理圖書，呈準都堂鈞旨：令王俣等支請飲食，編類勾當【二】，擬充檢討。移準吏部關，議得王俣等即係創添窠闕，似難議擬，候編類事畢，至日從優陞用。準此看詳。王俣等係必用人員，各人别無名分俸給，實難拘留。呈乞照詳。奉都堂鈞旨：送吏部照擬連呈。奉此議得：秘書監舊制，别無檢討職名，所據王俣、王益，已受吏部付身充嵫陽等縣教諭。今本監官扎馬剌丁欽奉聖旨，編類地理圖書。各人支請飲食編類勾當已經呈準，從優陞用，以此參詳，如編類成就，擬於府州教授，似爲相

【二】編類勾當　「勾」字原缺，據陸氏鈔本、瞿氏鈔本補。

應。呈乞照詳，蒙都堂議得準呈，送吏部，依上施行。

至元三十一年八月，本監移準中書兵部關，編寫《至元大一統志》，每路卷首必用地理小圖，若於編寫秀才數内就選宗應星，不妨編寫彩畫，相應關請。如委必用圖本，依準施行。

至元三十一年八月十二日，本監準中書兵部關，爲余奕昌等曾無編寫《至元大一統志》，即不見秘書監呈準。都堂鈞旨：續選編寫額定支請飲食分例【三】，人數姓名，照勘明白，同前項志書一就關來。準此。除志書已行回關收管外，今將元準擬用編寫秀才虞應龍等一十名，支請飲食分例呈。奉都堂鈞旨：准呈到各各姓名，及在後節次。續准人數開坐。回關本部去訖：

一　元准少監虞奉直牒，移關兵部呈，奉都堂鈞旨，支給飲食分例，額定編寫秀才一十員：

虞應龍　方平　宗應星　朱孟犀　管本孫

朱謙　崔文質　余世昌　汪世榮　高季材

一　續准少監虞奉直牒於前項秀才補替事故還家人員。編寫三員：

于天瑞補替汪世榮。

趙孟節補替朱孟犀。

【三】續選編寫額定支請飲食分例　「額」原作「頪」，據陸氏鈔本改。

周世忠補替高季材。

校正一員：

劉元晉補替管本孫。

至元三十一年十月二十六日，本監准中書兵部關，發到《至元大一統志》四佰五十册，呈解中書省，劄付發下右司收管。

元貞二年十一月二十六日，秘書監據著作郎呈，保書寫孔思逮等五名，係都省准呈月支飲食人員，每日在局編寫，未嘗少怠，若蒙出給劄付，似爲激勵。得此，奉監官台旨：依准所保，出給付身：

孔思逮　王琳　趙由昌　王守貞　馮貞

元貞二年三月初五日，本監准中書兵部關，來文照得，雲南發到地理沿革、事迹，除完備外，有下項未完事理，早爲行移，取勘完備，編類圖册等事呈。奉都省判送，照得雲南係邊遠地面，難與腹裏一體。奉都堂鈞旨：送兵部行移本監，就便計問，差來任總管者。

元貞二年三月十二日，准兵部關，奉中書省劄付來呈，准秘書監關著作郎呈，雲南行省所委編類圖志任中，順編到地理圖册甚是可取。蓋緣秉志勤苦，通曉文學，久任雲南，習知風土。據金齒未經供報等處，若令本官一就取勘編類，似望早得完備。都省准擬。

元貞二年三月十六日，准中書兵部關，來文編寫雲南地理文字。據書寫人員紙札筆墨等物，依已行例，官爲應付。本部議得：除紙札筆墨官爲應付外，據硯瓦什物鋪陳等物，若於八作司見在物内給借，事畢拘收還官相應。具呈。都堂鈞旨：准呈。速送兵部，就便依例施行。

户部官爲應付

紙二千張【四】　筆一十把　墨二斤

工部暫借應付

硯四個　高條桌七個　條床四張

條子二個　蒲席七領　葦席七領

元貞二年十一月初二日，著作郎呈，黏連到《大一統志·凡例》：

一　某路

所轄幾州　開

本路親管幾縣　開

一　建置沿革

禹貢州域

天象分野

歷代廢置

【四】紙二千張　「千」原作「十」，據陸氏鈔本、瞿氏鈔本改。

周　秦　漢　後漢　晉　南北朝　隋　唐　五代　宋　金　大元

一　各州縣建置沿革依上開

一　本路親管坊郭鄉鎮依上開

一　本路至上都大都并里至

一　各縣至上都大都并里至

一　名山大川

一　土山

一　風俗形勝

一　古迹

一　寺觀祠廟

一　官迹

一　人物

大德元年三月初三日，秘書監據著作郎呈，近爲編寫雲南地理文字，計料到合用紙劄筆墨等物。除發下檢紙等物銷用外，據上静夾紙蒙秘府指揮，候編定檢目至日計料取發。照得上項地理文字，今已編定檢目。計料得合用上静夾紙筆墨數目，開坐具呈，乞賜行移合屬放支。

江淮夾紙二千五百張

好心子筆五十管

上等細墨一斤

大德二年二月初五日，據著作郎呈，奉秘府指揮編類雲南、甘肅地理圖册，依上編類到雲南等處圖志，通計五十八册，合用裝褙物料已經開坐，具呈照詳。外有遼陽行省地理圖册，照得别不見開到本省所轄路府州縣建置沿革等事迹【五】，及無彩畫到各處圖本，難以編類。照得元設書寫孔思逮等五名即目别無所寫文字【六】。據各人日支飲食，擬合自大德二年二月二十一日權且住支，候遼陽行省發到完備圖志，再行編類，依例呈覆關請。

大德二年五月初五日，據著作郎呈，依上編類到雲南等處圖志，通計五十八册，未曾裝褙。就唤到褾褙匠趙德秀等，計料到合用物料，開坐呈乞照詳，移准中書兵部關呈，奉都堂鈞旨：連送兵部，行移工部，比料實用數目無差，就行合屬，依例應付。

禮部應付白麵七斤四兩

户部應付

夾紙二佰九十張

綿紙一佰一十六張

黄綾一佰三十九尺二寸

【五】照得别不見開到本省所轄路府州縣建置沿革等事迹　「本省所轄」原作「所轄本省」，據陸氏鈔本、瞿氏鈔本改。

【六】照得元設書寫孔思逮等五名即目别無所寫文字　「目」原作「日」，與瞿氏鈔本同，據陸氏鈔本改。

藍綾八尺七寸

本部提舉左八作司應付

白礬一斤一十三兩

皂角一斤一兩四錢

黄蠟一斤一十三兩

大德三年七月二十八日，據著作局呈，奉秘府指揮編類遼陽等處圖志，并《至元大一統志》全部目録，今已編類上净了畢，共計八册。所據合用裱褙物料，就唤到裱褙匠趙德秀，計料到下項物料，移準中書兵部關呈，奉都省判送，就行工部，依上應付。

大德三年，書寫董可宗代孫伯壽闕

大德五年八月四至八到坊郭體式

某路某縣　州同

里至

某方至上都幾里

某方至大都

某方至本路

某方至本州并依上開里數。如直隸本路者，去此一行。

東至某處幾里至是至各處界。
西至
南至
北至
東到到是到各處城。
西到
南到
北到
東南到
西南到
東北到
西北到并依上開里數。
坊郭鄉鎮
領幾鄉　開

大德五年七月初二日，準兵部關，奉中書省判送本部呈秘書監關，據著作郎趙炢呈，照得編類天下地理志書，備載天下路府州縣古今建置沿革，及山川、土産、風俗、里至、宦迹、人物，賜名《大一統志》。續有遼陽、雲南遠方報到沿革及各處州縣，多有分撥陞改不同去處。除將《至元大一統志》重行校勘，添改沿革外，須選揀通儒能書人員，通行寫静進本，以備御覽，實爲重事。本部參詳：寫志書人員食錢，今次呈準。依寫金字經例，每名支中統鈔一兩五錢。照得吏部寫行止籍記部令史，日支中統鈔七錢。若依呈準放支，似涉偏負。以此比附，量擬編寫志書人員每名日支食錢中統鈔一兩，開局日爲始，放支相應。奉都堂鈞旨：準呈。

元發二十名内合存一十六名

趙文焕　虞志龍　趙普顔　朱宗周　李　純
高伯椿　李天任　趙素履　歐陽普壽
梁　焕　辛　鈞　耿居仁　王彦恭　孫伯壽
蓋光祖　趙弘毅

今次選换四名

牟應復替胡明安　魏誼替馮振
王時中替屈楚材　魏晉替杜敏

大德七年五月初二日，秘書郎呈，奉秘府指揮，當年三月三十日也可怯薛第一日玉德殿内有時分，集賢大學士卜蘭禧、昭文館大學士、秘書監岳鉉等奏：秘書監修撰《大一統志》，元欽奉世祖皇帝聖旨編集。始自至元二十三年，至今才方成書，以是繕寫總計六百册一千三百卷進呈，欽奉御覽過。奉聖旨：「於秘府如法收藏，仍賜賚撰集人等者。」欽此。

大德七年閏五月二十二日，準中書兵部關，刑部關，準本部郎中賈朝列關：竊見建康路明道書院山長俞庸，委是才藝之士，兼博通地理，迥出儒流，即目到部聽除。即今兵部見奉中書省州送行移，秘書監纂録天下地理總圖，若令本人分畫纂録彩畫完備，實有可觀。準此。照得先準翰林應奉汪將仕保呈，前鄂州路儒學教授方平彩畫地理總圖，已經移關秘監，依上彩畫去訖。今準前因，一同彩畫施行。

元貞二年六月十六日，本監照得近爲秘書監造到書畫等文册三扇，送校書郎校勘，得除陰陽、禁書封記，未敢牽點外，書畫與簿籍相同。得此，擬將陰陽、禁書，候公監官還監至日牽點。今將本庫元造文册三扇，發下收管。

大德四年四月十二日，據秘書郎呈，近蒙秘府指揮編類到《至元大一統志》書四百八十三册，計七百八十七卷，仰子細校勘，若有差訛，就爲改正，仍標出差訛卷目呈監。蒙此校勘。間又奉監官台旨，與著作郎趙從仕一同校勘。奉此，依上校勘了畢。中間差訛字樣，已行改正，別無合標出卷目。今將元關出《大一統志》書四百八十三册，隨呈繳納，還庫交收。

至大四年七月二十一日，中書省奏准事内一件，節該：「如今老秀才每少了也，外頭後學每學得好的也有。俺選着於國子監裏并翰林院、秘書監、太常寺等文翰衙門委付，并外頭儒學提舉司裏委付呵，後人每肯向前也者。」麽道奏呵。「是有。休問品從，雖是白身人呵，好的委付者。」麽道。

至元二十三年十月初四日，吏部來文，秘監扎馬剌丁等奏：奉聖旨，本監勾當裏行的人每月日滿呵，就監裏添與名分，關請欽依施行。

至元二十四年四月二十四日，照得本監欽奉聖旨，編類地理圖籍，於尚書省覆過，奉都堂鈞旨：般移於禮部置監。

都省催請著作郎虞應龍到監。著述地理文籍，必須置局講究。編類彩畫圖并見闕合用鋪陳等物，開坐具呈尚書省應付。

本監用

條褥五個　　座子一十個

蒲席一十領　　葦席一十領

著作局用

條床六個　　條桌一十個

葦席二十領　　條褥五個

蒲席一十領　　座子四個

硯瓦六個

至元二十三年二月十一日，也可怯薛第二日就德仁府斡耳朵裏有時分，秘監扎馬剌丁同阿兒渾撒里奏：「一個李校書小名的人，勾當裏在意勤謹有，雖不滿考呵，他的這名分根底添與名分呵，别個的每也在意也者。」麽道奏呵。「那般者。」麽道聖旨了也。

卷五

秘書庫

自昔秘奥之室曰府、曰庫，蓋言富其藏也。世皇既命官以職其扃鐍緘縢之事，而後列聖之宸翰纂述之紀志，天下墳籍、古今載記，所以供萬機之暇者，靡不備具。雖圖像、碑誌、方技、術數之流，畢部分類，别而録云。

延祐二年九月初五日，秘書郎呈：奉指揮發下裕宗皇帝書硯，從實收管。

《孝經》三册，不全。

《論語》七册，不全。

《小學》二册，不全。

《周易》一册，不全。

《唐鑑》六册，不全。

《孝經》卷子一個，不全。

《倣書》一卷零一幅。

玉硯一個，匣全，微有損。

風字硯，一個。

延祐二年七月十六日，奉集賢院劄付，當年四月二十三日，木剌忽怯薛第二日嘉禧殿内有時分，對闊闊歹院使、張司農、太史院樊仲信等有來，本院官曲出太保、叔固學士奏過事内一件：「裕宗皇帝根前説書的先生王贊善，是和許仲平先生一處衍授時曆來的【一】。裕宗皇帝小時節讀的文書、寫來的字，更使來的一個玉硯、一個風字硯，王贊善收拾著來。如今他的孩兒説不是他每合收的，將來呈獻過。」麽道。上位看了，奉聖旨：「都教秘書監裏好生收拾者。王贊善并他父祖根底依著姚公茂、竇漢卿體例，與封贈者。您與省家文書者。」麽道聖旨了也。欽此。

至正元年九月二十二日，也可怯薛第一日明仁殿後宣文閣裏有時分，對脱脱右丞相、巙巙丞旨有來【二】。朵兒只班學士特奉聖旨有：裕宗皇帝讀的文書、寫來的倣書，秘書監裏收拾者有，你去取將來者。麽道傳聖旨來，欽此。除欽遵外，當日巳時，朵兒只班學士、老老少監對各監官關領前去進獻。至九月二十四日申時對本監官吏并帝王像回納還庫訖：

《論語》七册，大小不同

《小學》二册　　《周易》一册

【一】是和許仲平先生一處衍授時曆來的　「仲平」原作「平仲」，此爲許衡字，據陸氏鈔本改。

【二】巙巙丞旨有來　「巙巙」原作「巎巎」，据武英殿刻本《元史》本傳改。

《孝經》一册　《倣書》一卷

《唐鑑》六册

《大學衍義節略》一卷册

《尚書政要》一册

唐太宗《帝範》一册

《孝經》卷子一册

匣子一個，內大紅銷金袱兒一個，盛《青宮要略》一册。

至大四年二月初六日，有速古兒赤貴僧、只納失里校書、焦校書赴監傳，奉皇太子令旨，二月初五日【三】，八海怯薛第三日【四】隆福宮西棕毛殿東耳房內有時分，對亦里赤詹事、速古兒赤貴僧，特奉皇太子令旨：「把我看的文書都教般將秘書監裏去者。」敬此。與盛少監、王少監一同交割到書籍六佰四十四部，計六千六佰九十八册，內七部紙褙計二佰七十一册，乞照詳事。得此。施行間，今準禮部關，奉中書省劄付詹事院呈，太子校書呈，照得元收管書籍圖畫，內除節次敬奉令旨：「應有的圖畫并手卷，都與哈海赤司徒者，其餘的文書盡數交割與秘書監家好生收拾者，休教損壞了。」敬此。今將給賜各官并交割與秘書監書籍各各數目，就取到秘書庫收管，繳連開呈。

延祐六年正月十六日，準中書禮部關，奉中書省判送詹事院呈，延祐五年十一月三十

【三】二月初五日　「月」，陸氏鈔本作「日」，据瞿氏鈔本改。

【四】「進獻至九月二十四日申時」至「八海怯薛第三日」　此段原缺，據陸氏鈔本、瞿氏鈔本補。

日，秃滿迭兒詹事、李家奴中議兩個奏：「皇太子坐了位次呵，合看前代帝王治天下的文書有。世祖皇帝教竇太師等秀才每，於《尚書》裏揀擇出來的帝王治天下緊要的文書，又裕宗皇帝讀來的文書并寫的倣書等，又皇帝教忽都魯禿兒迷失譯寫來的《大學衍義》、唐太宗《帝範》文書，合教太子根底放著看覷，麽道伴當每説有，是父祖教揀擇出來的前代帝王行的是來的文書并看來的文書有，皇帝根底奏了，教取將那文書每來，太子根底放著，閑便時看呵，怎生？」啓呵。奉令旨：「皇帝根底奏者。」麽道。奏呵，「那般者。」麽道聖旨了也。欽此。

泰定二年十二月二十五日，有太子贊善馬伯庸學士對監官趙秘卿、李少監、虞少監、伯忽監丞等傳，奉聖旨，泰定二年十二月二十三日，撒里蠻怯薛第一日興聖宮東鹿頂樓子上有時分【五】，對秃魯院使、完者帖木兒、桑哥等有來，太子諭德世里門、詹事贊善馬學士奏：「裕宗皇帝寫來的倣書并讀來的文書，又仁宗皇帝東宮收拾來的文書在秘書監裏有。」奉聖旨：「取將來者。」欽此。

至治三年七月初二日，准太常禮儀院關，大樂署呈准本署孔承直關，延祐五年二月初三日，也先帖木兒怯薛第三日嘉禧殿裏有時分，對大慈都丞旨妙長老有來，孔子五十四代孫孔思逮因進獻魯司寇石碑像的上頭，聖旨問：「如今你那裏勾當裏？」回奏道：「太常禮儀院做署丞裏。」塔海承旨，完顔承旨特奉聖旨：「既是孔夫子的孩兒，教翰林院裏

【五】撒里蠻怯薛第一日興聖宮東鹿頂樓子上有時分　「時」字原缺，據陸氏鈔本補。

替一個先滿的待制者，便與省部家文書者麽道。這石碑像您與秘書監文書，教他每收拾者。」聖旨了也。欽此。

泰定二年十二月初五日，照得近准監丞李從事關，延祐六年五月奉大司農司印貼，該延祐六年四月十六日大司農張彦清特奉聖旨：「在前劉太保爲頭薛禪皇帝舊行來的官人每的畫像，教李肖嵒依著他每各家的大神，對模傳寫了呵，教小何裱褙成看册，我看過呵，秘書監裏收者。合用的工錢就您司農司子粒錢内支付與者。李肖嵒一處畫神的，別個畫處休差撥者，教他每併工，比及我下馬完備了者。」麽道聖旨了也。欽此。當職於大司農司子粒錢内關支到顏料錢中統鈔一十定，對本傳寫到劉太保等三十人，褙成看册完備，分付大司農張彦清收領了當，至今未曾發到，若不移文，係欽奉聖旨事意。如準行移，欽依發來收藏相應。

延祐三年五月初二日，本監官楊秘卿傳，説延祐三年四月二十七日，李叔固大學士傳奉聖旨：「趙子昂每寫來的千字文手卷一十柒卷，教秘書監裏裱褙了，好生收拾者。合用的裱褙物料與省家文書應付者。」麽道聖旨了也。欽此。

延祐六年九月初一日，也先帖木兒怯薛第二日文德殿後鹿頂殿内有時分，斡赤丞相、鄭司農等對速古兒赤也先帖木兒院使、唆南院使、相哥失里司農、帖木歹院使、續院使等官有來。斡赤丞相奏：「翰林國史院編修官曾巽申小名的秀才，將他自做到大駕鹵簿圖二軸，書十冊，上位根底呈獻過。」奉聖旨：「教續院使將去，與秘書監譚秘卿將往秘書監裏好生收拾者，後頭用著去有。」麽道聖旨了也。欽此。

大德四年七月十六日，準中書禮部關，奉中書省劄付來呈秘書監關，前平灤路鹽司副使唐文質呈：歷代遠方珍異者多矣，竊以官爵姓名圖畫至今，後世傳之，以爲盛事。聖朝自創業以來，積有年矣。名臣、烈士，尤盛於前代，俱未見於圖畫。文質不避僭越之罪，願盡平生之學，畫遠方職貢之圖及名臣之像，藏諸秘府，以傳永久。如準所言，實爲盛事。具呈照詳。得此，議得依準唐文質所言圖畫，候有成效至日聞奏，依上施行。奉此，關請照驗，準此行。據唐文質呈職貢圖名臣像，俱係流傳永久，不敢率易下筆，必須起草，倘有更換，易於改革，不惟有減物料，亦得效其所能。今來卑職編類次第，布置規模，自備紙札顏色彩畫【六】，立爲定稿，呈省看過，然後計料，關取合用物料，彩畫静本，實爲便當。移關禮部，依上施行。

大德五年七月初九日，準禮部關來文，直長唐文質彩畫諸國進獻禮物人品衣冠，若蒙取勘起稿，發下彩畫静本，誠爲便益。關請照驗。準此。照得先奉中書省劄付本部呈秘書監關，前平灤路鹽司副使唐文質呈：歷代遠方貢珍異者多矣，功臣官爵姓名圖畫至今，後世傳之，以爲盛事。聖朝自開國以來，名臣、烈士，尤盛於前代，俱未見於圖畫。文質不避僭越之罪，願盡平生之學，畫遠方職貢之圖及名臣之像，藏諸秘府，以傳永久。都省議

【六】自備紙札顏色彩畫　「札」原作「扎」，據陸氏鈔本改。

得：依准唐文質所言圖畫，候有成效，至日聞奏。仰行移依上施行。奉此，本部照得：凡諸國朝貢使客，雖是經由行省，必須到都，於會同館安下。除已令本館將已起見在使客，詢問本國國主姓名、土地廣狹、城邑名號、至都里路、風俗衣服、貢獻物件、珍禽異獸，具報本部，移關貴監，以備標録。其使客形狀、衣冠，令唐文質就往本館摹寫外，關請照驗。

大德五年七月初九日，本監移中書兵部關，奉中書省判送兵部呈秘書監關，著作郎趙從仕呈，見爲編寫《大一統志》，除秘監發下志書一部在局編校外，照得在先亦有一部，見留中書兵部，中間多有不同，必須發下，互相參考，庶得歸一成書。本部參詳：《大一統志》書，若依著作所呈，令本部典吏時公泰專一收掌，赴局互相參考檢照，就令編寫志書了畢還部，似不點污損壞。具呈照詳。覆奉都堂鈞旨：送兵部，將上項志書關發本監照用，事畢還官。

延祐七年五月，准中書禮部關，奉中書省劄付，檢校官呈中書省，照得省部架閣庫見收文卷簿籍諸物，切恐各庫不爲用心，失於收架，於延祐六年十二月二十八日連送禮部郎中張朝，請仰依已行事理施行。奉此，將見收諸物與本庫官典一同分揀，於内除必合存留中書令、尚書令、翰林國史院祭御容金銀器盒案衣禮物等錢，累年開讀過詔赦，并追到諸人元受宣命、敕牒、執把、鋪馬、聖旨、諸王令旨，一切文憑，依舊收貯外，據其餘諸物，行下省架閣庫，依數交付秘書監，就便差人關領，依例收貯。

一總計實合關收物色
玉圖書印兒一個
盛玉圖書木盒兒一個
杭州海道圖一軸
隨朝百司衙門事務圖一軸
賈似道真容二軸
乾象璇璣圖一軸
天象圖一軸　混一圖一軸
大小無名神象五軸
《通志》書，一百五十册
《救荒活民》二十九部，每部三册，計八十七册
《通鑑》九十九册
《漢書》七十五册
《春秋》六十二册
《孝經》一十三部，計三十九册
至元十二年九月二十九日，皇城暖殿裏，右侍俸御忽都于思做怯里馬赤、秘書監焦秘

監、趙侍郎一同奏：「臨安秘書監内有乾坤寶典并陰陽一切禁書，及本監應收經籍圖書書畫等物，不教失落見數呵，怎生？」奉聖旨【七】：「伯顏行道將去者。」又奏：「江南諸郡多有經史書籍文板，都教收拾見數，不教失散呵，怎生？」奉聖旨：「您問了歸附官員呵，伯顏行道將去者。」欽此。

至元十三年十二月，今有樞密副使兼知秘書監事説道：今年六月九日内裏主廊裏有時分奏：「咱使的焦尚書江南收拾秘書省文字去來，聽得收拾聚也，教盡數起將來呵，怎生？」奉聖旨：「教將來者。」欽此。樞密院移咨南省，取去來。見今焦尚書收拾到經籍書畫等物，解發南省，已運到中書省也。所據前項焦尚書收拾到一切經史子集禁書典故文字及書畫紙筆墨硯等物，俱是秘書監合行收掌。當月初十日，樞密副使兼知秘書監事説道：近奉都堂鈞旨，該欽奉聖旨，教於大都萬億庫内分揀到秘書監合收經籍圖畫等物，可用站車一十輛般運，赴監收貯。

大德三年三月，准中書禮部關，奉中書省判送本部呈，奉省判，遼陽行省咨，歸附等軍萬户府備移剌重喜呈到親眷蕭元奴元與玉印一顆，令簽省白顏嘉議賫去，咨請收管回示。准此，送禮部行。據鑄印局申，令人匠辨驗得上項玉印一顆，係漢家篆文内府圖書之印，具呈照詳覆過。奉都堂鈞旨：送禮部行移秘書監收訖。

至治元年七月初二日，本監卿大司徒苫思丁榮禄傳：奉當年六月二十三日失秃兒怯

【七】奉聖旨　「奉」原作「奏」，據文義改。

薛第三日睿思閣後鹿頂殿内有時分，對速古兒赤八思吉思院使、鎖南院使、朵歹承旨【八】、欽察歹知院等有來，拜住丞相、塔剌海員外郎兩個特奉聖旨：「三顆玉寶，一顆象牙寶，分付與秘書監裏教收拾者。」麽道聖旨了也。欽此。

寶四顆

皇帝行寶白玉雙龍紐一顆，上帶紅絨絛繫。

欽崇國祀之寶，青白玉五螭紐一顆。

光堯壽聖憲天體道性仁誠德經武緯文太上皇帝之寶，蒼玉寶碾螭紐一顆，上有舊黃絨小絛繫。

宋皇帝寶，象牙素紐一顆，上有裂璺。

至大二年十二月，准尚書禮部關，奉尚書省劄付本部呈，准秘書監關，准漢兒字別里哥，該香山司徒、大都丞相言語，根隨迭里哥兒不花太子迤北出軍去的陰陽人韓瑞軍上合用的陰陽文書，教秘書監裏與呵，怎生？奏呵。奉聖旨：「那般者。」麽道聖旨了也。黏連到所關書籍七部，本監照得《寶元天人詳異》《宋天文》全部即係天子親覽禁秘之書，非餘者所當觀閱。具呈照詳。於至大二年十一月初五日，也可怯薛第一日宸慶殿西耳房内有時分，速古兒赤也兒吉你丞相、寶兒赤脱兒赤顔太師、伯答沙丞相、赤因帖木兒丞相、昔寶赤玉龍帖木兒丞相、扎蠻平章、哈兒魯台參政、大順司徒等有來，尚書省官三寶

【八】朵歹承旨　「承」原作「丞」，據文義改。

奴丞相、忙哥帖木兒丞相等奏過事内一件：「迭里哥兒不花太子軍前將著行的陰陽文書，教秘書監裹與者，麼道香山等俺根底傳聖旨來，秘書監官人每説那文書是上位合看的文書，這般與的體例無有麼道説有。俺商量來，休與呵，怎生？」奏呵。奉聖旨：「那般者。」欽此。

至元十一年正月，照得本監欽奉聖旨，見收陰陽禁書并一切回回文字。除欽依外，即目多有收到文書，未曾製造書櫃，恐經夏潤蟲鼠損壞，今擬用紅油大竪櫃六個，内各置抽匣三層，鎖鑰全，常川收頓秘書相應。

元貞三年正月二十日，秘書監照得，近爲本監裱褙大案一面，油漆損壞，移關中書工部，差人前來相視，計料合用工物漆造。

卷六

秘書庫

延祐三年三月二十一日，木剌忽怯薛第一日嘉禧殿内有時分，對速古兒赤也奴、院使呀不花與張彦清學士有來，叔固大學士對本監官闊闊出少監傳，奉聖旨，秘書監裏有的書畫，無籤貼的，教趙子昂都寫了者麽道。

至元十四年正月二十二日，内裏斡魯朵裏有時分，孛羅官人、張左丞、趙侍郎欽奉聖旨：「秘書監裏有損壞了底文書、書畫，都擗掠底好者。」欽此。

至元十四年二月，裱褙匠焦慶安計料到裱褙書籍物色：

書籍文册六千七百六十二册

褙殼綾一萬三千八百六十二尺一寸。

每册黄綾二尺，計一萬三千五百二十四尺。

每册題頭藍綾半寸許，三百三十八尺一寸。

紙札每册大小紙六張，計四萬五百七十二張。

濟源夾紙三張，計二萬二百八十六張。

束鹿綿紙三張，計二萬二百八十六張。

打麵糊物料

黃蠟一錢，計四十二斤四兩二錢。

明膠一錢，計四十二斤四兩二錢。

白礬一錢，計四十二斤四兩二錢。

白芨一錢，計四十二斤四兩二錢。

藜蔞一錢，計四十二斤四兩二錢。

皂角一錢，計四十二斤四兩二錢。

茅香一錢，計四十二斤四兩二錢。

藿香半錢，計二十一斤二兩一錢。

白麵五錢，計二百一十二斤一兩。

硬柴半斤，計該二百一十一秤五斤。

木炭二兩，計五十二秤一十三斤四兩。

畫軸大小相滚作二幅，計一千單九軸，每軸用物料：

顏色綾紅絹八尺，計八千七十二尺。

色綾上等四尺，計四千三十六尺。

黄綾一千五百尺。　藍綾一千五百尺。

白綾五百一十八尺。　皂綾五百一十八尺。

色絹計四千三十六尺。

黄絹一千五百尺。　藍絹一千五百尺。

白絹五百一十八尺。　皂絹五百一十八尺。

紙每一軸大小四十張，計四萬三百六十張。

濟源夾紙一十六張，計一萬六千一百四十四張。

東鹿綿紙二十四張，計二萬四千二百一十六張。

打麵糊物料每軸

黄蠟二錢，計一十二斤九兩八錢。　明膠一錢，計六斤四兩九錢。

白礬一錢，計六斤四兩九錢。　白芨一錢，計六斤四兩九錢。

藜蔞二錢，計該六十三斤一兩。　藿香一錢，計六斤四兩九錢。

白麵一兩，計該六十三斤一兩。　硬柴一斤，計六十三秤一十斤。

茅香二錢，計一十二斤九兩四錢。　皂角二錢，計一十二斤九兩八錢。

木炭半斤，計三十一秤八斤四兩。

至元二十一年二月二十九日，照得至元十四年正月二十二日內裏斡魯朵裏有時分，孛羅官人、張左丞、趙侍郎欽奉聖旨：「秘書監裏有損壞了底書畫，都揀掠的好者。」欽此。具呈照詳去後，准中書工部關，就令大都路差裱褙匠焦慶安前來本監，將所有書籍、圖畫，各各損壞、大小不等，相滚計料，合用物料開坐狀呈。

大德四年十月三十日，准中書工部關，奉中書省判送。大德四年九月二十四日，速古兒赤衆家奴、哈剌撒哈都欽奉聖旨：「秘書監裏有底書畫，揀好底衆家奴、哈剌撒哈都您兩個管著者。省官人每根底與文書，依着張參政説底，杭州鋪馬裏取好匠人，都裱褙得完備者。合用底紙綾子教將作院官人每根底應付上綾用者。揀掠底完備時，教留守司官人每上等不油底江南好木頭做匣子者，别個底做漆匣子收拾者。用著底玉圖書教咱每年號依着在前樣中，教馬家奴酌中底玉磨與者。太府監裏有底玉軸頭，少底添與者。教張參政提調者。」麽道聖旨了也。欽此。至大德六年六月，裱褙畢工，書畫手卷六百四十六軸【一】，本監照得，欽奉聖旨【二】，裱褙秘府書畫。今已完備。所有簽貼，合委請字畫精妙之人題寫。

大德五年二月初五日，本監准中書户部關，差萬億庫官元提舉引領司庫皇甫士元與本部丁奏差，於内府庫賫得玉軸頭五十九個赴秘書監内，於都省張參政當面對秘監書官依數納足。

【一】書畫手卷六百四十六軸　「書」原作「部」，據陸氏鈔本改。

【二】欽奉聖旨　「旨」原作「日」，據陸氏鈔本改。

青菜玉軸頭大小五十四個，內：

水石一個

菜玉軸頭三個

瑪瑙軸頭二個

天曆二年十一月二十六日，照得，當年三月二十一日，闊徹伯怯薛第二日興聖殿後穿廊裏有時分，速古兒赤不顏帖木兒、温都赤哈剌八都兒、哈剌哈孫，給事中答里麻失里、舍別赤也里雅雅、胡參書、柯參書等有來，本監官譚學士、秘書卿穆薛飛特奉聖旨：「秘書監書畫好生收拾者。少的厨櫃架子，您行與工部文書，教添造者。」麽道聖旨了也。欽此。

至元十五年五月十一日，秘書監照得，本監應有書畫、圖籍等物，須要依時正官監視，子細點檢曝曬，不致蟲傷浥變損壞。外據回回文書就便北臺內令兀都蠻一同撿覷曝曬【三】。

至元十四年正月二十二日，張左丞奏：「先奉聖旨，教張平章俺兩個分間江南起將來底文書去來。據經史子集、典故文字、陰陽禁書、書畫、宋神容，俱係秘書監合行收掌。如別衙門遇有合撿閱書籍，立收附於秘書監關取，用畢却行還監呵，怎生？」奉聖旨【四】：「那般者。」欽此。

【三】外據回回文書就便北臺內令兀都蠻一同撿覷曝曬　「令」原作「今」，據陸氏鈔本改。

【四】奉聖旨　「奉」原作「奏」，據陸氏鈔本改。

至元十六年三月二十四日，奉監官圓議得：本監見收書畫，非奉聖旨及上位不得出監。

延祐五年三月初九日，監官議得：秘書庫所藏御覽圖籍、禁秘天文、歷代法書名畫，諒爲不輕。近年以來，凡遇出納秘書郎等自行開封，倘蒙上位不測取索書畫，失誤未便。今後移請監官一員，不妨本職，逐月輪流提調。如遇陰雨，點視疏漏，常例舒展曝曬。及出納書畫不測之事，直日秘書郎等計會提調府親詣府庫，用心監視，一同開封，毋致似前違錯。仰移關監丞王奉訓，依上提調。仍下秘書郎，依上施行。

至正二年五月，准監丞王奉議道關切，謂古之書庫，亦各有目，圖畫亦各有題，所以謹貯藏而便披玩也。伏睹本監所藏，俱係金宋流傳及四方購納，古書、名畫不爲少矣，專以祇備御覽也。然自至元迄今，庫無定所，題目簡秩，寧無紊亂？若不預爲，將經史子集及歷代圖畫，隨時分科，品類成號，倘時奉旨，庶乎供奉有倫，因得盡其職也。合無行下秘書庫，依上編類成號，置簿繕寫，誠爲相應。

在庫書

書

經一百二十一部，一千二十三册。

史七十九部，一千七百二十四册。

集五十七部，一千七百二十四册。

道書三百三部，四百二册。

醫書一十四部，一百七十一册。

方書八部，一百五十二册。

先次送庫書一十二部，四百七十八册。

經六部，一百一十三册。

史四部，七十五册。

集二部，二百九十册。

後次發下書一千一百五十四部，一萬六百三十四册。

經書二百四十四部，二千一百四十五册。

史一百三十二部，一千八百四十三册。

子一百二十二部，七百一十二册。

集四百六十三部，五千九百三十四册。

法帖四十二部，二百一十七册。

續發下書六百四十二部，七千五百一十册。

經一百六十六部，一千九百四十六册。

史四十六部，一千二百七十册。
子二十六部，七十三册。
集一百二十部，二千五十三册。
類書九十六部，九百三十一册。
小學書六十八部，二百二十八册。
志書三十三部，三百三十册。
醫書五十一部，四百六十一册。
陰陽書一十五部，一百三十册。
農書一十二部，三十七册。
兵書五部，二十一册。
釋道書三部，二十二册。
法帖一部，一十册。
書畫二千單八軸
法書四百八十二軸。
法書八十三軸。
手卷三百九十九卷。

內府取三十十五卷。

今在庫三百六十四卷。

名畫一千五百五十六軸

名畫一千一百五十五軸。

內府取八十三軸。

今在庫一千七十二軸。

手卷三百七十一卷。

內府取出三十卷。

今在庫二百三十七卷。

看册七帙

卷七

司屬

司天監

司天之隸秘省，因古制也。國初，西域人能曆象，亦置司天監，皆在秘府，雖或合或離，而事務之禀授，詎容不次諸簡末？

至元十年閏六月十八日，太保傳，奉聖旨：「回回、漢兒兩個司天臺，都交秘書監管者。」

臺官六員

三員，見掌在臺供職

少監：鮮于淳　判官：郝志彬　趙德新

三員，見隨侍安西王

臺判：蘇正　王世安　郭德

提學一員　教授二員　學正二員

管勾押宿官十一三員

承應人七十二名，登臺占候天象

知書一名，掌案牘

裝寫曆日一十名

習學生七名

至元十一年十月初七日，太保大司農奏過事内一件：「欽奏回回漢兒司天臺，合併做一臺呵，怎生？」奉聖旨：「那般者。」欽此。

至元十二年正月十九日，司天臺奉秘書監指揮備準中書吏部關，該定擬科舉公事：據程試司大格式，備細法度，講議定擬，疾早申來。承此。本臺講議間又奉指揮，亦爲此事。照得至元七年太保奏：奉聖旨，選取五科陰陽人數。當時本臺於各科經書内出題，許人授試，知曉者收充長行承應勾當。及會得舊日程試司大格式，每三年一次，差官於草澤人内精加考試。中選者收作司天生員，給食直，入臺攻習五科經書【一】。據司天生本臺存留習學子弟，亦三年一試。中選者作長行待闕收補。爲此議得：若依至元七年試例，程試五科陰陽事業，緣爲五科經書内有欽奉聖旨已行拘收禁斷名件，民間不得通習，似難依上選試。若令草澤人依舊例程試，中選者收係養贍，却緣草澤許試經書，易爲習

【一】入臺攻習五科經書　「攻」原作「攷」，據陸氏鈔本、瞿氏鈔本改。

學，又恐隨路貢舉人多，難以盡行收係。今來本臺參許，令無驗各路大小，限定合貢草澤人員與本臺存留習學人，每三年一次，照依下項定擬到事理程試收係，似爲相應。緣爲例之事，誠恐所擬未當，開坐秘監照驗。

一　舊例，草澤人三年一次，差官考試，於所習經書内出題六道。試中者收作司天生，官給養直，入臺習學五科經書。即目本臺未有額設司天生員，止有五科長行。若令草澤人許直試長行人員，緣五科文書已行拘禁了當，其草澤人不得習學。所據草澤許習經書，即非五科切用正書，難便許試長行，擬合依舊例程試，如試中者收作司天生，是爲相應。今具許習經書試格如後。

所習經書

《宣明曆》　《符天曆》

王朴《地理新書》　呂才《婚書》

以上經書，須合通習。

《周易筮法》

《五星》

以上經書合從其所習，臨日考試，各出題一道，許就試人科答題一道。其答五星，仍許攜照星經書入院。

試格題六道，量作兩日程試。

曆科題名一道

假令依《宣明曆》推步某年月日恒氣經朔。

假令依《符天曆》推步某年月日太陽在何宿度。

《婚書》題一道

假令問正月内陰陽不將日有幾日。

《地理新書》題三道

假令問安延翰以八卦之位通九星之氣，可以知都邑之利害者何如。

假令問五姓禽交名得是何穴位。

假令問商姓祭主丁卯九月生，宜用何年月日晨安葬。

占卜題一道

假令問丁丑人於五月丙辰日占求財，筮得《姤》卦第爻動，依易筮術推之。

假令問正月甲子日寅時，六壬術發用三傳【二】，當得何課。

假令問大定己丑人五月二十二日卯時生，禄命何如。依三命術推之。

假令問七强五弱，何如之數。依五星術以對。

【二】六壬術發用三傳　「發」原作「潑」，據陸氏鈔本、瞿氏鈔本改。

一　舊例，司天生并本臺存留習學子弟，三年一次試長行，各驗科目於所習經書內出題。試中者驗文理以定高下。待闕補充長行人員。今議得：合依舊例程試，是爲相應。

占候天文科先視驗目力與測驗科目。

所習經書

《晉·天文》　《隋·天文》　《宋·天文》

以上科習一家

《景祐周天星格圖直圖》

試格

點畫天星題一道

假令問紫微垣東方七宿中外官之類。

義題二道

假令問渾天、周髀、宣夜三家孰長之類。

占候三式科

所習經書

太一王希明《金鏡二經》

《景祐福應集》

《遁甲天一萬一訣》又名《三元式經》

《景祐符應經》

《神定經》

《六壬連珠集》

《補闕新書》

試格

假令題一道

問某年月日時四，計太乙在何宫之類。

義題二道皆不限字數，并以不失題意，文理優長者爲中選。

假令問冬至天元一七四何義之類。

假令問百六涉害何義之類。

推步曆算科

所習經書

《大明曆經串》舊例，試《宣明》《符天》等曆日。今見行《大明曆法》，合試《大明曆書》。

試格

日蝕題一道

假令問大定庚子歲至乙巳歲，其間有無日食，但取一蝕爲定。

《大明曆》五星題一道，科問一星。

義題二道

假令問辰法三除之何義之類。

測驗天文科相驗目力

所習經書

《晉·天文》　《宋·天文》　《隋·天文》

以上科習一家

《渾儀總要星格》

試格

點畫天星題一道

假令問三垣二十八舍或赤道内外其星幾座，具形體默畫。

義題二道

假令問渾儀七曜之行何議之類。

司辰漏刻科備將試中之人試驗聲口禮數，陞降名次。

所習經書

《宋·天文》內《漏經》舊例，試《宣明》《符天》漏經目。今見行《宋·天文·漏經》，合試此書。

試格

假令二道

假令問冬至五月夜半定漏。

假令問立春五日中晷常數之類。

義題二道

假令問四時晝夜刻數不同何義之類。

假令問四時中晷常數不同何義之類。

一　舊例司天生試長行，長行試管勾，管勾試教授。今來議得：今後若管勾有闕，許五科長行試補。如教授有闕，許五科管勾試補。今定到試格於後：

長行試五科管勾者，於本科應用經書內出題六道，內假令三道，義三道，俱中者驗文理以定高下，遇闕以次補用。

管勾試教授者，於五科經書內，每科出題兩道，假令一道，義一道。已上十題俱中者，依前定高下，遇闕補充。

一　隨處或有官司拘收禁書已前先曾習五科經書，藝業精驗及德行可稱者，若止令依例試充司天生員，是爲蔽抑。如有似此之人，合令本路官司體問所習科目，委是精驗，保結開申。許直試各科長行，中選者待闕收補，是爲相應。試例通上。

至元十三年閏三月十四日，户部呈：至元十二年開除不當差户内有合分揀收差户計，開到各各名項，乞定奪事。都省除外，據司天臺陰陽户計，差官與秘書監官一同試驗，如委通陰陽科目文書底人，免本身差役。其不通，收係當差。劄付秘書監照會去後回呈，開坐到本臺陰陽户數，乞定奪施行。都省準呈。今委前絳州知州馬希驥、御史臺委監察御史一員與本監官、大都路總管府官試驗外，合下仰照驗，無致中間有狥違錯。仍具選試過委通陰陽人姓名，各各科目，并不通陰陽人姓名備細保結，開坐呈省。

至元十五年十月十一日，司天少監可馬剌丁照得，在先敬奉皇子安西王令旨：「交可馬剌丁每歲推算寫造回回曆日兩本送將來者。」敬此。今已推算至元十六年曆日畢工，依年例，合用寫造上等回回紙扎，合行申復秘監應付。

至元十二年八月，司天臺等曆科管勾曹震圭呈：本臺見用大明曆法，至今歲久漸疏。爲此，先於去年十一月内已曾呈省。蒙判送本臺講究，已行回申了當，到日多日不蒙明降，切恐失誤國家大事，臨時疑難分析，乞照驗事，呈奉都省，送吏禮部定擬具呈。

至元十三年六月十一日奏，奉聖旨：「教改演大元國新曆者。教司天臺選差能書算測驗精通三十人於改曆處用者。」欽此。行據司天臺申：就於本臺官員管勾陰陽人選取三十人，俱各書算測驗熟閑，實是精通，申乞照驗。

一總計三十名

臺官，二員：

少監：馮天章　判官：趙德新

算造，二十名

提舉一員：郝昇

教授一員：劉巨源

管勾二員：曹震圭　霍從政

學正一員：張世英

長行人一十三名：程顯道　張仲英　劉克讓　王素　張珪

高泰素　王彥實　朱諒　郝智　申居敬　趙品巖

書寫三名：李餘慶　張誠　王亨

測驗七名

管勾二名：張居實　岳鉉兼書寫并大都就用測驗。

長行人五名：王椿　任世清　趙伯亨　趙禎　陳泰初

至元十三年正月二十一日，準秘書監可馬剌丁關該，奉中書省判送，爲秘書監扎馬剌丁呈：欽奉宣命，不妨本職兼提點司天臺官。其司天臺陰陽人員應行公事【三】，并不一處商議，請依奉都堂鈞旨，照擬回關事。準此，照得至元十年十月内欽奉聖旨，合併司天臺。禀奉太保鈞旨：該司天臺官員已經奏準。比及祈受以來，令此司天臺官馮天章、可馬剌丁與臺官鮮于少監等，具依舊職名，一處畫字勾當。又蒙太保省會，奉聖旨：「司天臺雖合併了，回回漢兒陰陽公事，各另奏説。」欽此。已令司天臺依上施行。及照勘得秘監扎馬剌丁元授宣命，提點北司天臺，係併臺之前欽授。所據司天臺，雖是合併，明有奏準聖旨：回回漢兒陰陽公事各另聞奏。本官自合欽依元授宣命，提點回回陰陽公事。即不知本臺回回官員不行一處商議事理。今準前因，當監議得：司天臺一切回回陰陽公事，本臺掌管回回陰陽官員，合行依舊經由提點扎馬剌丁商議處置。回關照驗。

至元十三年正月，秘書監會驗司天臺下項合行事務，仰逐一遵依施行，仍具管不違誤文狀申來。

一　本臺瞻候、選卜一切事理，唯是依憑陰陽文書，以爲法則。即目各科所用文書，除曆經權行校勘外，其餘典籍，未曾校正。所據陰陽人各家私收文字，遞相差錯，不能歸一。爲此，照到本臺先申各科所用文書，開坐前去，仰各科官員、陰陽人等，就

【三】其司天臺陰陽人員應行公事　「臺」原作「長」，據陸氏鈔本、瞿氏鈔本改。

臺置局。臺官、教授親行監視，將各各文書，須要校正，歸一合理，并無差錯，執結文狀申來，以憑印記，發下行用。

天文測驗漏刻科

《宋・天文》《漏經》附　《晉・天文》　《隋・天文》

《渾儀》　《總要星格》

《星總星格》　《景祐圓直圖》

《大觀圓直圖》

三式科

《太一金鏡式經》《景祐福應集》

《遁甲天一萬一訣》

《景祐符應經》《六壬連珠集》

《神定經》

《補闕新書》

一　本臺舊例，臺上安置風輪，依時占圖八面之風，秘府在先累曾省會本臺，依例安置，去後至今不見了畢。仰臺官督勒三式科當該人員，須要日近製造起立，令當直人員依例占候附曆。如是似前違慢，定見究治。

一　本臺先申三式科陰陽人員，合行依例每年推算風雨曆日，并每月二次出題，試問占筮之事，如限内不行納到，嚴行責罰。秘府已經準申施行，去後切恐中間滅裂，仰臺官提調，仍將每月功課，逐旋送學官校勘優劣，申臺照驗依例責罰。

一　本臺已行安置浮漏，見設漏刻科管勾長行人等，所據前項漏刻，不見常川調品，仰臺官親行點視，令本科人員輪番晝夜，常川調品行漏，無致時刻間斷。如違究治。

至元二十五年正月初五日，奉集賢院劄付、尚書省劄付，蒙古奏事譯該，至元二十四年十一月初八日，也可怯薛第一日香殿裏有時分，火兒赤脱憐帖木兒、不花剌、古兒赤禿林台、博兒赤哈答孫、唆歡同知、月迭失同知對這的每相哥丞相、阿魯渾撒里平章、葉右丞、阿鸐答尚書、忽都答兒尚書、乞失馬失里尚書等奏：「秘書監司天臺裏有的觀星象的每根底，在先扎馬剌丁【四】、愛薛他每相管着來。前者扎馬剌丁、愛薛兩個根底秘書監漢兒觀星象的每根底休教管者麽道，聖旨有來。如今將秘書監司天臺集賢院裏撒里蠻、阿魯渾撒里那的每根底收管呵，怎生？」奏呵。「那般者。」麽道聖旨了也。欽此。

至元十年十月，北司天臺申，本臺合用文書。

經計經書二百四十二部。

本臺見合用經書一百九十五部：

【四】在先扎馬剌丁　「剌」原作「漢」，據陸氏鈔本改。

兀忽列的《四擘算法段數》十五部
罕里速窟《允解算法段目》三部
撒唯那罕答昔牙《諸般算法段目并儀式》十七部
麥者思的《造司天儀式》十五部
阿堪《訣斷諸般災福》□部
藍木立《占卜法度》□部
麻塔合立《災福正義》□部
海牙剔《窮曆法段數》七部
呵些必牙《諸般算法》八部
《積尺諸家歷》四十八部
速瓦里可瓦乞必《星纂》四部
撒那的阿剌忒《造渾儀香漏》八部
撒非那《諸般法度纂要》【五】十二部

提點官家内諸般合使用文書四十七部：

亦乞昔兒《燒丹爐火》八部
忒畢《醫經》十三部

【五】諸般法度纂要　「諸」原作「設」，據陸氏鈔本改。

艾竭馬答《論説有無源流》一十二部
帖里黑《總年號國名》三部
密阿《辨認風水》二部
福剌散《相書》一部
者瓦希剌《別認寶貝》五部
黑牙里《造香漏并諸般機巧》二部
虵艾立《詩》一部
兀速剌八个窟勒《小渾天圖》
阿剌的殺密剌，測太陽晷影一個【六】
牙秃魯，小渾儀一個
拍兒可兒，潭定方圓尺一個

至元十年十一月初七日，太保大司農奏過事內一件：「興文署掌雕印文書，交屬秘書監呵，怎生？」奉聖旨：「那般者。」欽此。

本署元設
官三員　令一員　丞二員　校理四員　楷書一員　掌紀一員
事故

【六】測太陽晷影一個　「太」原作「大」，據文義改。

官一員：楊時煦身故

校理二員，今改大都儒學教授。

孫英　劉震

見任官二員

署令：馬天昭　署丞：王鼎

校理二員

李嘉　古申

楷書：吕勗　掌記：趙謙

雕字匠花名計四十名

作頭一名　匠三十九名

印匠一十六名

至元十三年十二月，中書省奏：「奉聖旨，省併衙門，内興文署併入翰林院，王待制兼管有。印造每年曆日事務，撥附秘書監親管。王待制牒保都作頭董濟於本監依舊勾當，祇受吏部劄請俸，依上勾當。」

卷八

表箋

聖節賀表至元三十年，劉賡。

律中南呂【一】，肇開彌月之祥；□□□□，祝。聲教所曁，□□□□中賀欽惟憲天述道仁文義武大光孝皇帝陛下，德合乾坤，明並日月。繼中華之正統，席列聖之洪基。異域來王，見皇威之遠暢；新河既道，慶國漕之旁通。大庇群生，永膺多福。臣某等欣逢穀旦，獲近清光。仙省承恩，徒忝修書之任。倪觴獻壽，願推報上之誠。

賀正旦表至元三十年，王公孺。

三十年曰世，協堯曆以授時；八千歲爲春，指莊椿而稱壽。空恨薦祉，臣庶傾心。中賀剛健粹精，高明悠久。隆封建以安磐石，通漕運以實京師。熙績而允釐百工，迪功而外薄四海。申明行事，法羲易之甲庚；頒朔起元，符虞朝之戊午。治新象魏，慶衍鴻圖。某等幸際昌辰，濫司秘府，筍班趨賀正　月之吉，始和椒頌。對揚萬年，以介景福。

校勘記

【一】律中南呂　「律」原作「聿」，據陸氏鈔本、瞿氏鈔本改。

賀聖節表至元二十九年，秦允父【二】。

電繞樞，虹流渚，式彰萬世之禎祥；龜負檢，龍薦圖，允協千齡之聖運。惟金行之應律，馨海宇以騰歡。中賀功塞兩間，道光五葉。舞干羽而方懋厥德，執玉帛者罔有不庭。雨暘時叙而品物亨，朝廷清明而治功著。太平有象，樂西成大稔之年；丕祚無疆，現南極老人之瑞。臣等承乏東觀，獲仰西清。幸逢彌月之臨，敢起後天之祝。丹墀拜手，叨陪玉筍之班；瑶殿稱觴，願挹金莖之露。

賀正表至元三十一年，王公孺。

體元端本，號開寶曆之初；介祉稱觴，禮展漢儀之盛。昌辰欣遇，率土交歡。中賀德備英文，仁深孝敬。觀天下以中正，履帝位而光明。受命惟新，荷天休之滋至；守成爲重，見文治之蔚興。纂述遺謀，兼隆至養。宣崇光於先葉，加德教於綿區。茂膺獻歲之祥，允協三陽之泰。蕩恩光於萬里，動春色於九重。臣某等【三】焕舉賀儀【四】，恭陪大禮。職連璧彩，幸叨石渠東觀之榮；頌獻椒花，仰祝天保南山之壽。

太皇后賀正表【五】元貞元年，王公孺。

九有承風，已被周南之化；三朝受賀，端居長樂之尊。慶洽中天，歡騰萬國。中賀體涵淵静，德粹温恭。密贊詒謀，力行善事。儼母儀於四海，備陰教於六宮。彤管流輝，難形盛美。金文頌德，宜受鴻右【六】。傳彝典於方來，嗣徽音於振古。適履歲華之始，宜膺

【二】至元二十九年秦允父　此句原缺，據陸氏鈔本補。

【三】臣某等　「臣」字原缺，據陸氏鈔本補。

【四】焕舉賀儀　「舉」原作「譽」，據陸氏鈔本改。

【五】太皇后賀正表　「太皇后」原缺，據陸氏鈔本補。

【六】宜受鴻右　「右」字原缺，據陸氏鈔本補。

【七】臣某等　「臣」字原缺，據陸氏鈔本補。

福祐之新。臣某等【七】嚴奉宸闈，班聯秘府。三陽布德，方坤元資庶物之生；萬壽稱觴，祝聖母衍無疆之算。

太后正旦表元貞二年，倪堅。

對時育物，乾體資始之元；賀朔稱觴，坤亨安貞之吉。宸闈日永，寰宇春熙。中賀道合太冲，德符厚載。徽音播雅，繼周室之思齊；聖孝悦親，朝漢宫之長信。鴻名揚於寶册，懿範肅於壼儀。屬此履端，受兹介福。臣某等躬逢穀旦，職忝蓬山。鼇極奠安，莫紀五色補天之績；龍墀慶會，願賡萬年齊壽之詩。

賀正表元貞二年，馬澤。

考曆開端，式布始和之令；體乾爲治，茂膺長發之祥。一氣回春，庶邦胥慶。中賀至仁博施，達孝光前。慈壼尊安，謹四時之寢膳；殊方悦服，走萬里之梯航。三陽屬天地之交，千載際風雲之會。臣某等叨塵秘府，幸遘昌辰。東壁增輝，復見圖書之盛；南箕永壽，克綏福禄之崇。

聖節賀表大德二年，王公孺。

天祐下民，茂啓重熙之運；臣思報上，願伸歸美之誠。華旦光臨，寰區同慶。中賀温文天縱，聖敬日躋。自極已來，未嘗以位爲樂。恭己務期於安静，睿思時發其英明。以若稽古之心，光繩祖武；行不忍人之政，愛始慈闈。從善如流，遇災知懼。沛恩澤而溥沾動植，虞水旱而封秩山川。螟蝗與沴氣以潛消，黍稷告甫田之大稔。人躋壽域，世沐祥風。臣某等叨居秘府清嚴，愧匪儒宗鴻碩。欣逢嘉會，上獻露囊。九五龍飛，慶協誕彌之月；歡呼虎拜，算隆億萬之年。

正旦賀皇太后表 大德三年，趙炘。

坤厚體元，茂衍慈闈之祉；泰陽肇序，宏開壽域之春。喜溢宮庭，光生宇宙。中賀善積有慶，德合無疆。和氣怡愉，受四海九州之隆養；仁心溥博，培萬年億載之丕基。日月所照皆尊親，天地之間被潤澤。祥風誕布，化晷舒長。臣某等班近蓬萊，躬趨閶闔。徽音載誦，俯攄歸美之誠；景福惟新，仰致履端之祝。

正旦表 大德四年，孔淑。

春王正月，載班玉曆之新；天子萬年，丕衍皇圖之永。乾坤交泰，朝野均歡。中賀文武聖神，聰明睿知。慈壼奉怡愉之樂，椒塗開揖蟄之祥。端扆視朝，諸福之物必至；受圖膺貢，四海之内皆臣。年喜屢登，慶隆申錫。臣某等【八】叨居秘府，幸際昌辰。校鴻寶苑之書，慚微報效；補華封人之祝，罙切對揚。

正旦賀表 大德四年，王公孺。

時乘六龍，出青陽之左个；天開萬國，拱紫極於中央。洪鈞播景氣之氳，大禮睹漢儀之盛。中賀英明天縱，孝敬日躋。纂承列聖之基圖，嗣接一家之正統。神人交暢，致克享

【八】臣某等　「臣」字原缺，據陸氏鈔本補。

於天心；威德兼隆，見光繩於祖武。正壼儀而務求内助，講政典而思治時雍。暖回北陸之嚴寒，瑞靄九重之春色。臣某等恭陳椒頌，庸播芸香。一德惟新，體乾元而不息；萬年斯永，祝聖壽以無疆。

天壽節表 大德四年，趙炘。

洪範九五福，式符震夙之期；聖壽億萬年，妙合乾元之運。寶樞電繞，玉宇秋清。中賀濬哲文明，剛健中正。溥大德好生之意，敷錫庶民；紹太平全付之基，保成至治。隆本支於百世，混文軌於四方。慶祉川增，歡聲雷動。臣某等叨司中秘，深荷上恩。日之升，月之恒，願言歸美；天所覆，地所載，莫不尊親。

天壽節賀表 大德五年，郭道恭。

天頒寶曆，端五位以有臨；春麗玉墀，進三陽而開泰。頌聲洋溢，和氣薰陶。中賀德合乾坤，明并日月。行慶布惠，體大德曰生；發政施仁，遂群情所欲。撥一札十行之旨，回九州四海之春。率土謳歌，同心忻戴。臣某等【九】幸逢瑞旦，忝綴清班。閶闔曉開，共致嵩呼之敬；蓬萊雲近，俯伸鼇忭之忱。

天壽節表 大德五年，王庸。

大德必壽，適日纏於壽星；有道者昌，宜天啓其昌運。凡居覆燾，同致禱祈。中賀居正體元，顯仁藏用。睿算難回以邪枉，神明洞燭於幾微。罷寺剎無益之營，式寬民力；開

【九】臣某等 「臣」字原缺，據陸氏鈔本補。

臺司正言之路，用肅朝綱。煥炳百王，光輝奕葉。臣某等忻逢誕節，喜倍輿情。愧無補於聖時，慚素餐於中秘。期歸美報，採九州四海之歌；冀效微忠，上億載萬年之頌。

正旦賀表大德六年，趙炸。

寅正紀歲，開泰道以生春；中命自天，應履端而頒朔。乾坤和氣，朝野歡聲。中賀聰明有臨，剛健不息。舊揚神武，振《采薇》治外之威【一〇】；敷錫庶民，溥《洪範》建中之福。播寬條而布惠，體大造之好生。一統常尊，群情胥慶。臣某等叨同中秘，幸際昌辰。瞻五色雲，喜近蓬萊之瑞；祝萬年壽，常依閶闔之光。

天壽節賀表大德六年，王庸。

慶符良月，秀漢芝之九莖；瑞表熙辰，開堯蓂之五葉。節方臨於載誕，運適契於丕承。凡托蓋容，舉深抃蹈。中賀孝繩祖武，德享天心。合四海以爲家，保兆民而若子。乾坤覆燾，咸歸統御之中；日月照臨，不出範圍之外。頌聲洋溢，叶氣橫流。臣某等久玷清班，叨居秘館。幸際千齡之會，敬稱萬壽之觴。深愧非才，未撰帝謨之《皇覽》；尚能歸美，載賡天保之周詩。

正旦賀表大德七年，趙炸。

閏定四時，行寅正而頒朔；尊臨一統，闡元會以履端。景福維新，頌聲遠播。中賀宏開泰運，妙用乾剛。天命人心，壯皇基於有永；祖功宗德，培至治於無疆。寬恩體大造之

【一〇】振采薇治外之威　「采薇」原作「來徽」，據《四庫全書》本改。

好生，惠政順陽春而布澤。萱敷初莢，律應始和。臣等星拱紫宸，曉趨黃道【一二】。九疇建五，近依天子之光；萬歲呼三，共祝聖人之壽。

正旦賀表 大德十一年。

鳳曆更端，禮謹三朝之會；龍庭輯瑞，歡生萬國之心。凡在照臨，惟均鼓舞。中賀德符乾健，道與泰亨。調玉燭以和四時，在璿璣而齊七政。春生畿甸，誕敷賑貸之恩；天覆遐方，溥賜寬仁之詔。薦臻景福，永享太平。臣某等喜近清光，恭臨盛旦。班聯芸閣，幸逢千載之期；頌獻椒觴，願祝萬年之壽。

天壽節賀表 大德十一年，劉士晃。

七月流火，誕開虹降之祥；萬壽奉觴，喜際龍飛之運。照臨所暨，忭蹈惟均。中賀祗遹孫謀，丕揚祖烈。體乾元而首庶物，繼離明而照四方。尊文母之徽稱，道全至養；立天下之大本，斷自宸衷。霈澤先將士之功，蠲賦寬農民之力。分厥寶玉，益親磐石之宗；禮以璧琮，有肅圜丘之祀。諸福畢至，和氣交孚。臣某等濫守蘭臺，欣逢華旦。班聯星拱，幸依東壁之光；聲效嵩呼，願上南山之祝。

皇太子受册賀箋 大德十一年，趙炸。

慶衍丕基，定儲闈而立本；祥開甲觀，新册命以揚名。茂對昌辰，備成令典。中賀德兼仁勇，位重元良。習與正人居，輔翼選端莊之士；言爲天下法，忠勤明治理之方。措宗

【一二】曉趨黃道　「曉」原作「堯」，據陸氏鈔本改。

社如泰山之安，合寰區霑重海之潤。頌聲遠播，景福方來。臣某等芸蠹清寒，蓬鼇舞抃。青宮陽氣，噓回壽域之春；東壁文光，喜近前星之照。

皇太子箋大德十三年，趙炇。

天開黄道，新正紀鳳曆之元；春麗青宮，瑞氣藹龍樓之曉。光生中禁，歡動寰區。中賀粹毓英姿，篤行正道。文明剛毅，立國本以在躬；仁厚謙恭，正儲端而修德。永膺多福，茂衍丕圖。臣等仰對昌辰，俯陳賀悃。正月之吉，喜交泰於方來；前星所臨，睹重輝之有瑞。

上皇太后尊號賀皇帝表至大三年，張振。

聖人臨御，孝莫大於尊親；顯號推揚，禮無逾於成憲。臣鄰胥慶，夷夏交歡。中賀統天繼聖欽文英武大章孝皇帝陛下，濬哲温恭，剛健篤實。受天明命，纘累聖之丕圖；歸美慈闈，暢一家之和氣。增崇坤極，俯順人心。顧治道之有光，實母儀之攸賴。臣某等欣逢盛際，職忝秘書。寶册升聞，德獨高於任姒；瑤堦拜祝，壽願等於乾坤。

賀皇太后受尊號表

慈謨丕顯，端居長樂之尊；徽號推崇，益著思齊之聖。慶綿宗社，喜溢寰區。中賀儀天興聖慈仁昭懿壽元皇太后陛下，道合坤元，仁均蒙養。處崇高而弗有，由恭儉以能先。大明繼升，素定禁中之策；重暉有耀，獨先天下之公。惟大德之難酬，宜鴻名之誕舉。載揚懿範，用聳群瞻。臣某等濫守蘭臺，欣逢縟典。增輝彤史，光昭任姒之音；贊治皇圖，遠比唐虞之盛。

賀皇太子千秋箋至大四年，白鐸。

光耀前星，位啓東宫之正；誕彌厥月，祥開南極之明。喜浹人神，歡騰寰宇。中賀挺姿英粹，迪德温文。監國撫軍，允叶元良之望；問安侍膳，聿崇孝養之儀。對越天地之耿光，丕承祖宗之休烈。臣某等忝司秘閣，幸際昌辰。青禁稱觴，祝益隆於三善。皇圖衍祚，期永錫於萬年。

登極賀表至大四年，白鐸。

大寶正位，重離繼明。廓天下以光昭，踵勛華而授受。歡生京闕，慶浹堪輿。中賀協舜温恭，嗣湯勇智。衍皇圖於祖武，本聖道於人倫。中國之有至仁，無思不服；王者之大一統，咸與維新。景命方綿，鴻基滋固。臣等叨居秘府，獲覩明時。煦嫗至恩，惟天所覆地所載；咏歌叡算，如月之恒日之升。

天壽節賀表延祐三年，鄭方大。

清明簡在聖躬，企瞻龍御；上巳著爲令節，再紀虹流。凡依日月之光，共贊春秋之富。中賀尊臨南面，敬萃東朝。紀綱制度之精詳，繩其祖武；文物典章之備具，貽厥孫謀。願言沾被於君恩，長是融和之天氣。臣某等濫膺館職，幸遇昌期。皇帝福壽，萬年玉芝愈茂；御府圖書，四庫金鑑常新。

册皇太子賀皇帝表延祐六年，袁尊道。

寶命增輝，離正焕重明之象；璿源儲秀，震亨開一索之祥。嘉慶繇傳，歡聲總集。中賀受天明命，纂國丕基。眷維宗社之安，允屬元良之建。上天歆祐，宜四海以歸心；列聖顧存，實一人之有慶。臣某等叨居秘府，喜際昌期。復覩周祚之隆，本支百世；願效華封之祝，壽考萬年。

皇太子受册賀箋延祐六年，忽都答兒。

鴻册東宫，允叶推尊於太極；龍墀南面，膺符儲位於前星。宗社無疆，臣民有慶。中賀聰明時憲，剛健日新。遵祖訓以紹丕圖，宸闈晝永；奉慈顔而隆至養，宇宙春回。愛守器之克勤，實肇邦之是賴。臣某等式瞻鶴禁，叨職麟臺。華儀如日之方升，休光仰荷；盛典與天而齊久，眷命恢洪。

皇太子箋文延祐七年，偰玉立。

寶曆授時，布陽春於萬寓；玉巵稱壽，集嘉慶於重闈。民物阜康，乾坤開泰。中賀性全英睿，器合温文。宣忠孝之弘規，永維時義；佩詩禮之明訓，慎厥身修。茂對良辰，誕膺繁祉。臣某等職叨中秘，行綴末班。邦本益隆，光贊升平之治；輿情胥悦，潤沾溥博之恩。

正旦賀表至治三年。

璿璣齊政，載調七十二候之和；黼座當陽，誕受千八百國之賀。神人協贊，宗社交歡。中賀道與日新，聖由天縱。丕承祖武，登庸輔相之賢；克厲德心，敷錫黎元之福。履泰亨於至治，體乾健於大明。臣某等忝列朝班，叨塵秘府。椒盤獻頌，式符嵩嶽之呼；楓陛稱觴，願效華封之祝。

登寶位賀表至治三年，張弘毅。

體元居正，乾坤啓景命之符；膺籙受圖，宗社衍鴻禧之慶。山川改觀，草木增輝。中賀敬同日躋，聖由天縱。斗轉星杓，誕召三朝之盛；春融椒頌，茂膺五福之隆。率土惟新，普天胥慶。中賀德侔坤順，位配乾元。仁洽家邦，贊唐虞之聖治；德形宫壼，蹈任姒之高風。恭履剛辰，克彰柔道。臣某等叨居秘府，謬列相班。頌衍周詩，敢效《二南》之咏；觴稱漢殿，願伸萬歲之呼。

正旦賀表泰定二年，達普化。

青陽肇序，式隆泰長之亨；紫禁回春，光啓乾嘉之會。歡騰中外，慶溢寰區。中賀乃聖乃神，曰肅曰乂。昊天欽若，經堯曆以授時；正月始和，詔周邦而敷治。恢弘至道，茂介繁禧。臣某等職忝石渠，班聯玉筍。拱北辰而居所，願效衆星；瞻東壁以對揚，虔稱萬壽。

賀皇太子千秋箋泰定二年，王守誠。

青陸迴陽，正月啓東宮之慶；紫霄分瑞，前星映南極之輝。適經七日之爲人，樂與四方而來賀。中賀仁充區域，孝定邦基。德表重光，胤錫綿綿之瓞；愛均同氣，芳聯韡韡之華。三光迎載育之祥，百世衍維祺之福。臣某等【一二】沾恩少海，登仕蓬山。寶曆夏時，永翊鴻圖於中夏；玉巵春酒，載融鶴禁之長春。

天壽節賀表泰定二年，王守誠。

河圖成十，乾爲萬物之元；太極函三，天啓一人之祚。仰瑶光而紀瑞，先寶曆以迎長。中賀精義入神，睿思作聖。山川咸秩，將黍稷之馨香；原隰載馳，播絲綸之寬大。皞皞承謨之顯，綿綿錫嘏之純。臣某等【一三】就日蓬萊，披雲閶闔【一四】。書陳金鏡，文貫東壁之躔；樂合應鐘，舞蹈祝南山之壽。

正旦節賀表

三元開泰，龍躔析木之津；八表迎祥，燕進椒花之頌。允昭人正，適謹王春。中賀聖德聰明，睿謨濬哲。求言而廣賢路，樂庶績之咸熙；命相以贊大猷，期九功之惟叙。四靈畢至，諸福薦臻。臣某等職忝木天，班聯魏闕。望雲稱慶，永依太極之尊；就日抒誠【一五】，悉囿同人之化。

【一二】臣某等　「臣」字原缺，據陸氏鈔本補。

【一三】臣某等　「臣」字原缺，據陸氏鈔本補。

【一四】披雲閶闔　「披」字原缺，據《四庫全書》本補。

【一五】就日抒誠　「抒」原作「舒」，據陸氏鈔本改。

賀皇后箋泰定三年，那麼罕。

歲集娵訾，茂啓三陽之運；春回禁掖，聿開六壼之祥。天地清明，宮闈愉悦。中賀雅存懿範，丕著徽音。翟茀以朝，敏慧夙成於君道；彤管有煒，賢慈式建於母儀。克佐昌辰，允膺繁祉。臣某等【一六】職縻東觀，班篚内廷。漢殿禮嚴，願獻椒花之頌；周家化洽，行歌《樛木》之詩。

賀皇太子箋泰定三年，雅古。

維斗建寅，歲式躔於析木；於時爲泰，春始暢於瑶山。氣協鈞陶，慶隆宗社。中賀神凝玉宇，德美淵潛。蚤建元良，咸樂聖人之有子；得聞孝悌，必求端士之與居。益乘長善之資，永作繼明之盛。臣某等【一七】承恩蓬觀，獻頌椒觴。晝景舒長，觀璧奎之圖史；仁風洋溢，詠日月之輪光。

天壽節賀表泰定四年，國元簾。

時維良月，聿臨載夙之辰；曆紀閏年，丕衍重明之運。大開閶闔，盛集衣冠。永紹皇圖，思章洪業。類于上帝，益嚴昭格之誠；錫厥庶民，普洽好生之德。神人胥悦，遐邇均安。臣某等著述罔功，際逢有幸。升華東觀，忝陪清峻之班；獻壽南山，願祝靈長之祚。

正旦賀表泰定五年。

王春謹始，大開居正之儀；璿政更新，茂集履端之慶。凡知愛戴，莫不尊親。中賀道

【一六】臣某等「臣」字原缺，據陸氏鈔本補。

【一七】臣某等「臣」字原缺，據陸氏鈔本補。

撫盈成，功隆覆燾【一八】。體乾坤之交泰，如日月之有恒。肆眚推恩，誕布德音之溥；諏經問道，用圖政績之熙。嗣歲聿興，群情胥悅。臣某等叨居東觀，幸拱北辰。玉筍聯班，敢預蕭韶之九奏；椒花獻頌，願陪嵩嶽之三呼。

正旦賀皇后箋至順二年，王克脩。

春臨閶闔，應淑氣於三陽；風動蕭韶，協徽音於六吕。乾坤開泰，日月齊明。中賀博厚無疆，柔嘉維則。五色煉補天之石，克佐中興；七襄成輔日之章，聿修内治。正褘衣而御翟，相黼扆以當陽。頌達椒盤，祥開玉署。臣某等【一九】夙叨秘府，喜際昌朝。《關雎》《麟趾》之化，行《二南》正始；《既醉》《鳬鷖》之福，備萬世太平。

天壽賀皇太后表天曆三年，程大本。

天開元旦，慶一歲之更端；星拱慈闈，儼千官之在序。凡均覆載，莫不歡忻。中賀富貴克勤，貞淑丕一。鷄鳴示儆，輔先帝之中興；燕翼貽謀，隆嗣皇之至養。陰教久行於中壼，徽稱宜建於東朝。茂對昌辰，誕膺多祐。臣某等【二〇】叨恩秘閣，接武近班。瞻鑾輅之承顔，恭趨玉陛；奉霞觴而上壽，永樂瑶池。

天壽節賀表至元六年，姚堉。

虹流華渚，呈上帝之儲祥；電繞斗樞，仰聖君之受命。歡盈宇宙，瑞藹寰區。中賀德輔天心，基承祖訓。渙綸音以彰大化，號令聿新；施霈澤以示同仁，典章仍舊。願躋仁

【一八】功隆覆燾　「隆」原作「際」，據《四庫全書》本改。

【一九】臣某等　「臣」字原缺，據陸氏鈔本補。

【二〇】臣某等　「臣」字原缺，據陸氏鈔本補。

域【二一】，共沐恩波。某等職掌秘書，班聯内署。嵩呼萬歲，誦「四月維夏」之詩；虎拜千官，致一人有慶之祝。臣某等【二二】無任瞻天樂聖激切屏營之至。謹奉表稱賀以聞。

正旦賀表至正元年，程益。

春秋大一統，群臣舉元會之儀；閏月定四時，太史紀有年之慶。諸福畢集，萬姓交歡。中賀恭己無爲，純一不已。崇儒重道，載興取士之科；尊祖敬宗，聿嚴躬祀之典。天地位而萬物育，極致中和；股肱良而庶事康，爰資謀斷。緝熙聖學，而作之君師；率由舊章，而建用皇極。臣某等【二三】職司芸閣，敬奉椒觴。河出圖而洛出書，東壁煥人文之秘【二四】；雲從龍而風從虎，大廷睹聖德之光。

賀皇后箋至正元年，程益。

星軒肅駕，法臨九嬪之尊；斗柄回春，禮謹三朝之始。乾坤交泰，日月合明。中賀德著家邦，化行江漢。天啓椒房之戚，位正母儀；人思彤管之風，治成陰教。跬步合珩璜之節，動容守師傅之規。淑慎其身【二五】，柔嘉維則。臣某等論思虎觀，獻納龍廷。歌《二南》之詩【二六】，竊冀本支於百世；賴一人之慶，願齊聖壽於萬年。

天壽節賀表至正元年，程益。

四月維夏，有聞震夙之祥；衆星拱辰，咸仰照臨之德。歡騰海宇，喜溢廟廊。中賀守位曰仁，制心以禮。南風薰兮民愠解，治洽五弦；黄河清而聖人出，慶延九鼎。人文宣朗

【二一】顯躋仁域　「仁」原作「壽」，據陸氏鈔本改。

【二二】臣某等　「臣」字原缺，據陸氏鈔本補。

【二三】臣某等　「臣」字原缺，據陸氏鈔本補。

【二四】東壁煥人文之秘　「人文」原作「文人」，據陸氏鈔本改。

【二五】淑慎其身　「慎」原作「真」，據陸氏鈔本改。

【二六】歌二南之詩　「詩」原作「師」，據陸氏鈔本改。

於東壁，君臣相悦於内朝。成功難名，太平有象。臣等叨司芸閣，趨賀彤庭【二七】。禹範箕疇，允協休禎於甲觀；堯年舜日，願祝聖壽於華封。

正旦賀表至元二年，劉鶚。

鳳曆頒春，新九天之雨露；鷄籌報曉，朝萬國之衣冠。宗社均安，乾坤交泰。中賀聖神天縱，睿智性成。日對經筵，俯聽近臣之講道；時臨宣閣，䌷先聖之遺書。恒存天地之心，恪守祖宗之憲。允爲至正，聿底隆平。臣某等【二八】托迹清朝，承恩秘府。幸際唐虞之盛治，莫效寸功；唯懷嵩嶽之徽忱，三呼萬歲。

賀皇后箋至正二年，劉鶚。

時當泰運，肇正月之始和；位重坤闈，啓萬年之齊壽。歡騰宗社，喜動宫庭。中賀徽柔懿恭，端嚴靖肅。承天休道，母儀已著於多方；治國齊家，后德有光於前代。青陽茂對，洪福駢臻。臣等幸際明時，叨榮秘閣。捧玉箋而慶抃，序列千官；瞻金闕之崇高，雲開五色。

天壽節賀表至正二年，商企翁。

月屬乾剛，易著龍飛之德；斗昭電瑞，地孚鳴社之符。萬世宏休，八方鈞慶。中賀道包衆有，仁洽群生。探唐虞致治之原，味洙泗相傳之奥。搜材策士，振文教以維新；斂福錫民，建皇極而永協。臣某等職叨秘府，班綴禁庭。就日望雲，睹威儀而益肅；奉觴執玉，獻景算以無疆。

【二七】趨賀彤庭　「彤」原作「般」，據陸氏鈔本改。

【二八】臣某等　「某」字原缺，據陸氏鈔本補。

卷九

題名

周之外史，職掌《墳》《典》。秘書之官，始由兩漢。爰至我朝，收古今之圖籍，貯之秘府。奉藏之官，協恭寅畏，爲中朝之清選。徵其供職之氏名先後，書諸左方。

知秘書監事

張易字仲一，忻州人。至元十三年三月，以樞密副使知秘書監事。

岳鉉大德十一年四月初七日，以昭文館大學士、正奉大夫，知秘書監事。皇慶元年二月初八日，加榮禄大夫，領太史院司天臺事。餘如故。

行秘書監事

扎馬剌丁至元　年　月，以集賢大學士、中奉大夫，行秘書監事。

贍思丁大德五年九月十三日，以集賢大學士、中奉大夫，行秘書監提調回回司天臺事。大德十年三月十五日，加通議大夫。延祐　年　月加守司徒，六年七月加大司徒。

秘書卿

至大四年二月，改監爲卿，正三品，凡五員，内二員中官，不食俸。延祐元年九月，增一員。

秦國瑞至大四年閏七月二十日，以昭文館大學士、正奉大夫，自監爲秘書卿。

脱列至大四年閏七月初八日，以昭文館大學士、榮禄大夫，自監爲秘書卿。

贍思丁至大四年七月上，自監陞。

闊里至大四年七月　日上。嘉議大夫。

楊光祖中官。至大四年七月十九日，以崇文館大學士、中奉大夫，爲秘書卿。延祐五年十二月二十五日，特授資德大夫。餘如故。

忙古台至大四年七月，自秘監改爲卿【一】。皇慶元年十二月，免署事，食卿俸。

温德榮皇慶元年二月初九日，以昭文館大學士、中奉大夫，爲秘書卿。

塔不台皇慶元年二月初九日，嘉議大夫上。

答兒麻失里皇慶元年七月十四日上。

譚振宗中官。號月江。皇慶元年十二月十四日，以昭文館大學士、中奉大夫上【二】。延祐五年十一月二十五日，加資德大夫。餘如故。

韓公麟皇慶二年正月十三日，自僉太醫院事以奉議大夫上【三】。

囊加台延祐元年七月初六日上。

盛從善延祐元年七月二十六日，以中議大夫上。延祐三年七月十八日，特授昭文館大學士、中奉大夫。延祐四年正月十三日，加資善大夫、太史院使。餘如故。

劉　延祐元年九月初七日，以昭文館大學士、正奉大夫上。

【一】自秘監改爲卿　「改」字原缺，據陸氏鈔本補。

【二】中奉大夫上　「上」字原缺，據陸氏鈔本補。

【三】自僉太醫院事以奉議大夫上　「事」字原缺，據陸氏鈔本補。

式剌延祐元年九月初七日，以昭文館大學士、資善大夫上。

范完者延祐五年正月二十九日，以正議大夫上。

劉元延祐七年十月□□日，以嘉議大夫上。

廉惇字公邁，高昌人。至治元年二月初二日，以亞中大夫上。

孟遵字子周，東平人。至治二年閏五月初二日上【四】。

商琦字德符【五】，曹南人。至治三年十一月初二日，以通奉大夫自集賢侍讀學士上。

吴秉道字彦洪，大都人。泰定二年八月初六日，以嘉靖大夫自參議中書省事上。

趙天祥泰定二年二月二十五日，以中奉大夫上。

杜元忠泰定三年二月十二日，以正議大夫上。

李銓字平叔。泰定三年五月二十七日，以中奉大夫自翰林侍講學士上。

穆薛飛泰定四年四月初一日，以通議大夫上。

梁完者禿致和元年六月十一日上。

老張天曆元年十一月十八日上。

古納剌天曆二年十二月初四日，以太中大夫上。

李侃天曆元年十月十八日，以亞中大夫上。

阿魯輝至順二年七月十八日，以太中大夫由度支卿上。元統元年十一月，除禮部尚書。

【四】至治二年閏五月初二日上　「日」字原缺，據陸氏鈔本、瞿氏鈔本補。

【五】字德符　「字」字原缺，據陸氏鈔本、瞿氏鈔本補。

塔出至順三年四月十九日，以中憲大夫上。

王士弘小字僧家奴，平章政事王泰亨之猶子。至順三年五月二十一日，以正議大夫上。三月除湖廣行省參知政事。

鐵穆耳達識元統元年十一月二十一日，以中議大夫由工部侍郎上。二年四月，除禮部尚書。康里人【六】。

哈只某元統元年十一月二十五日上。

李師魯元統元年十二月二十六日上。

布八大司徒贍思丁之子。元統二年四月代其父。

寶哥元統三年十月，以中奉大夫上。

不老雲南平章政事乞住子。元統三年十月上。

愛牙圖元統三年正月十一日，以　大夫由樞密同僉上。

吕元臣小字忙哥不花。至元三年二月四日，以資善大夫由將作院使上。至正元年四月，遷廣西道廉訪使。

木八剌吉回回人。至元六年四月二十八日，自同都護，以嘉議大夫上。

完者圖回回人。前平章伯帖木兒子【七】。至元六年四月，由翰林直學士，以亞中大夫上。

也里不花人。至正元年四月，以太中大夫，由同知淮東宣慰使司事上。

徹徹不花人。至正元年六月，以太中大夫，自歸德府達魯花赤上。二年四月，遷行宣政院副使。

阿魯至正元年四月，以資善大夫，自度支卿上。

【六】康里人　此句原缺，據陸氏鈔本補。

【七】前平章伯帖木兒子　「伯」字原缺，據陸氏鈔本補。

買買字子昭，伯要氏。至正十七年二月二十九日上。由中政院同知遷。
劉融字伯熙。至正十七年十一月初一日上。
段定僧漢兒人氏，字至明。由監察御史遷。
陳愛穆哥字穆卿。至正十七年八月上。以中奉大夫監察御史遷。
孔希學字士行。至正十八年四月上。宣聖五十六代孫，中奉大夫，前襲封衍聖公。
咬閭字正己。至正十九年七月二十一日上。前資政僉院。北庭。
大都字子貞，高昌人氏。至正二十年閏五月二十九日，以中奉大夫，自户部尚書上。
曩嘉歹至正二十二年正月二十日上。由太監陞秘卿。
定童字子正。至正二十二年八月初二日上。
曲出帖木兒畏兀氏。　　由大司農司丞遷。
哈剌章畏兀氏。
高元侃字公義，女貞氏。至正二十三年八月三十日，由吏部侍郎遷。
太不花字仲德，瓮吉剌歹。至正二十四年六月二十四日，以資善大夫、宣徽同知上。
五魯思不花字仲斌。至正二十四年八月二十六日，以資善大夫、宣徽同知上。
燕赤不花字弘毅。至正二十三年十一月，由崇福司同知遷。
劉傑字良甫。中憲大夫，由延安路總管遷。至正二十五年八月十一日上。

奇三寶奴字國善。至正二十五年十二月初二日上。由典寶太監遷。三韓人。

秘書監至元十年二月初七日設，監二人，從三品。至元十八年，添一人。大德五年，添一人。大德九年，陞正三品。至大四年二月，改爲卿。

焦友直至元十年七月二十六日上。至元十四年七月初二日，以通奉大夫復任。

扎馬剌丁至元十年閏六月初二日上。

宋衜字弘道。至元十八年三月初三日上。

董文用藁城人。至元二十二年二月初一日上。

侯爵至元二十二年十二月二十日以集賢學士、正議大夫上。

海薛至元二十四年六月十四日上。

劉容至元二十四年二月二十一日上。

岳鉉至元二十五年九月十七日上，提調行司天臺事。至元三十一年，授昭文館大學士、中奉大夫。大德九年十一月初一日，加通奉大夫。

可馬剌丁至元二十七年十月二十五日，以朝請大夫上，兼司天監撒答剌欺等局人匠提舉【八】。元貞二年八月初二日，加太中大夫。

靳德進至元二十八年十二月初九日，以奉議大夫上。

吕天祺至元三十一年六月二十一日，以奉訓大夫上。

【八】兼司天監撒答剌欺等局人匠提舉　「撒」字原缺，陸氏鈔本誤作「撤」，據《元史》補。

贍思丁大德元年八月十二日，以太中大夫上，提調司天臺事，不署事。

塔朮丁永昌人。大德二年八月二十九日，以中順大夫上。

賈翔大德五年八月十七日，以奉訓大夫上。

師箸大德八年六月十八日，以中順大夫上。大德十年三月十五日，加嘉議大夫。

于仁良大德元年八月二十七日，以少中大夫上。大德十年三月十五日，加通議大夫。

諳都剌【九】大德十一年正月初七日，以正議大夫上。

秦國瑞大德十一年四月初七日，以少中大夫上。

也奴大德十一年四月初七日，以嘉議大夫上。

李敬祖大德十一年五月初五日，以少中大夫上。

史德歸字處厚。中官。大德十一年七月十六日，以正議大夫上。不食俸。

忙古臺大德十一年六月二十五日，以奉議大夫上，提調回回司天臺事，不署事。至大二年七月初一日，加中順大夫。至大四年十月十五日，改爲卿。哈里魯人【一〇】。

高塔失不花至大元年四月二十七日，以中議大夫上。

脱烈也奴父。至大三年正月初十日，以昭文館大學士、資德大夫上【一一】。

苫思丁至大三年九月二十五日，以集賢大學士、中奉大夫上，提調回回司天臺事。至大四年，改爲卿。

【九】諳都剌　「諳」原作「諸」，據陸氏鈔本改。

【一〇】哈里魯人　此句原缺，據陸氏鈔本補。

【一一】資德大夫上　「資」字上原衍「以」字，據陸氏鈔本刪。

秘書太監延祐元年九月設，秘書太監二員，從三品。

鄭乞答台延祐元年九月初七日，以太中大夫上。

劉吉延祐元年九月初十日，以太中大夫上。

阿里的迷失延祐二年四月二十七日上。

馮慶延祐三年九月初二日上。

烏馬兒延祐六年正月十八日，以亞中大夫上。

廉朵兒只八延祐六年十二月十七日上。

式剌延祐七年四月十二日上。

咬住延祐七年四月二十一日，以朝列大夫上。

桑兀孫至治二年十二月二十五日，自太常禮儀院同僉上。

梁完者秃至治三年六月初三日上。

沙的泰定二年四月，以嘉議大夫，自群牧監卿上。

巎巎字子山，康里人，東平王卜忽木之子。泰定二年八月初一日，以中議大夫，自河東廉訪副使上。

躍里鐵木兒泰定三年三月二十日，以嘉議大夫上。天曆元年十二月，除遼陽行省左丞。

五十六朝散大夫、僉將作院事。至正二十五年九月上。字正卿，唐兀人氏，年七十歲。

忽思剌泰定四年十一月，以太中大夫，由宗正宗府扎魯花赤上。

李師魯天曆二年十二月，以朝列大夫上。

阿合馬至順元年五月，以亞中大夫，自江南廉訪副使上。

王珪小字買奴。至順二年七月，以通議大夫，自大都路治中上。

密邇謨穌麽元統元年十二月，以嘉議大夫，自回回司天監上。

靳魯字　。元統二年三月，以奉政大夫上。

塔海　人。至元二年五月，以奉議大夫，自司農丞上。

劉融字伯熙。至元三年二月，以中憲大夫，自諸司局總管上。

五十至元三年六月初七日，以中議大夫上。

宰訥丁　人。至元六年四月，以嘉議大夫，自樞密院斷事官上。

伯篤魯丁字至道。至元中科第□甲進士。至正元年四月三十日，以正議大夫，自禮部侍郎上。

觀奴字尚賓。至正十八年五月上。前監察御史，官朝請大夫。

拜住至正十九年四月二十九日上。前兵部郎中遷。

囊加歹至正二十年閏五月二十九日上。怯列人，字彦祥。由刑部郎中遷。

卜顔帖木兒由工部郎中遷。

秘書少監至元十年二月初七日設，少監二人，正五品。至元十八年二月，添一人。九月，添一人。至元二十年十一月，添一人。至元二十三年，添一人。大德九年，陞正四品。延祐元年九月，減作二人。

趙秉温至元十年十月，以中順大夫上。至元十三年五月，加少中大夫。十一月兼管侍儀公事。

史杠至元十年十月上。至元十三年十一月，兼管侍儀公事。

宋仁祖至元十六年三月初二日，以奉議大夫上。

程文海字鉅夫，建昌人。至元十八年四月初一日，以中順大夫上。至元十八年九月初二日，授集賢直學士、中議大夫，兼秘書少監。

曹留至元十八年九月初二日，以朝列大夫上。

竇履至元二十一年三月初二日上。

彭齡至元十九年四月初二日，以奉議大夫上。

千奴至元二十年十月初十日上。

劉復至元二十二年二月初一日上。

蘇政至元二十二年五月十二日，以朝列大夫上。至元二十八年二月二十八日復任。

焦達至元二十三年六月初一日，以奉訓大夫上。

孫公祐至元二十三年七月二十七日上。

宋光祖至元二十三年七月，以承務郎上。

陳鼎至元二十五年八月初二日上。

史德歸至元二十六年五月初四日，以嘉議大夫上。元貞元年十一月二十八日，章佩太監、泉府司卿，兼職如故。

虞應龍至元二十七年正月初二日，以奉直大夫上。

贍思丁至元二十七年三月十四日，以奉訓大夫上。元貞元年正月二十日，加朝列大夫。大德元年，陞秘監。

靳德進至元二十七年七月十五日上。

史煇至元二十八年十二月初九日，以奉訓大夫上。

鄭自興至元二十八年十二月二十七日，以奉訓大夫上。

楊桓至元三十一年十二月十九日，以儒林郎上。

傅巖卿至元三十一年八月二十四日，以承德郎上。大德三年九月二十五日，加奉直大夫。

闊闊台元貞元年二月二十六日，以承直郎上。【一二】

忙古台【一三】大德元年八月二十七日，以承務郎上。大德二年，提調回回司天臺事。大德四年，加承直郎。大德九年，加奉議大夫。

秦國端大德二年七月初八日，以承務郎上。大德五年，加承直郎。大德十年三月十五日，加奉議大夫。

節吉大德二年七月十四日，以奉訓大夫上。

賈翔元貞元年四月初二日，以承直郎上。大德二年九月十八日，加奉訓大夫。

史也先不花大德四年二月初九日上。

申敬南陽人。大德五年六月二十六日，以中順大夫上。大德九年八月初一日，加中議大夫。

伯牙烏台大德六年九月初二日上。

【一二】闊闊台元貞元年二月二十六日以承直郎上　本條原缺，據陸氏鈔本補。

【一三】忙古台　「忙古」原作「闊闊」，據陸氏鈔本改。

腆哈海薛子。大德六年十二月十一日上。

張應珍大德八年六月十八日上。大德九年十月二十二日，更姓名吴鄹。

答兒麻吉的大德八年八月初二日，以奉政大夫上。

馬合馬大德八年七月初二日，以奉議大夫上。大德十年三月十五日，加奉政大夫。

劉廙大德十年十二月二十一日，以朝列大夫上。

田時佐大德十一年四月初七日，以承直郎上。

節歇兒的大德十一年九月初二日上。木速蠻氏【一四】。

苫思丁大德十一年四月初七日上。回回人氏。

失列門大德十一年六月二十五日上。也里可温人。

王賓至大元年九月初七日，以承直郎上【一五】。

李迪字光道。至大二年八月二十五日，以中憲大夫上。

劉事義至大三年正月十九日，以奉政大夫上。

盛從善至大三年七月十九日上。

王師心至大三年八月二十二日，以朝列大夫上。

朵兒只班【一六】至大三年十一月十五日上。

李信字可復，懷州人。至大四年閏七月二十日上。

【一四】木速蠻氏　此句原缺，據陸氏鈔本補。

【一五】以承直郎上　「上」字原缺，據陸氏鈔本補。

【一六】朵兒只班　「只」原作「赤」，據陸氏鈔本及《元史》改。

任道明至大四年閏七月二十日上。

李薛闍千至大四年九月初一日上。

解節亨皇慶元年七月二十二日上。

劉吉皇慶二年正月十三日，以朝列大夫上。

阿魯禿皇慶二年九月二十八日，以中憲大夫上。

王好謙延祐元年二月初十日，以中議大夫上。

馮慶　人。延祐元年九月初七日，以中順大夫上。

鄭乞答台延祐元年五月初二日上。

蕭端延祐三年九月初二日，以中順大夫上。

劉惠延祐四年閏八月初二日，以中順大夫上。

張景元延祐元年十月二十五日，以奉議大夫上。

脱脱木兒延祐六年閏八月初五日上。承旨塔海子。

張安石延祐七年四月十二日，以承直郎上。

梁完者禿延祐七年七月二十八日，以中順大夫上。

阿兒斯蘭不花至治元年二月初三日，以奉訓大夫上。

劉晏字仲安。由内卿史，以亞中大夫上。

王在德至治二年十二月十五日，以朝散大夫，自利用監丞上。

阿魯至治三年二月初一日，以太中大夫，自侍儀司引進上。

李師魯泰定二年三月初三日，以承務郎上。致和元年六月初九日，加奉訓大夫。

虞集字伯生，撫州崇仁人。泰定二年七月初九日，以奉訓大夫，自國子司業上，後　兼經筵官。

吴律字伯宜，濮州人，吴曼慶子。致和元年四月初二日，以奉訓大夫，自翰林待制上。

阿塔温刺致和元年六月十三日上。

耨奢天曆二年正月初六日，以奉議大夫上。

湯珏天曆二年十二月初一日，以中順大夫上。

卜蘭奚至順三年四月十八日，以中憲大夫上。

教化的至順二年十月初二日，以承直郎，由監丞陞。康里人【一七】。

阿剌達速哥至順二年五月二十六日，由典寶令除。

李肯構字世昌。元統二年二月初二日，由國史院經歷，以朝散大夫上。

火你赤元統二年十月二十二日上。

王薔字世昌。同僉太史院使，以太中大夫上【一八】。

温瑛字仲玉，大同人。至元三年二月十三日，以中順大夫，自濠州知州上。至元六年四月【一九】，除開州尹。

阿魯至元五年三月十九日，以奉直大夫，自河南僉憲上。至元六年四月，除參議中書省事。

【一七】康里人　此句原缺，據陸氏鈔本補。

【一八】以太中大夫上　「大夫」原缺，據陸氏鈔本補。

【一九】至元六年四月　「月」字原缺，據陸氏鈔本補。

忽都答兒至元六年二月二十四日，以中憲大夫，自東臺萬户上。

王居義字仁卿。至元六年五月初二日，以中憲大夫，自樞密院都事上。至正二年四月，除樞密院斷事官【二〇】。

王謙字一初。至正二年四月十八日，以朝列大夫，自掌醫太監上。

安寶惟善。至正十九年三月二十九日，前太府監丞。

楊恭惟肅。至正十九年十二月二十日。

珊旦班至正二十年閏五月二十九日。

許寅可賓。至正二十一年三月二十六日，前詳定使司副使。

程徐仲能。至正二十一年三月二十八日，前臺都事以朝訓大夫上。

韓欽字敬伯。至正二十四年五月十一日，以監察御史上。

秋兒

韓如秀字起岩。

朶列帖木兒

張庸存中。至正二十六年四月初二日，以江西省郎中上【二一】。

完者帖木兒

賈瑞字仲章，汴梁人。至正二十八年六月二十五日，以監察御史上【二二】。

【二〇】除樞密院斷事官　「院」字原缺，據陸氏鈔本補。

【二一】至正二十六年四月初二日以江西省郎中上　此句原缺，據陸氏鈔本補。

【二二】至正二十八年六月二十五日以監察御史上　此句原缺，據陸氏鈔本補。

曲出帖木兒字有誠。至正二十七年十二月，由大都路東安州達魯花赤遷。

秘書監丞至元十六年三月設，一人，正六品。至元二十五年，添二人。大德九年，陞從五品。

耶律有尚至元十六年九月初五日，以承務郎上。

張道源字仲澄。至元二十三年七月二十七日上【一一三】。

楊桓字武子。至元二十五年六月十三日以從仕郎上。

張康至元二十五年八月，以奉直大夫上，不署事，治天文事。

苫思丁至元二十六年八月二十七日上【一一四】。

王寧至元二十九年九月初二日，以承直郎上。

謝堵林台至元二十八年六月初三日，以承直郎上。

張應珍至元三十年十二月十二日，以從仕郎上。

申敬至元三十一年八月二十四日，以朝列大夫上。

徐庭監元貞元年二月二十九日，以承事郎上。

劉秉德大德元年十二月十二日，以承直郎上。

張　大德二年九月十八日，以承務郎上【一一五】。

黃惟中大德三年六月二十日，以從仕郎上。大德十年三月十五日，加承德郎。

盛從善大德四年七月二十四日，以承事郎上。大德十年三月十五日復任。

【一一三】至元二十三年七月二十七日上　此句原缺，據陸氏鈔本補。

【一一四】至元二十六年八月二十七日上　此句原缺，據陸氏鈔本補。

【一一五】大德二年九月十八日以承務郎上　此句原缺，據陸氏鈔本補。

【二六】後拜禮部尚書　「後」原作「没」，據陸氏鈔本改。

【二七】至大四年九月初一日上　此句原缺，據陸氏鈔本補。

【二八】至大四年九月初一日上　此句原缺，據陸氏鈔本補。

王利亨大德八年四月初一日，以奉訓大夫上。大德十年三月十五日，加奉議大夫。

忻都大德十一年六月二十日，以承務郎上。至大元年七月十四日，復任。字仲和。後拜禮部尚書【二六】、大都留守。

解節亨至大三年八月二十日上。

張謙至大三年正月十九日，以承德郎上。

李信至大三年八月二十日上。

賈汝立至大四年閏七月二十日上。

忽里哈赤至大四年閏七月二十日上。

陳景元字公亮。至大四年九月初一日上【二七】。

楊也孫台至大四年九月初一日上【二八】。

鄭乞答台皇慶元年八月二十八日，以朝散大夫上。

趙天祥延祐元年五月初二日，以奉訓大夫上。延祐三年六月十八日，加朝請大夫。

王義字宜之。皇慶二年五月初一日，以奉訓大夫上。延祐五年三月初二日，加朝列大夫。

張九疇延祐元年二月十七日，以少中大夫上。

張安石延祐五年二月初二日，以承務郎上。

寶哥延祐七年四月十二日，以正議大夫上。

嚶嚶延祐七年七月十四日，以奉訓大夫上。

馬駒至治二年三月十八日，以奉政大夫上。

李師魯至治二年閏五月十八日，以從仕郎上。

答里麻失里至治三年五月十六日上。

伯忽平章政事趙世延之子。泰定元年十一月二十八日，以朝列大夫上。

李元凱字舜舉，彰德人。泰定二年十二月初二日，以奉議大夫，自尚工署令上。致和元年四月，除兵部員外郎。

拜住泰定四年三月初二日，以奉議大夫上。

暗都剌致和元年四月二十八日，以朝請大夫，由僉燕南廉訪司事上【二九】。

廉惠山凱牙致和元年六月初九日上。字公亮。

月魯監丞伯忽弟。天曆三年正月初二日，以承直郎上。自湖廣行省理問除。

法忽魯丁天曆二年正月初九日上。【三〇】

能柏林天曆二年正月初九日，以奉訓大夫上。

教化的至順二年三月十五日，以儒林郎由直省舍人上。

完者至順二年五月二十六日，以奉議大夫由直省舍人上。

哈兒沙至順三年三月十二日，以承務郎上。

乞答撒里元統元年十月十六日，以奉議大夫，由綺源庫提舉上。

【二九】致和元年四月二十八日以朝請大夫由僉燕南廉訪司事上　此句原缺，據陸氏鈔本補。

【三〇】自此條至「帖哥」條，原缺并錯頁，據陸氏鈔本釐正并補。不再一一標注。

察八兒忽都　人。元統二年八月以少議大夫上。

曲吕不花至元二年三月，以奉政大夫上。

莊嘉字子敬。至元三年七月，以奉直大夫，由監察御史上。至元六年三月，除禮部郎中。

桑哥至元四年九月，以奉訓大夫，自延福提舉上。

鐵木烈思字周賢，康里人，中書平章政事回回之子。至元六年四月，用其祖中書平章政事、追封東平王卜忽木蔭，以奉訓大夫上。

王道字道一，蠡州人。以少議大夫上。子起家直省舍人。至正元年二月初六日由大宗正府左右司員外郎，以奉議大夫上。至正二年五月，轉中書兵部員外郎。

吴誠字明善。至正二年六月以少議大夫，自利器庫提點上。

陶埜仙字雲卿，號雲山，浮光人，淵明二十四代孫。奉政大夫，至正十六年三月上。

王貞字善政。至正十　年　月上。特授。

康家閭

王射字有志。至正十七年八月上。朝請大夫，前侍儀司法物庫大使。

張士孚字文信。至正十八年十一月十三日上。益都人。奉直大夫，前沂州尹。

素哥實理字仲凱。至正二十四年十一月上。唐兀氏。

張榮

張主善字師德。至正二十五年九月二十六日上。

吴珏字元珍。至正二十六年二月二十六日上。由秘書郎陞。福建興化路人。

經歷至元十六年七月設，一人。至元二十四年正月廢。

申傑至元十六年七月十五日，由本監令史陞，用月俸壹定。

馬諒至元二十年四月二十六日上。

郝景至元二十二年十月初二日上。

提控案牘至元十七年十一月設，一人。

劉伯時至元十七年十一月十八日上，月俸三十二兩。

陳祓至元十九年五月十三日上。

步禎至元二十二年五月二十六日上。

張世澤至元二十四年八月二十四日上。

劉瑄至元二十七年三月二十四日上。

趙天瑞至元二十九年八月二十日上。

楊灝元貞元年二月二十四日上。

郭仲亨大德三年四月初一日上。

知事大德五年五月，改提控案牘爲知事，從八品，月俸四十五兩。

王士𪨨字繼元，東平人。大德六年正月初二日上。

張克明輝州人。大德八年六月十五日上。

典簿大德九年七月，改知事爲典簿，從七品。

張克明大德十年三月十五日，自知事以承務郎改授。

張淑至大元年八月二十四日上。

劉復初至大四年三月初九日上。

理熙至大四年九月二十六日上。阿魯温氏。

王振鵬延祐元年三月二十五日上。

鄭立延祐二年七月初十日上。

郝晏延祐四年六月初二日上。

賈儀延祐七年十月初一日上。德平人。至治二年十一月，除監察御史。

韓鏞字伯高，濟南人。泰定元年十一月二十八日上。

王正己永平昌黎人。

馮禋字明卿。泰定三年十月初二日上。

游文和保定新城人。天曆二年四月初七日，以從仕郎上。

王光國字國賓，集慶人。天曆三年正月初三日上。
班惟志字彦功，汴梁人。至順三年六月十二日上。
韓璵字廷玉，大都人。賜進士出身。元統二年十二月初八日上。
許思誠至元三年三月二十九日上。
斡勒海壽字允常，沔池人。至元五年十二月初二日上。
李藻字子潔。潁州人。國子生。由館陶縣尹，以文林至正二年六月上。
脱脱木兒字時敏。至正四年十二月上。
趙謙字叔亨。至正八年正月，以從仕郎上。
劉沂字彦潛，河間人。丁卯進士。由國子助教，以奉議大夫至正十一年十月初二日上。
白思問字仲裕，太原人。前河南省掾，以徵仕遷，至正十四年十月初二日上。
王敬義字可道。以登仕郎至正十五年正月二十七日上。
王處道字子弘。至正十六年七月上。
劉惟肅字庭威。至正十八年以從仕郎上。
殷俛字士昂。至正二十年三月上。
帖哥
彭仁本字孝先。

買住字翰臣，西域人。由進士通事舍人，以文林郎至正二十二年十月上。

王維方字周矩。中書省掾。至正二十二年十月上。

蒙大舉字子高，大都人。由庚子科國子公試生、中政院職官掾史，以從事郎遷【三一】。至正二十五年九月上。

王敬禮字可誠，洛陽人。由國子生秘書郎，以承直郎遷【三二】。至正二十六年三月上。

管勾至元十六年十二月設，一人，月俸一十五兩。

董濟至元十七年正月參。

趙九疇至元二十七年八月初一日參。

周之翰至元三十一年四月二十六日參。

李九思大德二年七月十一日上。

孫思榮大德六年六月二十二日上。

李恕至大三年十一月二十一日上。

劉宗良皇慶二年四月二十日，以將仕郎上。

張世英延祐二年九月初六日，以承事郎上。

張茂延祐五年七月二十五日上。大名人。

周禧單父人。至治元年三月初一日上。

【三一】以從事郎遷「郎」字原脱，據《元史》補。

【三二】以承直郎遷「郎」字原脱，據《元史》補。

金鉉衛輝人。至治三年十月二十七日上。

吴貫泰定四年六月初一日上。真定無極人。

陳錫泰定元年十二月初四日上。

黄謙天曆二年十二月初二日上。

嚴毅至順二年三月二十六日上。字仁卿。自侍儀舍人除。

贍思丁至順四年八月二十一日上。字明初。

鄧立忠字仲義，黄陂人。至元二年二月初六日上。

馬合麻至元四年八月初二日，自回回國子助教上。

張繼祖字紹先，永平人。至正元年正月初七日，用祖兵部尚書張道蔭，以從仕郎上。

尚經字彦昭，東平人。至正十六年四月上。

趙行簡字居敬。至正十一年七月七日上。

菩薩奴蒙古人。蔭授初任。

法都忽剌字彦明。由中政宣使遷。

高完者圖女直人。至元後二年正月二十七日，自太師府長史，以文林郎上。

姚堉字載夫，大都人，雪齋先生魯國文憲公樞之孫。至元後四年閏八月初十日，自資成庫提點，以奉議大夫上。

祁君璧字伯温，蘭陽人。至元後六年四月三十日，自國子助教，以朝列大夫上。至正元年七月，拜監察御史。

姚堉字貢夫，大都人，牧庵先生魯國文公燧之子。至正元年二月十八日，自同知息州事，以承務郎上。

王士點字繼志，東平人，瓠山先生魯國文肅公構之子。至正二年四月二十九日，自翰林修撰，以承務郎上。

校勘記

卷十

題名

著作郎至元十五年二月設，一員。至元十九年六月設，一員。從六品。

劉天藻至元十五年二月上。

完顔君翼至元十九年正月初二日上。官將仕。

李穉賓字祚卿，衛輝人。至元十九年正月初二日上。

姚景元至元二十年八月初二日上。

袁璧至元二十年五月二十八日上。

傅巖卿至元二十五年四月十九日，以從仕郎上。至元二十九年，以承事郎上。

徐汝嘉字　。至元二十七年五月十六日，以承務郎上。翰林集賢學士徐　子。

劉庾字　。至元二十九年正月二十五日，以承直郎上。

倪堅元貞元年四月初二日，以著作佐郎、承務郎上。

秦允文元貞元年三月，以承直郎代劉庾。

馬澤元貞元年七月十三日，自户部司計，以承直郎上。

趙炸字際可，蜀人。大德二年七月十四日，以從仕郎上。大德六年十一月，陞承事郎。大德九年十二月初四日，授承務郎，職事如故。

王公孺字　。大德二年七月十四日，以從仕郎上。

郭道恭字　。大德四年十二月初四日上。

温澤字　。雲内州人。大德七年五月初十日上。

劉士冕字　。大德十年二月二十六日，以承直郎上。

解節亨至大元年六月十三日，以奉政大夫上。

高植字元德，懷孟人。至大三年八月十九日上。

耶律楷字正己，東平人。至大四年八月二十二日上。

耿允小字伯答兒。至大四年三月初二日上。

蔣汝礪至元四年九月初一日上。

高樞皇慶二年八月初二日，以承務郎上。

蕭處默延祐元年三月二十八日，以承直郎上。

文矩字子方，袁州人。延祐三年八月十三日，以從仕郎上。延祐五年四月十六日，復以承務郎上。

忽都達兒賜進士及第。延祐五年十月初二日，以□□上。

李師魯號省巖。延祐六年正月十八日上。
靳泰靳德進子。至治元年六月二十日上。
元晦至治元年七月初九日上。
哈八石字文苑，于闐人。至治二年三月初十日上。
李泂字溉之，濟南人。泰定元年三月二十八日上。
達普華字兼善，蒙古人。辛酉狀元。泰定元年五月一日，以承務郎上。
阿里泰定元年十月二日上。
王德脩泰定三年五月二十五日上。
三珤御史中丞拔辰之子。散竹台氏。泰定四年二月二十六日上。
程大本字叔達，翰林承旨程文憲公之子。天曆二年七月二十八日，以奉直大夫上。
伯顏察兒字文卿，乞石彌人，太傅帖哥之孫。天曆二年六月二十八日上。
王思誠字克修，商議中書省事王約之子。至順二年八月十八日，自郊祀署令，以奉議大夫上。
杜敏字時可，襄陽人。至順三年七月二十一日，以奉議大夫上。至元四年五月，遷雲南道肅政廉訪司事。
麥文貴字敬存，南雄人。元統元年十二月二十六日，自翰林國史院編修官，以將仕郎上。至元後元年閏十二月，除掌醫監歷。

著作佐郎至元十五年二月設，一員。至元二十四年閏二月設【一】，一人。正七品。

【一】至元二十四年閏二月設「閏」字原缺，據陸氏鈔本補。

張明遠至元十五年九月初二日上。

張康至元十五年九月初一日上。

李天麟至元二十四年閏二月二十二日上【二】。

趙炸字濟可，成都人。至元二十七年正月初二日，以承務郎上。

李廷桂至元二十七年二月初二日上。

秦允文至元二十八年十一月初一日，以承事郎上。

倪堅至元二十九年八月初二日，以承事郎上。

袁凱德至元二十九年六月初二日，以承事郎上。

王公孺至元三十一年十一月二十八日，以將仕郎上。

楊述祖元貞元年七月十四日，以從仕郎上。大德二年九月十八日，以承事郎上。

孔淑大德二年七月二十五日上。

李賢大德四年十二月初二日上。

王庸大德五年四月二十日上。

陳惟德懷孟人。大德七年五月初二日，以承務郎上。

王鐸真定鼓城人。大德七年九月十三日【三】，以承事郎上。

侯彰大德九年十二月初二日，以承事郎上【四】。

【二】至元二十四年閏二月二十二日上　「閏」字原缺，據陸氏鈔本補。

【三】大德七年九月十三日　此條中「七」「九」「十三日」原缺，據陸氏鈔本補。

【四】大德九年十二月初二日以承事郎上　此句原缺，據陸氏鈔本補。

何守謙大德十年三月二十四日，以承事郎上【五】。

張謙至大元年八月二十八日，以承事郎上【六】。

張賑至大元年九月初一日【七】，以承事郎上，陞承直郎。

白鐸至大三年十一月十六日，以承事郎上【八】。真定人。

史燎至大四年三月初二日上【九】。真定人。

別敦皇慶元年八月初二日上【一〇】。

鄭立字可興。潞州人。皇慶二年四月十二日，以將仕郎上【一一】。

杜泰皇慶二年七月二十七日，以承事郎上【一二】。

田惟貞延祐二年九月初二日，以從仕郎上。

袁矩字子方，建康人。延祐三年三月初九日，以　上。

偰玉立賜進士及第。延祐五年八月二十五日，以承事郎上【一三】。

袁遵道字叔正，沛縣人。延祐六年六月初二日，以文林郎上。

劉傑至治二年三月初七日上。

王師文廣平鷄澤人。至治二年四月初二日，由太子通事舍人上。

雅古賜進士出身。字正卿，也里可温人。泰定元年十一月二十六日，以承事郎上。

完迮不花賜進士出身。忙古台人，字元道。泰定元年十月十四日，以承事郎上。

【五】大德十年三月二十四日以承事郎上　此句原缺，據陸氏鈔本補。

【六】至大元年八月二十八日以承事郎上　此句原缺，據陸氏鈔本補。

【七】至大元年九月初一日　此句原缺，據陸氏鈔本補。

【八】至大三年十一月十六日以承事郎上　此句原缺，據陸氏鈔本補。

【九】至大四年三月初二日上　此句原缺，據陸氏鈔本補。

【一〇】皇慶元年八月初二日上　此句原缺，據陸氏鈔本補。

趙之方字子濟，東平人。泰定四年三月十三日上【一四】。

吳善字明善，大都人。泰定四年七月二十八日，以承事郎上。

國元簾字公碩。天曆二年十二月二十三日上。

石夢亨字　　人。天曆二年七月二十七日，以□□□上。

阿里至順三年六月二日上。

許紹祖元統元年二月七日上。

宋謙字孟益，白馬人。元統二年七月二日上。

王克修字進之，高唐人。元統三年正月二十八日，以將仕郎上。至元後元年正月二十九日，復任。

趙如愚字師顏，銅鞮人。至元四年四月二十九日，自應奉翰林文字，以文林郎上。

何道元字巨淵，長社人。至元六年三月二十九日，由光山縣尹，以承事郎上。

商企翁字繼伯，曹州人，左山先生魯國文定公挺之孫。國子監貢士。至正元年閏五月二十七日，自翰林國史院典籍官，以承事郎上。

秘書郎至元十四年二月設，一人。至元十五年八月設，一人。正七品。

竇履　至元十四年八月二十八日上。

鄭自興　至元十五年八月十七日，以承事郎上。

王天祥至元十八年三月二十五日，自天文科管勾上。

【一一】皇慶二年四月十二日以將仕郎上　此句原缺，據陸氏鈔本補。

【一二】皇慶二年七月二十七日以承事郎上　此句原缺，據陸氏鈔本補。

【一三】延祐五年八月二十五日以承事郎上　此句原缺，據陸氏鈔本補。

【一四】泰定四年三月十三日上　此句原缺，據陸氏鈔本補。

喬貴成至元十八年四月二十八日上。
謝堵林台至元十八年七月初二日，以回回陰陽人上，專掌回回文字。
蕭珍至元二十二年八月十三日上。
杜質至元二十二年十二月二十日上。
馬澤至元二十五年六月十三日，以承直郎上。江淮行省參政馬通奉之子。
趙天民至元二十七年五月二十四日，以承事郎上。
李暨至元二十八年十一月初二日，以承務郎上。
王安義至元三十一年九月，以承事郎上。
王利亨至元三十一年十一月二十八日，以承務郎上。
李世長大德元年四月初二日，以登仕郎上。
蕭璘大德二年八月初二日，以徵仕郎上。
温澤大德三年八月初二日，以承直郎上。
劉的斤大德四年十二月十九日上。自本監通事除。
孔淑大德六年三月初二日，自著作佐郎上。
侯彰大德六年十二月十九日，以從仕郎上。靖江路人。
王笴大德七年閏五月初二日上。字君貢，衛輝人。

李仲元大都人。大德七年十二月初二日上。
毛莊大德八年十二月初二日，以承務郎上。
狄思聖大德九年十二月初二日上。
李嗣宗大德十一年八月初二日上。
趙崇至元元年六月十六日，以承德郎上。
張謙至大元年三月初四日上。
何守謙至大二年十二月十一日，以承直郎上，陞奉訓大夫。
謝必昌至大三年十二月初二日上。
李訥至大四年八月二十八日上。
席郁至大四年九月初一日上。
阿里皇慶元年三月初二日，以將仕郎上。
王文郁皇慶元年二月二十日，以承直郎上。
阿里延祐三年五月初二日上，代阿里。
任賢才延祐三年七月二十五日上。
八兒思不花賜進士出身。延祐五年十二月十六日上。
哈迷丁延祐五年九月十二日上。

王操延祐六年七月上。

何鏞字國器，杭州人。　至治元年九月二十四日上。

阿都孫至治三年五月二十八日上。

王守誠字君實，太原陽曲人。進士出身。泰定元年二月初二日上。

那木罕字從善。賜進士出身。遜都思人。泰定元年六月初二日上。

董瓚字君庸，藁城人。泰定三年六月初二日上。

忽先泰定三年十二月初一日上。

王德修字進之，高唐人【一五】。天曆二年七月十八日上。

卜顔達失天曆二年十一月二十六日上。

張士貞字　。至順二年十一月十三日上。

顔之恪字宗敬。兖國復聖公五十五代孫。至順二年三月二十八日上。

剌剌至順三年十一月十八日，以將仕郎上。

孔思立字用道，　宣聖五十四代孫。國子貢士。元統二年八月二十五日，以承務郎上。至元後元年十一月拜南臺監察御史。

完者帖木兒元統二年十二月十六日上。

張引字惟遠，濟南人。至元三年三月二十五日，用其父御史中丞養浩蔭上。

【一五】進之高唐人　「進之高唐人」原缺，據陸氏鈔本補。

伯帖木兒至元四年四月二十九日上。塔塔兒氏。

譚卜顏圖至元六年二月一日上，尋罷。

程益字光道，濟南人。癸酉進士。至元六年九月二十五日，自翰林國史院編修官，以文林郎上。

劉鶚字楚奇，吉安之永豐人。至正元年十月十八日【一六】，自湖廣儒學副提舉，以從仕郎上。

周紀字士綱，益都人。至正九年十一月，以承事郎上。

揭汯字伯防，龍興人。至正十年五月二十一日，以承務郎上。

張祈字永伯。至正十二年四月二十八日，以忠顯上。河南人。

陳澤字德潤，平江路吴江州人。至正十四年五月二十三日，以承事郎上。

張昉字顯初，保定人。至正十四年十一月，昭信校尉上。

吕之屏字惟範，冀寧人。至正十六年三月二十五日上。

許楨字元幹。

張霸字士傑。

詹獻字廷用，新安人。至正十九年十一月上。由内史府照磨遷。

王敬禮字可誠，洛陽人。由太常奉禮承務郎，至正二十年三月上【一七】。

冷説字起嵓。膠東人。特奉。

鄭素履字有恒，真定槀强人。

【一六】至正元年十月十八日　「十八」原作「人」，據陸氏鈔本改。

【一七】由太常奉禮承務郎至正二十年三月上　此句原缺，據陸氏鈔本補。

冷完者帖木兒字用和。由中書省掾遷。

朱渠字方大。至正二十三年七月上。

劉芳字琴梅，吉安路永豐人。至正二十三年七月上【一八】。

吴珏字元珍。至正三十三年九月上，由本路教授陞是職。福建興化人。【一九】

李公珪字仲瑛。由中書省掾，至正二十三年九月上【二〇】。

范泰字仲和。由富寧提舉，至正二十四年四月上【二一】。

張士明字德昭，曲沃人。由國子助教遷，至正二十四年十二月上。【二二】

校書郎至元十五年八月設，一員。至元二十二年，添一員，正八品。

謝椿至元十五年八月十七日，以從仕郎上。

李天麟至元二十年十二月二十二日上。

周馳至元二十二年十一月二十四日上。

杜爲善至元二十二年八月初七日上。

朱宗周至元二十四年八月內，因修地理書添設。徽州人。

王利亨大都人。至元二十八年十一月初二日，以承事郎上。

楊述祖至元二十九年九月初二日，以將仕郎上【二三】。

成克孝至元三十一年七月初二日上。自本監令史除。

【一八】至正二十三年七月上　此句原缺，據《四庫全書》本補。

【一九】至正三十三年九月上由本路教授陞是職福建興化人　此句原缺，據陸氏鈔本補。

【二〇】由中書省掾至正二十三年九月上　此句原缺，據陸氏鈔本補。

【二一】由富寧提舉至正二十四年四月上　此句原缺，據陸氏鈔本補。

【二二】曲沃人由國子助教遷至正二十四年十二月上　此句原缺，據陸氏鈔本補。

【二三】以將仕郎上　「以將仕郎」原缺，據陸氏鈔本補。

許宗吾濟寧人。元貞元年閏四月初二日，以從仕郎上【二四】。
何守謙大德元年九月初二日，以將仕郎上。
李湇大德元年十一月二十五日上。
萬遜大德四年正月二十五日上。
李嗣宗大德四年八月二十四日上。
李世長大德六年六月二十二日，自秘書郎遷。
侯彰大德六年十二月十九日上。
趙文郁大德九年三月初二日，以將仕郎上。
王安仁大德九年六月初二日，以將仕郎上。
席郁大德十一年十月三十日，以承事郎上。
張從善至大元年閏十月二十八日，以將仕郎，自管州判官遷。
王復至大三年四月十八日上。
賈晦至大三年九月初一日上。
李　至大四年八月二十八日上。
鄭方大延祐元年二月二十日上。　建昌人。
文矩延祐元年四月三十日，以登仕郎上。

【二四】元貞元年閏四月初二日以從事郎上　此句原缺，據陸氏鈔本補。

李克基延祐三年七月初二日上。　睢州人。

吉省延祐三年七月二十五日，以承事郎，自國史院掾除。汾西人【一二五】。

何鏞延祐四年十二月二十五日上。五年加承務郎。

久住延祐五年十月十六日上。

張宏毅至治元年七月十二日，以將仕郎上。

谷巖至治元年八月十六日，以將仕郎上。三月取充臺掾。

王德脩至治三年十二月十二日，以登仕郎上。

宋褧泰定元年六月初二日，以將仕郎賜同進士出身上。大都人【一二六】。

哈八失泰定二年七月十九日，以將仕郎回回國子學助教上。

國元簾字公碩。泰定二年九月十九日上。

柴肅字舜元，　人。致和元年二月二十八日上。

張夔字堯臣。至順元年五月一日上。

王克脩字進之。至順元年八月二十八日上。

劉庸字垚夫。至順三年十月二十六日上。

美里吉台字洪範，唐兀人。庚午進士。至順四年六月二十九日上。

穆古必立字永初，回回人。癸酉進士。元統三年五月二十九日，以承務郎上。

【一二五】汾西人　此句原缺，據陸氏鈔本補。

【一二六】大都人　此句原缺，據陸氏鈔本補。

【一二七】至元三年十月十九日以承事郎上　此句原缺，據陸氏鈔本補。

【一二八】「伯帖木兒」條與「張積」條原缺，據陸氏鈔本補。

【一二九】大德四年閏八月初二上　「閏」字原缺，據陸氏鈔本補。

【一三〇】大德九年十月初二日上　「初二日」原缺，據陸氏鈔本補。

篤烈圖字克成。丁卯進士。元統元年十二月二日，以登仕郎上。

逯居敬字公謹，衛輝人。至元三年十月十九日，以承事郎上【二七】。

彦智傑字惟周。丁卯進士。至元四年六月十二日，自永城縣達魯花赤，以徵仕郎上。

伯帖木兒至元六年四月一日上。

張稹字約中，汴梁人。癸酉進士。至正元年二月三十日，自河南省掾，以从事郎上。【二八】

辨驗書畫直長至元二十五年三月設，一員。

董濟至元二十　年。

劉義至元二十九年十二月二十五日，授中書省劄付。三十一年更名偉。元貞元年五月換授敕牒。大德二年二月初二日，加將仕佐郎。

唐文質大德四年閏八月初二上【二九】。

支璋大德七年三月上。陝州人。

張煇大德九年十月初二日上【三〇】。

胡宣至大元年三月初十日上【三一】。

何鏞至大三年十月十八日上。

武立禮皇慶二年三月二十四日上【三二】。

周明信延祐二年八月初九日上【三三】。

【三一】至大元年三月初十日上　「三月初十日」原缺，據陸氏鈔本補。

【三二】皇慶二年三月二十四日上　「二十四日」原缺，據陸氏鈔本補。

【三三】延祐二年八月初九日上　「初九日」原缺，據陸氏鈔本補。

【三四】延祐五年八月十六日上　「八月十六日」原缺，據陸氏鈔本補。

【三五】至治三年七月十八日上　此句原缺，據陸氏鈔本補。

【三六】泰定二年十二月十五日上　此句原缺，據陸氏鈔本補。

【三七】同進士出身致和元年五月十九日上　此句原缺，據陸氏鈔本補。

馬公望延祐五年八月十六日上【三四】。

杜伯茂大都人。至治三年七月十八日上【三五】。

任賢才上海人。泰定二年十二月十五日上【三六】。

李永字可久。同進士出身。致和元年五月十九日上【三七】。

方義號敬齋，番陽人。至順二年五月十二日上【三八】。

嚴毅字仁卿。元統二年二月二十二日上【三九】。

也先帖木兒至元三年三月初二日，蔭父職以將仕郎上【四〇】。乃蠻人。字有開。

李黑厮字廷瑞。至元五年十二月初二日，自侍儀通事舍人，以從仕郎上。白馬人。

鄧昌壽字士德，鄆城人。至元六年十二月二十七日上【四一】。

滿古台字德謹。

王中字賢卿，濟南人。從仕郎鄒平縣主簿遷。至正十五年九月上【四二】。

洪壽山字守謙，三韓南陽人。至正十八年二月上【四三】。

趙伯顏達兒字居禮。至元二十年七月初六日上。束鹿人【四四】。由景州判徵仕郎上。

雅班普由嶺北省宣使遷。

蠻子字允中。

【三八】至順二年五月十二日上　此句原缺，據陸氏鈔本補。

【三九】元統二年二月二十二日上　此句原缺，據陸氏鈔本補。

【四〇】至元三年三月初二日蔭父職以將仕郎上　「三年」「將」原缺，據陸氏鈔本補。

【四一】至元六年十二月二十七日上　此句原缺，據陸氏鈔本補。

【四二】至正十五年九月上　此句原缺，據陸氏鈔本補。

【四三】至正十八年二月上　此句原缺，據陸氏鈔本補。

【四四】至元二十年七月初六日上束鹿人　「年」字原缺，據陸氏鈔本補。「束」原作「東」，據陸氏鈔本改。

校勘記

【一】至元十三年三月參　「三」原作「十」，據陸氏鈔本、瞿氏鈔本改。

【二】至元二十三年六月三十日參　「三十日」原缺，據陸氏鈔本補。

【三】大德五年四月初二日參　「四月初二日」原缺，據陸氏鈔本補。

【四】大德三年七月十九日由翰林接手書寫參　「七月十九日由翰林接手書寫」原缺，據陸氏鈔本補。

【五】大德七年五月二十七日參　「五月二十七日」原缺，據陸氏鈔本補。

【六】齊河人　此句原缺，據陸氏鈔本補。

【七】大德十一年六月二十五日參　「二十五日」原缺，據陸氏鈔本補。

卷十一

題名

令史至元十年二月初七日設，二人。至元二十四年五月，添一人。

趙欽止至元十年十月參。

申傑至元十年十月參。

李思齊至元十三年三月參【一】。

翟嗣祖至元十七年四月內准。

王安貞至元十七年五月參。

王鐸至元二十三年六月三十日參【二】。

成克孝至元二十三年九月初六日參。

李讓至元二十五年五月參。

高伯椿至元二十七年六月參。

孛朮魯繼祖至元三十年十月二十四日參。南陽內鄉人。

荊益元貞元年十一月參。

趙仁大德五年四月初二日參【三】。

楊倬大德三年七月十九日，由翰林接手書寫參【四】。

段禧大德七年五月二十七日參【五】。齊河人【六】。

韓肅大德十一年六月二十五日參【七】。

張輝至大元年二月十六日參【八】。

徐元鳳至大三年五月初十日參【九】。東平項城人。

王鑑延祐元年七月十二日參【一〇】。

杜伯茂延祐元年九月初七日參【一一】。

馬德謙延祐四年十一月二十二日參【一二】。

黃仲庸字允中。延祐七年四月初九日參【一三】。

王協一字　。至治元年三月二十五日參【一四】。

李仲義字士亨。至治二年正月參【一五】。

李楫字道濟。至治三年八月初七日參【一六】。

劉敬字元禮。泰定二年二月二十九日參【一七】。高唐武縣人。

鄭允德字良甫，絳州太平人。天曆元年十一月初二日參【一八】。

【八】至大元年二月十六日參「十六日」原缺，據陸氏鈔本補。

【九】至大三年五月初十日參「五月初十日」原缺，據陸氏鈔本補。

【一〇】延祐元年七月十二日參「十二日」原缺，據陸氏鈔本補。

【一一】延祐元年九月初七日參「九月初七日」原缺，據陸氏鈔本補。

【一二】馬德謙延祐四年十一月二十二日參　本條原缺，據陸氏鈔本補。

【一三】延祐七年四月初九日參「四月初九日」原缺，據陸氏鈔本補。

【一四】至治元年三月二十五日參「二十五日」原缺，據陸氏鈔本補。

【一五】至治二年正月參「正月」原缺，據陸氏鈔本補。

【一六】至治三年八月初七日參「八月初七日」原缺，據陸氏鈔本補。

劉文義字義卿。至順元年十一月十六日參【一九】。河間人。

李守恕字順夫。至順三年六月初九日參【二〇】。潞州人。

朱直字大方。至元二年七月十六日參【二一】。東明人。

王遺直字叔向。至元四年三月十三日參【二二】。真定人。

謝禮方字文器。

鄧林字世英。至正五年八月十八日參【二三】。吉水州人。

劉濟字潤民。至正十年九月三十日參【二四】。冀寧人。

趙敏字克脩，大名人。至正十年二月參。

李鑒字彥昭，大名人。至正十八年三月【二五】，由典書轉。

王惟一字仲吉。至正十八年八月初九日【二六】，由典瑞院書寫參。益都嶧州人。

張傚字士儀。

張汝弼字賢佐。

譯史

劉漸至元二十二年五月。

許宗吾至元二十四年九月二十七日參【二七】。

路朵兒別台元貞元年正月三十日參【二八】。

【一七】泰定二年二月二十九日參「二十九日」原缺，據陸氏鈔本補。

【一八】天曆元年十一月初二日參「十一月初二日」原缺，據陸氏鈔本補。

【一九】至順元年十一月十六日參「十一月十六日」原缺，據陸氏鈔本補。

【二〇】至順三年六月初九日參「初九日」原缺，據陸氏鈔本補。

【二一】至元二年七月十六日參「十六日」原缺，據陸氏鈔本補。

【二二】至元四年三月十三日參「十三日」原缺，據陸氏鈔本補。

【二三】至正五年八月十八日參「八月十八日」原缺，據陸氏鈔本補。

【二四】至正十年九月三十日參「三十日」原缺，據陸氏鈔本補。

【二五】至正十八年三月　「三月」原缺，據陸氏鈔本補。

【二六】至正十八年八月初九日　「八月初九日」原缺，據陸氏鈔本補。

【二七】至元二十四年九月二十七日參　「九月二十七日」原缺，據陸氏鈔本補。

【二八】元貞元年正月三十日參　「正月三十日」原缺，據陸氏鈔本補。

【二九】大德六年五月二十九日參　「二十九日」原缺，據陸氏鈔本補。

【三〇】至大二年十月初二日參　「初二日」原缺，據陸氏鈔本補。

【三一】延祐四年三月二十五日參　此句原缺，據陸氏鈔本補。

【三二】延祐六年閏八月二十五日參　此句原缺，據陸氏鈔本補。

蓋洋大德六年五月二十九日參【二九】。

師贇至大二年十月初二日參【三〇】。高唐人。

劉道源延祐四年三月二十五日參【三一】。

翟完者延祐六年閏八月二十五日參【三二】。

張遹至治二年五月初二日參【三三】。

劉繼祖延祐七年九月初二日參【三四】。

唐完者泰定四年十一月二十二日參【三五】。日照縣人。

劉德讓至順元年十一月初三日參【三六】。

王愷至順四年五月初三日參【三七】。安陽縣人。

咬住至元後三年四月十二日參【三八】。

伯户至元後四年十二月十六日參【三九】。

朵難字敬先。至正五年八月十八日參【四〇】。

回回令史

沙不丁至元十年十一月參【四一】。至元十四年三月【四二】，受中書吏部劄付。

阿里至元二十三年八月初十日參【四三】。

別的斤至元十四年　月參【四四】。

苫思丁至元二十八年【四五】。

哈迷都丁元貞元年十一月初二日參【四六】。

阿合馬大德五年十二月初二日參【四七】。

木撒至大元年六月二十二日參【四八】。

睦八剌沙至大三年四月十九日參【四九】。

納速剌延祐四年四月初二日參【五〇】。

阿里泰定元年十一月二十五日參【五一】。

馬合馬沙至順三年二月十三日參【五二】。

迭里月失至元後五年五月二十九日參【五三】。

哈里失字思賢。至正六年閏十月初一日參【五四】。

知印元貞元年正月設，一人。至大元年四月，添一人。

申居仁元貞元年正月二十四日【五五】，自行工部奏差保充。

李九思大德六年七月二十六日【五六】，由本監管勾參。

彭嗣祖大德十一年三月二十八日參【五七】。至大元年四月准。

馮守節至大元年閏十一月十六日參【五八】。

牛仲實延祐元年四月二十八日參【五九】。

【三三】至治二年五月初二日參　此句原缺，據陸氏鈔本補。

【三四】延祐七年九月初二日參　此句原缺，據陸氏鈔本補。

【三五】泰定四年十一月二十二日參　此句原缺，據陸氏鈔本補。

【三六】至順元年十一月初三日參　此句原缺，據陸氏鈔本補。

【三七】至順四年五月初三日參　此句原缺，據陸氏鈔本補。

【三八】至元後三年四月十二日參　「四月十二日」原缺，據陸氏鈔本補。

【三九】至元後四年十二月十六日參　「十二月十六日」原缺，據陸氏鈔本補。

【四〇】至正五年八月十八日參　「八月十八日」原缺，據陸氏鈔本補。

【四一】至元十年十一月參　「十一月」原缺，據陸氏鈔本補。

【四二】至元十四年三月　「三月」原缺，據陸氏鈔本補。

【四三】至元二十三年八月初十日參　「八月初十日」原缺，據陸氏鈔本補。

【四四】至元十四年　月參　「月」字原缺，據陸氏鈔本補。

【四五】至元二十八年　此句原缺，據陸氏鈔本補。

【四六】元貞元年十一月初二日參　「十一月初二日」原缺，據陸氏鈔本補。

【四七】大德五年十二月初二日參　「十二月初二日」原缺，據陸氏鈔本補。

【四八】至大元年六月二十二日參　「二十二日」原缺，據陸氏鈔本補。

張陟延祐二年八月初九日參【六〇】。汝寧人。

王聖孫延祐六年四月初二日參【六一】。

李德芳延祐六年五月十六日參【六二】。

徐誠字道弘。至治二年五月二十二日參【六三】。

趙鎔字景範。泰定元年五月二十六日參【六四】。東平人。

謝守仁字安卿。天曆三年四月初六日參【六五】。鄄城人。

仝承慶字彦卿。至順三年六月二十九日參【六六】。睢陽人。

捌剌字國寶。至元六年二月初六日參【六七】。

亦思馬因字和卿。至元五年九月十三日參【六八】。

兀伯都剌字唐臣。至正四年三月三十日參【六九】。

阿里字士賢。至正六年十二月二十三日參【七〇】。

寶寶字從善。

呂敬字仲禮。至正二十二年五月初六日參【七一】。古燕人也。

怯里馬赤至元二十四年二月設，一人。

暗都剌斡合至元二十四年二月十九日參【七二】。

謝元鳳至元二十六年六月十三日參【七三】。謝堵林台子。

【四九】至大三年四月十九日參　「十九日」原缺，據陸氏鈔本補。

【五〇】延祐四年四月初二日參　「四年」「初二日」原缺，據陸氏鈔本補。

【五一】泰定元年十一月二十五日參　「二十五日」原缺，據陸氏鈔本補。

【五二】至順三年二月十三日參　「十三日」原缺，據陸氏鈔本補。

【五三】至元後五年五月二十九日參　「五月二十九日」原缺，據陸氏鈔本補。

【五四】至正六年閏十月初一日參　「閏十月初一日」原缺，據陸氏鈔本補。

【五五】元貞元年正月二十四日　「正月二十四日」原缺，據陸氏鈔本補。

【五六】大德六年七月二十六日　「七月二十六日」原缺，據陸氏鈔本補。

別的斤至元二十八年十一月參【七四】。大德五年除充校書郎。

王伯顔察兒大德四年十二月二十日參【七五】。

郝黑的大德十年六月二十五日參【七六】。

馬合某延祐元年九月初七日參【七七】。

耿撒里台字彦莊。至治二年三月二十二日參【七八】。樂陵人。

速來蠻字道弘。天曆二年六月十三日參【七九】。荅失蠻人。

達理於實字壽之。至元二年九月初九日參【八〇】。阿魯渾人。

怯烈字仲賓。至正四年正月二十六日參【八一】。

奏差至元十年十月設，二名。

忽都魯伯至元十年十月參。

蘇德卿至元十年十月參。

忻都至元十三年十一月准。

暗都剌斡哈至元二十一年三月參。二十四年二月，轉充本監怯里馬赤。

劉守讓至元二十年九月二十四日，受吏部劄付。

祖顯至元二十四年二月十九日參。

馬合麻至元二十四年五月初二日參。

【五七】大德十一年三月二十八日參　「三月二十八日」原缺，據陸氏鈔本補。

【五八】至大元年閏十一月十六日參　「閏十一月十六日」原缺，據陸氏鈔本補。

【五九】延祐元年四月二十八日參　「四月二十八日」原缺，據陸氏鈔本補。

【六〇】延祐二年八月初九日參　「八月初九日」原缺，據陸氏鈔本補。

【六一】延祐六年四月初二日參　此句原缺，據陸氏鈔本補。

【六二】延祐六年五月十六日參　此句原缺，據陸氏鈔本補。

【六三】至治二年五月二十二日參　「五月二十二日」原缺，據陸氏鈔本補。

【六四】泰定元年五月二十六日參　「五月二十六日」原缺，據陸氏鈔本補。

燕京至元三十一年六月十四日參。

王彥恭舊名欽若。至元三十一年八月二十四日參。

楊俶至元二十七年十二月三十日參。

郭遜元貞二年正月初二日參。

劉那海大德五年十二月二十五日參。

馬克明大德七年五月十五日參。

苑德林大德七年六月初一日參。

牛仲實至大三年十月二十二日參。

李居貞至大四年六月二日參。

高伯榮延祐元年九月初二日參。清豐人。

王惟正字時中。延祐五年四月二十二日，自典吏轉。

高守禮字德之。延祐七年四月初九日參。

周士允字士中。泰定二年六月二十二日補。鹽山人。

尹德瑄字彥明。致和元年三月初二日參。

張亨字仕可。至順元年三月二十九日參。

囊加台字元道。後至元三年八月二十九日參。也里可温人。

【六五】天曆三年四月初六日參「四月初六日」原缺，據陸氏鈔本補。

【六六】至順三年六月二十九日參「六月二十九日」原缺，據陸氏鈔本補。

【六七】至元六年二月初六日參「二月初六日」原缺，據陸氏鈔本補。

【六八】至元五年九月十三日參「九月十三日」原缺，據陸氏鈔本補。

【六九】至正四年三月三十日參「三月三十日」原缺，據陸氏鈔本補。

【七〇】至正六年十二月二十三日參「十二月二十三日」原缺，據陸氏鈔本補。

【七一】至正二十二年五月初六日參「五月初六日」原缺，據陸氏鈔本補。

【七二】至元二十四年二月十九日參「二月十九日」原缺，據陸氏鈔本補。

程時中字中時。至元四年十月十三日參。黃州人。

烈瞻至正六年二月初六日參。字廷傑。

忽都不花字舜臣。至正三年七月二十九日參。

楊文字獻臣。至正九年十一月十九日參。

孟守恭字思敬。至正十三年六月參。山東人。

張崇質字彥文。至正十年七月參。

完者不花字仲美。至正二十一年四月參。唐兀人。

李仁字仁卿。至正二十一年二月參。永平盧陵縣。

王允恭字克讓。

典書至元十年二月設，二人。

李思齊至元十年十月參。

張琚琳至元十年十月參。

翟嗣祖至元十三年閏三月准。

趙琪至元十三年十一月參。兼知印勾當。

王安貞至元十五年四月參。

范英至元十八年三月參。

劉偉至元十八年三月准。至元十九年五月，司徒府差兼集賢院令史。

田居敬至元二十年四月初二日參。

王鐸至元二十二年十二月初三日參。

馮誠至元二十四年五月二十日參。

高伯椿至元二十四年八月二十六日參。

陳津至元二十六年八月准。

劉文偉至元二十七年六月參。

權彥良至元二十七年十二月初一日參。

荊益至元二十八年　月。

郭邦彥元貞元年十二月二十二日參。

紀弘道大德二年四月初二日參。

周之德大德三年六月初八日參。

馬克明大德五年二月初五日參。保定人。

徐元鳳大德七年七月初二日參。

李居貞大德十一年正月二十五日參。濟南人。

杜伯懋至大三年五月二十八日參。

【七三】至元二十六年六月十三日參　「六月十三日」原缺，據陸氏鈔本補。

【七四】至元二十八年十一月參　「十一月」原缺，據陸氏鈔本補。

【七五】大德四年十二月二十日參　「十二月二十日」原缺，據陸氏鈔本補。

【七六】大德十年六月二十五日參　「六月二十五日」原缺，據陸氏鈔本補。

【七七】延祐元年九月初七日參　「初七日」原缺，據陸氏鈔本補。

【七八】至治二年三月二十二日參　「三月二十二日」原缺，據陸氏鈔本補。

【七九】天曆二年六月十三日參　「六月十三日」原缺，據陸氏鈔本補。

【八〇】至元二年九月初九日參　「九月初九日」原缺，據陸氏鈔本補。

【八二】至正四年正月二十六日參　「正月二十六日」原缺，據陸氏鈔本補。

黄禮至大四年三月二十二日參。

黄仲庸延祐二年正月十九日參。

劉敬延祐五年四月十二日。

段諒延祐六年四月參。

李仲儀延祐七年四月初九日參。

李楫延祐七年十二月初七日參。

鄭允德至治二年正月十九日參。

李守恕泰定二年十月二十六日參。

劉文義致和元年九月初一日參。由典吏轉。

朱直天曆元年十一月初二日參。

楊允敬至順三年八月初三日參。

王遺直至順四年二月二十二日參。

典吏至大元年五月設，一人。

杜伯懋至大元年六月初十日參。

王鑑至大元年七月參。

王惟正至大四年三月二十二日參。

黄禮至大三年六月初二日參。

高伯榮皇慶元年三月初三日參。

許文瑞

李仲儀延祐五年十月初九日參。

周士允延祐七年四月初九日參。

李義

劉文義泰定四年八月十二日參【八二】。

張亨天曆元年九月初八日參。遷安人。

楊允敬至順元年六月初三日參。

鄧林至元三年八月二十九日參。吉水人。

王冕至元四年十二月十六日參。大都通州人。

劉鏞字克權。至正六年二月初六日參。

孫松字士賢。至正十三年八月十二日參。晉寧人。

王居信字仲義。至正二十一年十月二十三日參。棣州商河縣人。

温德字子新。至正二十三年十月十九日參【八三】。濟南人。

薛顯字顯卿。至元後四年四月初九日參。清豐人。

【八二】泰定四年八月十二日參　「月」字原缺，據陸氏鈔本、瞿氏鈔本補。

【八三】至正二十三年十月十九日參　「十九日」原缺，據陸氏鈔本補。

鄧林字世英。至元後四年十二月十六日參。由典吏轉。

塗應庚字德明。至正五年八月十八日參。龍興路人。

李鑑至正五年十月十五日參。字彦昭，大名清豐人。

張傚字士儀。至正十八年正月參。廣平人。

張汝弼字賢佐。至正二十年三月參。大都人。

王思孝字奉先。至正二十二年十一月參。真定人。

張楫字叔讓。

附録

秘書監准監丞王道奉議關文

皇帝聖旨裏，秘書監准監丞王道奉議關：竊惟古者，外之郡邑，各有志乘。内之府寺，亦載箴規。所以紀其事之本末，官之去留，以相期於不朽而垂無窮也。近年各衙門沿革有志，題名有碑，亦猶此意。切照本監□□□府即古木天芸閣虎觀□□□位清高，蔑可比倫。伏惟我朝混一區宇，開創百司，延及於□□□□掌天文、讖緯、版籍、圖書，所以供御覽而資聖德也。然自國初至今，積有年矣，是以上棟下宇，不無摧朽，公聚期會，相顧寂寥。至正元年夏，欽奉宸音，賜以楮幣，及蒙中書加修葺，遂俾輪奐。睹翬飛之美，官僚佩公食之需，天朝之待秘監可謂優矣。然而題名尚未有碑，沿革尚未有志，此非所謂缺典歟？合無行下屬官，依上編集，庶乎百世之下，有所稽考。區區管見，不能自默。准此，仰移關監丞王道奉議，依上提調，仍行下著作郎王士點、承務著作佐郎商企翁承事，依上編集，具稿呈監施行。

至正二年五月　日，令史王遺直承

權典簿劉鶚　押

押　押

印

初三日

吴騫題記

丙寅五月，仲魚孝廉爲予從吴中購得此志。其卷數、門類，與《十駕齋養新録》所載悉同，惟葉數，養新録共二百六十五葉，而此計二百六十八葉，豈宫詹所見本尚有闕葉歟？此本舛錯甚多，予雖以意校，終未能釋然。復屬仲魚訪之三吴藏書家，卒與此本無異，仍攜以見還，仲魚亦照録一部，弆于紫薇講舍。嗟乎！宫詹往矣，誰復能與予輩再訂此書邪！嘉慶己巳五月，吴騫記。

（《廣倉學宭叢書》本卷末）

劉履芬題記

同治丁卯七月，録於吴門。凡八日而畢。卷中朱筆悉照拜經樓藏本過録。江山劉履芬記。乞巧後一日。

（《廣倉學宭叢書》本卷尾）

唐翰題題記

《秘書監志》，拜經樓舊藏本。嘉慶丙寅，陳仲魚孝廉購於吴中以歸。槎客先生復照録一册，藏之越。同治六年丁卯之夏，江山劉彦清司馬知余時方搜羅拜經遺書，爲余購得於閶門書肆，而手録其副，持以見示。夫一《秘書監志》，事之瑣瑣者耳，而時隔六十二年，得者、藏者、録者，先後若出一轍，且仍不出吴地。豈凡事莫不有數主乎其間，非人所能轉移者耶？是不可以不書。中秋廿有八日，嘉興唐翰題記。

（《廣倉學宭叢書》本卷尾）

朱彝尊《書元秘書監志後》

元《秘書監志》十一卷，著作郎東平王士點繼志，著作佐郎曹州商企翁繼伯同撰。所載詔旨、公移，多用國書文，以是流傳者罕，然一代之典故存焉。卷中《題名》有張應珍以至元三十年十二月由從事郎歷秘書監丞，大德八年六月遷秘書少監，九年十月乃更姓名曰吴鄹。而《吉安府志》稱鄹永新人，宋末兵亂，避仇轉徙山西，元駙馬都尉、高唐郡王闊里吉思嘗從之質疑，刊其書於平陽路。《志》遂附之宋遺民之列，不知其仕于元革命之初。士之出處殊塗，不可以紊，有是編足以證《府志》之誤矣。小長蘆竹垞老人跋。

（朱彝尊《曝書亭集》卷四十四）

陸心源《影元鈔秘書志跋》

《秘書志》十一卷，題曰承務郎、秘書監著作郎東平王士點繼志，承事郎、秘書監著作佐郎曹州商企翁繼伯同編。前有文移。影寫元刊本。所記皆元秘書省典故，分十九門。案《史元》至元二十七年立興文署，召集良工，刊諸經子史板本。今此書載至元十年十一月太保大司農奏興文署雕印文書屬秘書監，本署設官三員，令一員，丞三員，校理四員，楷書一員，掌紀一員，鎸字匠四十名，作頭一，匠户十九，印匠十六。又至元十四年十二月，中書省奏奉旨省併衙名興文署，併入翰林院。是至元十年以前已有興文署之名，不始于二十七年，可據以正《元史》之誤。卷四裱背物件後與《日録》多不合。第二十一頁「聖朝自開國以來」云云，與第五卷第十頁有複羼。卷七、卷八有缺文，惜無別本可以校補。觀其所記，庫中儲書一萬八千餘册，法書三百九十九卷、四百八十二軸，名畫一千一百五十六軸、三百七十一卷，可謂富矣。而賈似道真容兩軸亦在收納之例，毋乃不别薰蕕乎？第五卷載趙文敏書《千字文》進御，而發裱背者至十七卷之多，可知文敏一生書《千字文》不少，宜其流傳之多也。

（陸心源《儀顧堂題跋》卷四）

王國維跋

江山劉泖生司馬履芬手鈔拜經樓舊藏元《秘書監志》十一卷，前有至正二年秘書監奉聖旨編集《秘書監志》公文，後録吾鄉吴兔床明經騫跋，并司馬及嘉興唐蕉庵觀察翰題手書二跋。每半葉九行，行十六字。觀其行款及平闕之式，蓋從元刊本出也。書中四、五兩卷，舊有錯葉，與目録不同。兔床先生舊校疑目録有誤，予詳加勘正，知原書卷四第二十一葉以下，係卷五錯葉。卷五第十一葉以下，亦卷四錯葉。一經改正，則此兩卷文字從順，條理秩然。始知非目録之誤，乃本書之誤也。兔床先生跋謂三吴藏書家本與其藏本率同，余所見錢唐丁氏本亦同，是諸本同出一源。其錯亂蓋自元本已然。今既訂正，可爲此書善本矣。然非先輩鈔書皆仍原本行款，則後人亦無自得其錯亂之由。此景鈔與景刻本所以可貴也。今以活字印行，其平闕之式及所空行數，雖悉遵原本，然每葉行數與每行字數已改其舊，故即從訂正之本付印，不復仍其錯亂，此有本書目録可據，讀此書者當不議其專輒也。丙辰五月，海寧王國維記。

（《廣倉學宭叢書》本卷尾）

章鈺鈔本《秘書監志》跋

跋云此書《四庫》著録。陽湖孫氏、泉唐丁氏皆有鈔本。孫目云「每葉十八行、行十六字」，是板式與此正同。丁目云「後記録字數目，凡五萬六千五百有三」，此本未審合否。書中脱落誤衍，不一而足，須以意改之。又懼蹈專輒之誚，姑留插架以俟善本校正而已。墨筆書衣。光緒丁未十一月，從蔣君伯斧所借鈔。觸處訛奪，一仍其舊，俟見劉氏手寫本再校。戊申元宵，長洲章鈺記。朱筆卷下末。

（章鈺鈔本卷尾）

《四庫全書總目》提要

《秘書監志》十一卷。元王士點、商企翁同撰。士點有《禁扁》，已著録。企翁字繼伯，曹州人，官著作佐郎。其書成於順帝至正中，凡至元以來建置沿革、典章故事無不具載。司天監亦附録焉，蓋元制司天監隸秘書省，猶漢制以太史令兼職天官之義也。後列職官題名，與南宋館閣録例同。其兼及直長、令史，皆纖悉詳録，則以金源以後，以掾吏爲士人登進之階，往往由此起家，洊至卿相，其職重於前代耳。其所紀録，多可以資考核。朱彝尊嘗據以辨吴鄹即張應珍，以大德九年改名，歷仕秘書少監，非宋遺民，證《吉安府志》之誤，則於史學亦多所稗矣。

（《四庫全書總目》卷七十九）

錢大昕《十駕齋養新録》提要

元《秘書志》四册，承務郎、秘書監著作郎王士點，承事郎、秘書監著作佐郎商企翁編次。凡十一卷，分門十九，曰職制、曰禄秩、曰印章、曰廨宇、曰公移、曰分監、曰什物、曰紙劄、曰食本、曰公使、曰守兵、曰工匠、曰雜録、曰纂修、曰秘書庫、曰司天監、曰興文署、曰進賀、曰題名。前有至正二年五月公文一道。計二百六十五葉。

（錢大昕《十駕齋養新録》卷十三）

孫星衍《平津館鑒藏書籍記》提要

《秘書志》十一卷，目録一卷，題承務郎、秘書監著作郎王士點，承事郎、秘書監著作佐郎商企翁編次。前有至正二年文牒書，分職制至題名，凡十九門，皆紀元秘書監故事。每葉十八行，行十六字。

（孫星衍《平津館鑒藏書籍記》卷三）

周中孚《鄭堂讀書記》提要

元王士點、商企翁同撰。士點字繼志，東平人，官承務郎、秘書監著作郎。企翁字繼伯，曹州人，官著作佐郎。《四庫全書》著録，錢氏補《元志》亦載之。當至正初，繼志、繼伯方同官秘書監，奉文編集監志，分門十九，曰職制、曰禄秩、曰印章、曰廨宇、曰公移、曰分監、曰什物、曰紙劄、曰食本、曰公使、曰守兵、曰工匠、曰雜録、曰纂修、曰秘書庫、曰司天監、曰興文署、曰進賀、曰題名，所載自至元以來迄於至正，凡秘書建置遷除、典章故事，一一具備。蓋仿宋陳叔進《館閣録》之體，其兼載司天監，及職官、題名兼及直長、令史，則元制如是也。朱竹垞《曝書亭集》有是書跋，謂卷中《題名》有張應珍以至元三十年由從事郎，歷秘書監丞，大德八年遷秘書少監，九年乃更姓名曰吴鄹。而《吉安府志》稱鄹永新人，宋末兵亂，避仇轉徙山西，元駙馬都尉、高唐郡王闊里吉思，嘗從之遊，擬刊其書於平陽路，《志》遂附之宋遺民之列，不知其仕於元。然則是《志》，非特一代之典故攸存，兼可資考證矣。前有至正二年公文一道，即下二人撰次是志者也。此本從文淵閣本傳鈔，冠以提要一篇，後人重刊是書，當以朱跋附其後云。

（周中孚《鄭堂讀書記》卷二十八）

吴壽暘《拜經樓藏書題跋記》提要

《秘書監志》十一卷，元承務郎、秘書監著作郎王士點，承事郎、秘書監著作佐郎商企翁同編。首載至正二年聖旨。竹垞檢討序稱《秘書監志》而書題《秘書志》，先君子書云：《曝書亭集》作《秘書監志》，「監」字似不可少。又書目録前云此志既用國書，語多鄙俚，而每卷立題尤荒謬不通，恐并非王、商手筆，或後人妄撰此目未可知。惜竹垞、竹汀諸公均未論及。書卷末云。

（吴壽暘《拜經樓藏書題跋記》卷三）

瞿鏞《鐵琴銅劍樓藏書目録》提要

《秘書監志》十一卷，舊鈔本。元王士點、商企翁同撰。凡記至元以來秘書省故事，分門十九，曰職制、曰禄秩、曰印章、曰廨宇、曰分監、曰書籍、曰公移、曰什物、曰紙劄、曰食本、曰公使、曰守兵、曰工匠、曰雜録、曰纂修、曰秘書庫、曰司天監、曰表箋、曰題名。案《元史》，至元二十七年，立興文署，召集良工，刊刻諸經子史板本。此書載，至元十年十一月，太保大司農奏興文署掌雕印文書交屬秘書監，本署設官三員，令一員，丞二員，校理四員，楷書一員，掌紀一員，雕字匠四十名，作頭一，匠三十九，印匠十六。又至元十四年十二月，中書省奏奉旨省併衙名興文署併入翰林院。是興文非設自至元二十七年也，可正《元史》之訛。

（瞿鏞《鐵琴銅劍樓藏書目録》卷十二）

莫友芝《宋元舊本書經眼録》提要

十一卷，寫本。元承務郎、秘書監著作郎王士點，承事郎、秘書監著作佐郎商企翁編次。此寫甚工。半葉九行，行十六字。蓋據元本過録。

（莫友芝《宋元舊本書經眼録》卷三）

丁丙《善本書室藏書志》提要

《秘書監志》十一卷舊鈔本。右書前空三行，未署撰人名氏。瞿氏《鐵琴銅劍樓書目》有此題銜，今録之云承務郎、秘書監著作郎東平王士點繼志，承事郎、秘書監著作佐郎曹州商企翁繼伯同編。所記自至元迄至正，凡秘書建置遷除、典章故事，一一備載。司天監亦附録焉。其中紀録多稗史學，後記録字數目，凡五萬六千五百有三。

（丁丙《善本書室藏書志》卷十三）

張穆《讀〈元秘書志〉箋書贈何願船比部四首》時願船爲余校是書甚覈

斷硯零書購裕皇，真容不廢賈平章。江南木匣加嚴飾，一一標題付子昂。
卜日奇書習吕才，司天生併取回回。孩兒那個如孔子，有詔新除待制來。
元家疆域古來無，統志書成亦焕乎。最是洪荒西北地，曾經奏取各城圖。
畫工雜進唐文質，裱匠添差焦慶安。喜有著書船載到，秀才風味不嫌蠻。

（張穆《月齋詩文集》卷三）

蔣元卿《〈秘書監志〉略述》

元起朔漠，未遑文事。太宗八年，始用耶律楚材言，立經籍所于平陽，編集經史。世祖至元四年（一二六七）徙置京師，改名弘文院。九年，置秘書監，掌歷代圖書，并陰陽等禁書。及大兵南伐，命焦友直括宋秘書省禁書圖籍。伯顔入臨安，遣郎中孟祺籍宋秘書省、國子監、國史院、學士院圖書，由海道運至大都。秘書所藏，彬彬可觀矣。

元代雖亦有經籍所、弘文院、秘書監之設，其所藏圖書，又兼收金宋之貯，然終元之世，目録之作，則甚缺如。至正二年（一三四二）王士點、商企翁合撰《秘書監志》十一卷。以秘監所藏，俱係金宋流傳，及四方購納，古書名畫，雖不爲少，然自至元迄今，庫無定所，題目簡秩，頗多紊亂，故將秘書省書庫圖籍，編類成號，置簿繕寫，成書目二卷。其目并無書名及卷數，僅分在庫書，先次送庫書，後次發下書，續發下書，各若干部若干册而已。至其分類，則經、史、子、集外，别標道書、醫書、方書、類書、小學、志書、陰陽書、農書、兵書、釋書、法帖等類。自是而後，則有危素撰之《史館購書目録》，毛文在之《上都分學書目》等，目見錢氏《元志》，其書皆佚，無從窺其内容矣。迨夫明初，撰修《元史》，又不列藝文一科，遂使一代秘閣所儲，漫無稽考，可惜哉。

（蔣元卿《中國圖書分類之沿革》，中華書局一九三七年版）